In der *Edition Burgtheater* sind bereits erschienen:

Band 1	*Klaus Dermutz*	Die Außenseiter-Welten des Peter Zadek
Band 2	*Klaus Dermutz*	Die Verwandlungen des Gert Voss
Band 3	*C. Bernd Sucher*	Luc Bondy – Erfinder, Spieler, Liebhaber

www.residenzverlag.at

1. Auflage

Produktion: Julia Niehaus, Berlin
Gesamtgestaltung: Grischa Meyer, Berlin
Schutzumschlag: undercover, Wien

Repro: Druckhaus Galrev, Berlin
Druck und Bindung: Druckhaus Am Treptower Park, Berlin

ISBN 3-7017-1285-9

Edition Burgtheater Band 4

Herausgegeben von
Klaus Bachler
und
Klaus Dermutz

Mitarbeit
Karin Bergmann

Georg Diez

Gegenheimat

Das Theater des Martin Kušej

Residenz Verlag

Für meine Eltern

Inhalt

Die Motive für eine Zusammenarbeit am Theater sind unterschiedlicher Natur. Meist sind es professionelle – und wenn man Glück hat, haben sie Zukunft. Ganz selten sind wahre Zuneigung und Freundschaft im Spiel. Wenn das geschieht, wird alles leicht und selbstverständlich. Arbeit und Leben werden eins. Das ist so selten, wie alles Große in der Welt.

Die erste Begegnung mit Martin Kušej hatte ich an einem verregneten Nachmittag in einem Café in der Betonwüste der Mannheimer Innenstadt. Er kam zur Tür herein, und vor mir stand ein Mensch, der mir vertraut war, so sehr, als würde ich ihn schon lange kennen. Der Kopf eines Griechen auf dem Körper eines Diskuswerfers und gleichzeitig ein bäuerlicher Lausbub aus den julischen Alpen mit den klugen und ruhigen Augen eines Fischers am adriatischen Meer.

Martin Kušej ist einer, der in seiner Heimat verwurzelt ist und gerade darum an ihr verzweifelt. Einer, der die Ausweglosigkeit in unserer Welt erkennt und doch das Leben liebt. All das strahlte er aus. Wir fanden uns schnell in dem Gefühl der Besonderheit und der Skepsis, die ein Österreicher, der die Fremde sucht, gegenüber dem Burgtheater empfindet. Bald waren wir uns einig, dass er diesem eigentümlichen Reiz, die »Burg zu erobern«, diese Festung in jeglicher Hinsicht, nachgeben sollte.

Die spannendste Zeit mit Kušej ist die Vorbereitung. Seine Kraft kommt von innen. Seine seelische und charakterliche Disposition sind Basis und Ausgangspunkt seiner Arbeit. Er wühlt in sich. Daraus formt er seine Erzählungen wie ein Bildhauer. Er wählt den Stein (das Stück) sorgsam aus, weil er in ihm bereits die Form für sein Werk sieht. Er geht mit klarem kühlen Verstand an die Arbeit, formt aber nichts Geradliniges, sondern sucht begierig, die Risse und Widersprüche freizulegen. Daher interessieren ihn auch keine Zustandsbeschreibungen, sondern das Leiden des Individuums an diesen Zuständen. Martin Kušej ist ein Poet der Bühne, ein lustvoller Künstler und ein mediterraner Mensch. Er ist verstört und verstörend zugleich.

Mit Martin Kušej müsste ich nicht unbedingt Theater machen. Ich kann mir vieles mit ihm vorstellen. Auf einem Bauernhof arbeiten, eine Nordpolexpedition wagen, fischen oder durch die Wälder reiten. Vielleicht sollten wir einfach Kärnten befreien, bevor es noch mehr versinkt. Aber das unternimmt er ja schon mit seinen Inszenierungen.

aber das eigene muss so gut
gelernt sein wie das fremde
nur der regen geht mit dir
fällt vom himmel und kann
nicht zurück deine haut ist
seine letzte heimat so zieht
er seine flüsse über sie sein
bett durch deine brust das
wasser ins herz wo es sich
mit dem blut mischt bis es
aus der wunde fliesst zum
boden in den schlamm er
verlässt dich nicht du nimmst
ihn mit an deinen genagelten
sohlen schleifst ihn über den
stein trittst ihn in das grün
der wiesen wäscht sein
schwarz in die klarheit
der bäche und dein gesicht
hat in ihrem spiegel die
maserung des holzes
deiner tür für immer
bleibt sie verschlossen
der hof von dem du gingst
ohne gehen zu wollen ich
kann nicht anders der glaube
ist ein schlachthaus dessen
fliesen aus den flügeln der
engel gebrannt sind wolltest
doch schlafen auf den
lippenkissen gottes
und hörst seine stimme
jetzt als das stöhnen des
schlagbolzens an deiner
schläfe die sonne zieht an
den reissfäden der wolken
alles ist auf einmal wie es
immer war der himmel
öffnet sich erneut aber
sein blau ist nur der regen
der fallen wird

Gegenheimat 1

Die Liebe ist auch nur eine Krankheit wie alle anderen. Sie ist manchmal recht ansteckend, manchmal hat sie eine lange Inkubationszeit. Wenn sie ausbricht, besteht akute Gefahr, allerdings meistens nur für die unmittelbar Betroffenen. Manchmal nimmt diese Krankheit einen langen und ruhigen Verlauf, manchmal kommt es zu Komplikationen, manchmal geht alles sehr schnell. Manchmal ist die Liebe tödlich.

Wie bei allen Krankheiten sollte man sich auch in diesem Fall nicht auf Wunderheiler verlassen, sondern sich an den Arzt oder Apotheker seines Vertrauens wenden. Die Diagnose, die der stellen wird, kann sehr hart ausfallen, aber was nützt alles Schönreden. Dann lieber gleich ins Leichenschauhaus. »Dort, wo man halt die Leichen zersägt«, wie Elisabeth sagt, die gerade die Liebe ihres Lebens trifft, ohne es zu wissen – wie soll sie auch, sie durchwandelt ihr Leben wie einen Wahntraum, sie sieht die Welt wie einen Schatten und greift nach dem nächst besten Placebo, das sich ihr anbietet. Die Nebenwirkung ihrer Liaison mit Alfons Klostermeyer wird ihr eigenes Ende sein. »Gebens nur acht, Fräulein«, sagt der, als er Elisabeth vor dem Anatomischen Institut trifft, »da drinnen stehen die Köpf in Reih und Glied.« Worauf Elisabeth antwortet: »Ich habe keine Angst vor den Toten.« Aber vielleicht vor den Lebenden. Sollte es jedenfalls, das Fräulein

Elisabeth, schließlich hat die fatale Wirklichkeit es erfunden, und der Dichter Ödön von Horváth hat es nur aufgesammelt, auf der Straße, wo das Treibgut ist.

Horváth ist ein grausamer Doktor. Seine Behandlung überlebt kaum jemand. Und Horváth ist ein gnädiger Doktor. Im Grunde weiß er, dass keine Therapie hilft. Also flickt er seine Liebes- und Lebensleichen wieder zusammen und schickt sie zurück unter uns Übriggebliebene, damit wir sie betrachten können und vielleicht etwas lernen, wenn wir wollen. Sein Theater ist ein großes Anatomisches Institut. Was den Dramatiker Ödön von Horváth und den Regisseur Martin Kušej verbindet, ist das nahezu naturwissenschaftliche Interesse am Menschen: an dem, was den Menschen antreibt; an dem, wohin es ihn treibt. Das Gesellschaftliche lässt sich für sie fassen als die Oberfläche dessen, was die Triebe, die Not und die Leidenschaften anrichten, was die Verirrungen und Verbiegungen, die tief im Inneren wüten, bei den Menschen auslösen. Horváth und Kušej schrauben ihren Patienten den Schädel auf, um hineinzuschauen; sie öffnen ihre Herzen, um ihr Unglück zu verstehen; sie notieren, was sie sehen; dann nähen sie diese Lemuren wieder zusammen und lassen sie weiter ihr tödliches Spiel spielen. Beide verstehen sich dabei weniger als Arzt, denn als Pathologe – oder gleich als Präparator. Die beiden beobachten, sezieren, stellen aus: im Menschenkabinett der allernormalsten

GLAUBE LIEBE HOFFNUNG:
Maja Sever (Elisabeth),
Slowenisches Nationaltheater
Ljubljana, 1990

Deformationen, im Zivilisationslabor der schauerlichsten Normalität. GLAUBE LIEBE HOFFNUNG heißt das Stück, an dem Elisabeth schließlich sterben wird. »Wahrscheinlich das Herz«, sagt der Vizepräparator, als Elisabeth tot zusammensinkt. »Du armes Menschenkind«, sagt der Mann, dem sie vor dem Leichenschauhaus begegnet ist, der Mann, der ihre Liebe war. »Ich hab kein Glück. Ich hab kein Glück.«

Ein Satz von Arthur Schnitzler beschreibt ganz gut, woran diese Menschen leiden: »Kein Gespenst überfällt uns in vielfältigeren Verkleidungen als die Einsamkeit, und eine ihrer undurchschaubarsten Masken heißt Liebe.« Vieles von dem, was das Kušej-Theater ausmacht, steckt in diesem Satz; vieles von dem, woran die Horváth-Menschen kranken, erklärt sich aus diesem Satz.

GLAUBE LIEBE HOFFNUNG: Maja Sever (Elisabeth), Vojko Zidar (Joachim) und Brane Grubar (Präparator), Slowenisches Nationaltheater Ljubljana, 1990

Martin Kušej ist ein Regisseur, der aus den Widersprüchen und den Extremen heraus arbeitet, der den Stücken einen neuen Boden verschaffen kann oder den Menschen eine neue Hölle, der der Wirklichkeit misstraut und auch dem Glauben an das Gute in der Natur. Das Kušej-Theater lebt aus dem Widerstand: gegen die Stoffe, gegen die Stücke, gegen die Gegebenheiten des Lebens. Einige seiner beeindruckendsten Inszenierungen sind aus solchen Zusammenstößen entstanden, Schönherrs GLAUBE UND HEIMAT am Wiener Burgtheater etwa oder Grabbes HERZOG THEODOR VON GOTHLAND in Stuttgart oder Grillparzers DER TRAUM EIN LEBEN in Graz. Und eigentlich, so dachte ich, als ich GESCHICHTEN AUS DEM WIENER WALD im Hamburger Thalia sah, ist Martin Kušej diesem Horváth viel zu nah, um ein Horváth-Regisseur zu sein. Wie hatte ich mich getäuscht. Ich hatte nicht die Hälfte von dem gesehen, was jetzt aufscheint, ein paar Jahre später, als

ich die Inszenierung noch einmal sehe. Der Vampirismus, das Gespensterhafte der Wirklichkeit, der Wahn, der Alb, der Schrecken, der im Alltag liegt; diese Mischung aus Fatalismus und Menschlichkeit, die den klaren Blick auf uns Menschen ausmacht, wie ihn Horváth und Kušej besitzen. Kušej bezeichnet es so: »Hinter dem Allzubekannten muss das gespenstisch Abgelebte zutage treten, so wie es Horváth selber formuliert hat: ›Das Unheimliche muss da sein!‹« Und so ist es auch bei Horváth mit der Liebe, in den GESCHICHTEN AUS DEM WIENER WALD wie in allen anderen Stücken. Jede Herzensregung wird mit einem Todesmotiv verknüpft. »Ich hab grad das Skelett arrangiert und da hast du an die Auslage geklopft«, erzählt die Marianne vom Beginn ihrer Untergangsliebe. »Und da hab ich die Rouleaus heruntergelassen, weil es mir plötzlich unheimlich geworden ist.« Die Liebe und das Leben, zusammen ergeben sie den Tod.
So funktioniert auch die Theater-Algebra des Martin Kušej. Seine Menschen leiden am Morbus Leben. Einsam sind sie. Dunkel ragt das Universum auf in den Theaterwelten Martin Kušejs, dunkler noch als in den Alltagshöllen Horváths. »Weh tun«, fragt der junge schneidige Erich die nicht mehr so junge Valerie. »Ehrensache«, antwortet sie. Verletzungen, so scheint es manchmal, sind die einzige Form, in der diese Menschen sich noch spüren können, sie verletzen andere, vor allem aber verletzen sie sich selbst – doch wenn man möchte, kann man jede Gemeinheit dieser Menschen auch als einen Protest, als einen Aufschrei gegen das Wesen der Welt lesen. »Krieg ist ein Naturgesetz«, dieser Satz des Zauberkönigs gilt genauso für das Theater Martin Kušejs. Der Alltag ist das Weltgericht. »Mariann«, sagt Oskar da zu seiner Braut, »du wirst meiner Liebe nicht entgehen.« Es ist ein tödliches Versprechen.

Kušej hat bislang drei Stücke von Horváth inszeniert, GLAUBE LIEBE HOFFNUNG 1990 in Ljubljana, DIE UNBEKANNTE AUS DER SEINE 1995 in Stuttgart und GESCHICHTEN AUS DEM WIENER WALD 1998 in Hamburg am Thalia Theater – mit der letzten Inszenierung wurde er 1999 zum Berliner Theatertreffen eingeladen, im gleichen Jahr wurde sie von der Kritikerjury der Zeitschrift *Theater heute* zur »Inszenierung des Jahres« gewählt. Ein Durchbruch, wenn man so will. Derzeit bereitet Kušej für das Wiener Burgtheater noch einmal GLAUBE LIEBE HOFFNUNG vor, wobei er sich stark auf die Arbeit von 1990 bezieht. Alle drei bisherigen Inszenierungen offenbaren etwas, das sich wie ein Leitmotiv durch die Arbeiten von Martin Kušej zieht – der Traum als Gegenwelt, der Albtraum als Gegenhölle, der Wahn als Gegenwirklichkeit. »Ich bin kein Satiriker, meine Herrschaften«, schrieb Horváth in seiner »Gebrauchsanweisung«, »ich habe kein anderes Ziel, als wie dies: Demaskierung des Bewusstseins.« Und weiter hinten schrieb er einige Sätze, die er später mit einem schwungvollen Strich wieder auslöschte: »Das Dramatische liegt bei mir im Dialog – im Kampf zwischen

Bewusstsein und Unterbewusstsein. Die dramatische Handlung wird ja dadurch eigentlich überflüssig.« Skepsis dem gegenüber, was wir als Wirklichkeit wahrnehmen, auch das haben Kušej und Horváth gemeinsam und auch den Widerwillen gegen das allzu Wörtliche in einem Text. Das Erzählen, die Handlung selbst wird bei Kušej zum Thema, zu einem Problem, dem er sich mit stark visuellen und manchmal krass assoziativen Bilderfindungen stellt. Was Horváth über seine Generation gesagt hat, stimmt auch für Kušejs Theater: »Wir sind materialistisch geschult. An die Seele glauben wir nicht, weil wir an das ›Opfer‹ nicht glauben.«

Ist Martin Kušej ein dunkler Mensch? Ist er ein heiterer Mensch? Ist er ein Mensch, der den Tag begrüßt? Ist er einer, der die Nacht feiert? Sieht er das Blau im Himmel? Oder nur das Blut der Geschichte? Ja, alles ja, als Antwort. Und die Frage, ob das alles überhaupt eine Rolle spielt, wenn von einem Theatermann die Rede ist. Von Ödön von Horváth gibt es schöne alte Fotos in Schwarzweiß, da sieht man ihn mit seinen Freunden im Badeanzug am Staffelsee bei Murnau oder mit einer Bergsteigergruppe über den Alpengipfeln oder allein auf einer Wiese am Starnberger See, lächelnd, wenn auch etwas verkrampft; es ist schließlich das Jahr 1936, und das Land ist Deutschland. Martin Kušej genießt gutes Essen, er wählt auf der Karte zielsicher einen der teuersten Weine, und wenn er sich nach all den Jahren über seine Inszenierungen unterhält, dann sagt er nach einer Weile, er sei doch ein lebensbejahender Mensch und von all dem Schwarz werde ihm ganz schummrig. Was soll das alles?
Dieses Buch handelt von Martin Kušej und es handelt nebenbei oder auf Umwegen auch von Ödön von Horváth, es handelt von Heiner Müller und Sarah Kane, von Wolfgang Amadeus Mozart und Ludwig van Beethoven, von Bret Easton Ellis und Christopher Marlowe, von Shakespeare, Schiller, Schönherr und Sophokles, von Grillparzer und Grabbe, von Stuttgart, Ljubljana und Kärnten, von dem Bühnenbildner Martin Zehetgruber und den Schauspielern, mit denen Martin Kušej zusammengearbeitet hat; es handelt von Freundschaft und vom Reisen, von Orten und von Stimmungen; es handelt von Herkunft, Abschied und Tod; es handelt davon, wie aus all dem Theater entsteht und welche Wege die Kunst nimmt und woher die Bilder kommen, die das Theater des Martin Kušej leuchten lassen – und ganz am Rande handelt es auch von jemandem wie Jörg Haider. Es handelt, im Idealfall, vom »Leben, wie es wirklich ist«. Diesen Satz hat Kušej über seine Inszenierung von GLAUBE LIEBE HOFFNUNG gestellt, und er bündelt vieles von dem, was sein Theater ausmacht: Wahn und Wirklichkeit.

Wir sitzen in einem Restaurant in Klagenfurt, schräg gegenüber leuchtet der schmucke Jugendstilbau des örtlichen Theaters in der Abendsonne. Kušejs Hamburger Inszenierung von EDWARD II. ist hier gerade als Gastspiel zu sehen, und

Die Unbekannte aus der Seine:
Andreas Schlager (Albert) und
Hedi Kriegeskotte (Die Unbekannte),
Staatstheater Stuttgart, 1995

wie Kušej sich so mit dem befreundeten Journalisten unterhält, der ihn für eine Lokalzeitung interviewt, da merkt man, was das bedeutet: Zurückkommen. Hier ist das Land, aus dem er kommt; hier ist das Land, das er verlassen hat; hier ist das Land, dem er zeigen will, dass er es geschafft hat. Draußen. In der Fremde. Die Windungen der Heimat. Vorher sind wir ein bisschen durch Klagenfurt spaziert, an Kriegerdenkmälern vorbei und an freundlichen Eiscafés, wir waren in einer slowenischen Buchhandlung, und wir haben das alte Stadthaus angesehen. Beim Essen fragt der Journalist auch nach Jörg Haider, und Kušejs Antwort zeigt, wie sehr er doch noch verwickelt ist in Heimat und Herkunft, die Geschichte und das Erbe. Später wird ihm der Intendant des Theaters mitteilen, dass Jörg Haider genau an diesem Abend in der Vorstellung gewesen sei und dass es ihm wohl gefallen habe. Da ist sie wieder, die Umklammerung der Heimat.
So wenig wie Horváth Volksstücke geschrieben hat, so wenig macht Kušej Heimattheater. Und doch ist bei beiden eine Faszination vorhanden für das, was Volk oder Heimat ausmacht. »Er liebte [...] die Volksseele zu beobachten. Das sinnlose Geschrei, die fanatisierte Massenseele belustigte ihn, weil er diese vollkommene Auflösung des Menschen in eine johlende, nur noch kreatürliche Ekstase bezeichnend für die Endsituation jeder Individualität hielt.« Was die Schauspielerin Wera Liessem über Horváth sagte, gilt auch für Kušej – wenn man ein großes Minuszeichen davor setzt. Ihn macht es wütend, die Volksseele zu beobachten, das sinnlose Geschrei macht ihn rasend; aber die Auflösung des Menschen ist auch sein großes Thema. So funktioniert das Kušej-Theater: Er setzt der Welt ein großes Minuszeichen vor, weil Negation die Kenntlichkeit erhöht.
Dieses Prinzip hat Kušej bei seinen Inszenierungen oft zu überraschenden wie einsichtigen Deutungen gebracht – der klare Strich, der einen Autor, ein Stück, einen Theaterstoff so formt, dass er für die Gegenwart erreichbar ist. Bei Grillparzer ist er so verfahren, als er aus dem »Lustspiel« WEH DEM, DER LÜGT! die »Lust« wegstrich, und auch bei GLAUBE LIEBE HOFFNUNG, diesem »kleinen Totentanz in fünf Bildern«, von dem er nur den »Totentanz« stehen lässt. In Ljubljana schickte er Elisabeth auf eine Erinnerungsreise, auf der sie in Todesvisionen ihr Leben mit halluzinatorischer Hellsicht durchschritt. Wie ein einziger, lang gezogener Moment war diese Aufführung, wie ein Augenblick der Wahrheit, der auch der Augenblick des Todes ist. »Da fliegen lauter so schwarze Würmer herum.« Diesen Satz stellte Kušej damals ins Zentrum seiner Inszenierung. Es sind diese Kopfwelten, Todeswelten, Hirnwindungen, in die er die Zuschauer schickt, auf Entdeckungsreise in die dunklen Gefilde des Selbst. Die Grenzen verschwimmen in diesen Regionen, Täter und Opfer sind in diesem Albtraumland kaum mehr zu unterscheiden. Die Sätze hängen in der Luft wie Leichen, und irgendwo scheint ein Licht, das verführerisch leuchtet. Es ist die Liebe, und sie führt diese Menschen direkt zum Abgrund. Horváth selbst beschrieb GLAUBE

Liebe Hoffnung so: »Wie bei allen meinen Stücken habe ich mich auch bei diesem kleinen Totentanz befleißigt, es nicht zu vergessen, dass dieser aussichtslose Kampf des Individuums auf bestialischen Trieben basiert und dass also die heroische und feige Art des Kampfes nur als ein Formproblem der Bestialität, die bekanntlich weder gut ist noch böse, betrachtet werden darf.« Und so macht er sich ans Werk, der gute Doktor, wie ihn auch Sarah Kane in Gesäubert auftreten lässt. Ein Experiment der Liebe ist es, das hier abläuft, ein Experiment mit dem Leben, das nicht gut gehen wird. Grausam sind die Menschen selbst, und grausam ist die Natur, da kann man nur düster werden und heiter und am besten beides. Auf diesem Widerspruch balancieren das Leben und das Theater des Martin Kušej; auf diesem Widerspruch balancierte Horváth mit seinem Stück. Ans Ende seiner Randbemerkung zu Glaube Liebe Hoffnung stellte er denn auch ein mehr als ambivalentes Bibelwort aus dem Ersten Buch Mose: »Und der Herr roch den lieblichen Geruch und sprach in seinem Herzen: Ich will hinfort nicht mehr die Erde verfluchen um der Menschen willen, denn das Dichten und Trachten des menschlichen Herzens ist böse von Jugend auf. Und ich will hinfort nicht mehr schlagen alles was da lebet, wie ich getan habe. So lange die Erde stehet, soll nicht aufhören Samen und Ernte, Frost und Hitze, Sommer und Winter, Tag und Nacht.« Der Puls der Natur, das Archaische in der Zivilisation, die Lüge und die Liebe: Aus dem Zwiespalt des Menschen bezieht das Theater des Martin Kušej seine Energie.

GESCHICHTEN AUS DEM WIENER WALD:
Werner Wölbern (Oskar),
Peter Roggisch (Zauberkönig) und
Hildegard Schmahl (Valerie),
Thalia Theater Hamburg, 1998

In den Bergen hängen Wolken. Hoch ragen die Alpen hier auf und dunkel, irgendwo in einem Garten spielen ein paar Jungs und treten auf einen Ball ein. Globasnitz ist ein ruhiges Dorf, ein paar hundert Einwohner vielleicht, und ziemlich abgelegen. Einige Geschäfte gibt es immerhin, aber außer einem Mofa, das vorbeirattert, und den Jungs weiter weg ist nichts zu hören. Wir stehen vor einem einstöckigen Haus mitten im Dorf, vor dem Haus wächst Rasen, davor steht ein niedriger Holzzaun. Blumen. Zwei Katzen sitzen im Garten, zur Straße hin ist eine große Holzscheune gebaut. »Da«, hatte Martin Kušej gesagt, als wir mit dem Auto nach Globasnitz hineingefahren waren, »da hinten ist es.« Im oberen Stockwerk des Hauses wohnte früher einmal die Familie des Dorflehrers, der nie ins Wirtshaus ging, des Dorflehrers, der sein Vater war, des Dorflehrers Kušej. Jetzt steht er da vor dem Haus, der Sohn, die Hände in den Hosentaschen. Heimat, die man nicht fassen kann.

Die Frau, die uns die Tür öffnet, heißt Witternig. Sie zeigt uns die zwei Räume, in denen die Familie Kušej damals wohnte, dann zeigt sie uns im Erdgeschoss die Fotos von ihrem Sohn, der irgendeine Karriere gemacht hat, und die von ihren eigenen Erfolgen, Frau Witternig beim Wettsensen. Hier das eine Zimmer, da ein Bad, renoviert das Ganze, vergangen, aber nicht vergessen. Wenn es im Winter besonders kalt wurde, durfte die Familie Kušej in das Zimmer ziehen, das über

SPRACHE / ZEIT / BEGEGNUNG,
Martin Kušej vor dem Dom zu
Maria Saal, 1987

der Stube der Bauersfamilie lag, die damals hier wohnte, in den Sechzigerjahren, in der Steinzeit. Trotzdem achtete die Mutter immer darauf, dass ihr Sohn seine Hände nicht unter der Decke hervorstreckte, sonst waren die Finger ganz blau gefroren in der Früh. Weit sind sie alle gekommen seit damals, die Leute in Globasnitz, die Kušejs, Österreich. Die Fassaden sind gemacht, ein ordentlicher Wohlstand ist eingezogen, sie haben Straßen gebaut, über die sie mit schnellen Autos fahren. Doch an jeder Ecke wartet die Vergangenheit, »die alte nationalistische Soße, durch die man hier waten muss«, wie Kušej sagt. An jeder Ecke wartet die Erinnerung, »da gab es doch die Frau Mitter, die ist wohl auch schon gestorben«, sagt Kušej und stapft an dem Haus vorbei zu einem Nachbarhaus, das in den Siebzigerjahren mit einer geriffelten Glastür versehen wurde. Österreich wirkt manchmal wie eine Turbo-Gesellschaft: Nur schnell weg, nur schnell vergessen.

Frau Mitter macht uns die Tür auf, ah, ja, der Martin, offensichtlich ist sie doch noch nicht gestorben, dann gibt es Schinken und Kren und Most und ein süßliches Brot mit Rosinen, der Fernseher läuft, neulich habe sie etwas gesehen über den Martin, der ist ja jetzt berühmt, ach so Salzburg, Bayreuth, das Burgtheater. Wir bleiben eine halbe Stunde und fahren dann weiter, aus Globasnitz heraus, wo Martin Kušej seine ersten Lebensjahre verbrachte. Am Ortsausgang, Kušej weist mich darauf hin, ein Schild, auf dem steht: Globasnitz/Globasnica. Ach ja, der Sprachenstreit. Ein paar Kilometer durch die hellen Felder nach Moos, einem noch kleineren Dorf, in dem der Großvater Bürgermeister war. Vor einem gelben, verfallenen Haus halten wir kurz, hier wohnte die Familie des Großvaters damals zu acht, es gab ein Schlafzimmer, und die Mutter wurde gesiezt. »Scheiße«, sagt Kušej, »haben wir hier viel Zeit verbracht.«
In fast jedem Haus hier lebt irgendein Cousin. In Untermitterdorf wird gerade gebaut, ein Bagger steht herum, die Schule wird renoviert, in der Vater Kušej seinen ersten Posten als Schuldirektor innehatte, zwei Klassen, zwei Lehrer, und die Familie mit den vier Kindern wohnte in zwei Zimmern, immerhin besser geheizt als in Globasnitz. Die Höfe, die Wege, die Stuben, die Winter, die Sommer, die Felder, die Hügel, die Berge. »In meinen Träumen«, sagt Kušej, »kommen diese Bilder immer wieder hoch.«

Es sind Urbilder, die einen nicht mehr loslassen, Urbilder einer Kindheit in Kärnten, Urbilder eines Lebens in einem schönen Land, Urbilder einer Gegend voller Gewalt. Wir sitzen unter hohen Kastanienbäumen, die in der Maiblüte leuchten, im Innenhof von Stift Griffen, wo auch Peter Handke noch hin und wieder zu Gast ist; er kommt von drüben, aus dem Ort Griffen. Von Paul erzählt Kušej, dem Milchfahrer, mit dem er früher von Hof zu Hof fuhr von halb sieben bis halb zehn und die Flaschen abholte, und der ihm das Leben erklärte und wann man die Frauen mausen durfte und wann nicht, wenn man keine Kinder angehängt bekommen wollte. Und von den Kärntnern erzählt Kušej, von diesem »vernagelten und verbohrten« Volk, das »leider so wahnsinnig unsympathisch« sei und unter einem riesigen Minderwertigkeitskomplex leide – »nur die Melancholie ist hier positiv und die Schwermütigkeit.« An diesem Land kann man nicht nur leiden, an diesem Land kann man auch kaputtgehen. Aber um das zu lernen, brauche ich eine Weile.

In der Kärntner Landeshymne steht ein Satz, der vielleicht vieles erklärt: »Wo man mit Blut die Grenze schrieb« – was man natürlich so oder so lesen kann. Man kann auch in Freuds Essay über das Unheimliche schauen, um zu versuchen, Kärnten und das Ding mit der Heimat zu verstehen; das Unheimliche, heißt es da, das eigentlich das Fremde ist, wobei Freud die These entwickelt, dass das Unheimliche ein Erschrecken davor sei, dass ein Heimliches mitten im Heimischen zutage tritt. Man kann auch dem Choreographen Hans Kresnik zuhören, der aus den Bergen ganz in der Nähe kommt und der von der Enge erzählt und der Notwehr, hier rauszukommen: weg von diesem »Steinzeitkatholizismus«, immer in die Kirche, immer beten, morgens, mittags, abends, nachts, weg von dieser »wahnsinnigen Aggression, von dieser Eifersucht, ich kenne so schlimme Geschichten von oben«. Man kann sich auch mit dem Dramatiker Peter Turrini treffen, der aus Maria Saal kommt, in der Nähe von Klagenfurt, wo es an der Straße hoch zum Dom noch eine Tischlerei Turrini gibt und wo Kušej direkt neben dem Dom ein Haus gehört; Turrini, dieses »Fremdarbeiterkind«, Turrini, der Gedichte geschrieben hat, in denen er von Familienenge erzählt, vom Fremdsein in der Heimat, von kindlichen Gemeinheiten und Ängsten: »Das schönste Leben / und die größte Aufmerksamkeit / dachte ich immer / haben die Todkranken«. Man kann auch in Peter Handkes WUNSCHLOSES UNGLÜCK lesen, seinem nüchtern-bewegenden Rapport vom Selbstmord seiner Mutter, in dem er auch über die schwer zu fassende Wechselbeziehung zwischen Natur, Geschichte und Einzelschicksal berichtet: »Gerade die helllichten Tage wurden gespenstisch, und die Umwelt, im lebenslangen Umgang aus den Kinderalbträumen nach außen geschwitzt und damit vertraut gemacht, geisterte wieder durch die Gemüter als unfassbare Spukerscheinung«. Man kann auch in Hans Leberts Meisterwerk DIE WOLFSHAUT lesen, wo die Toten die Lebendigen verfolgen, wo Schuld im Matsch versinkt und die Menschen sich selbst das feindliche Tier sind. Alles kommt hier vor, die Lüge, die Nazizeit, die Morde, die Fremden, die Feigheit, die Schwäche, die Brutalität, die Not, die Armut, die krasse Kraft der Natur, der Herzschlag der Welt, die Liebe, der Trieb, das Drängende und fast Übersinnliche dieser Notwehrexistenzen. »In diesem Tale hatte es lange geschlafen (das Verbrechen? das Böse? – Maletta wusste nicht, was), doch eines Tages war es aufgewacht und hatte einen Wanderer befallen; dem war es im Leibe gewachsen wie eine Geschwulst; an seinem Blute hat es sich gemästet. Dann war es über ihn hinausgewachsen, hatte den Leib der Mutter lebendig verlassen. Nun lag es in den Wäldern auf der Lauer; nun sah es aus dem Hinterhalt das Dorf an; nun kauerte es dort draußen, die Muskeln gespannt, und trug eine Maske aus Bäumen vor dem Gesicht.« Dieses Buch, hatte Kušej gesagt, sollte ich lesen, dann würde ich besser verstehen.

Die Annäherung an die Heimat ist schwierig; für den, der sie kennt, wie für den, dem sie fremd ist. Der eine sieht sie nicht, weil er zu nah dran ist, der andere, weil er zu wenig versteht. Die Gegenheimat ist ein Bild, das das Verstehen möglich macht, ein Gegenentwurf, eine Projektion, ein Abwehrakt. Heimat bedrängt einen, so wie sie einem Schutz gibt; sie schenkt Sicherheit, so wie sie einem die Luft zum Atmen raubt; sie ist fest, sie ist eng, sie ist beklemmend. Sie ist das Leben, und wer sie nicht kennt, der vermisst sie. Was vielleicht bedeutet, dass jeder, der in ihr lebt und Angst hat, sie zu vermissen, sie nicht wirklich kennt. Die Verwurzelten, die Engseelen, die Angstmenschen, die nicht sehen wollen. Gegenheimat ist der Versuch von Freiheit und damit eine Verletzung. Denn Freiheit ist das Letzte, worum es bei Heimat geht. Gegenheimat ist Notwehr, ist Überleben, ist Trennung und Abschied. Gegenheimat ist die Verteidigung dessen, was einem keiner nehmen kann. Gegenheimat ist ein Akt des Individualismus. Heimat ist dabei immer eine Realität und eine Doktrin; Heimat ist Einschluss und Ausschluss; Heimat ist im August über die Felder gehen, wo die Hitze steht; Heimat ist die Grenze, die nur wenige übertreten. Dann ist man draußen.

Der Ort, an dem man steht; der Ort, wo man herkommt. Was einen im Leben nicht loslässt, das lässt einen auch in der Kunst kaum entkommen. Handke, Kresnik, Turrini, Kušej, das sind nur ein paar Namen all derer, denen ihre Biographie eine Dringlichkeit mitgegeben hat, einen Willen zum Ausbrechen, der ein Wille zum Ausdruck ist, ein Wille zur Kunst, eine Notwendigkeit, die Verletzungen, die einem die Welt zufügt, in Text, Bilder, Inszenierungen zu verwandeln. Kärntner Kränkungen. Der Weg durch das Theater des Martin Kušej muss ein Weg sein, der zu den Orten führt, wo dieses Theater, dieses Denken seinen Ursprung hat. Gerade das Theater ist eine Kunstform, deren Entstehen so gerne und so falsch in einem plüschigen Licht gezeichnet wird – dabei entsteht Theater nicht nur zwischen Menschen, sondern auch zwischen Orten, im eigentlichen Sinn und in mehrfacher Hinsicht. Ganz banal und doch nicht zu unterschätzen im Ortswechsel. Ljubljana, Klagenfurt, Stuttgart oder Wien, die Orte, an denen man arbeitet, sind Orte, die die Arbeit mitbeeinflussen. Oder eben in der direkten Auseinandersetzung mit dem, was einem die so genannte Heimat an Gesichtern, Gerüchen,

DER TRAUM EIN LEBEN:
Götz Argus (Zanga),
Schauspielhaus Graz, 1992

Gefühlen mitgegeben hat. Das Theater des Martin Kušej jedenfalls ist immer mehr gewesen als eine reine Kunstanstrengung. Es war Reaktion auf eine politische Wirklichkeit, auf soziale Gegebenheiten, auf eine Lebensweise und einen Weltschmerz, der in der eigenen Biographie fußt – einer individuellen Lebensgeschichte – , die immer auch eine kollektiv vermittelte ist. Über die Orte, die Geschichte der Menschen hier und die Wirklichkeit dessen, wovon die Stücke handeln, lässt sich das so bildersatte Theater Kušejs erschließen. Die Energie, die diese Bilderfindungen befeuert, ist die Wut, die tief verwurzelt ist in der Kärntner Erde.

Heimat ist schließlich immer auch eine Drohung, eine Bedrohung. Die Proklamation von Heimat ist im extremsten Fall sogar ein Akt der Aggression – Grenzen, die mit Blut geschrieben werden. Wir stehen in Völkermarkt vor der Schule, die Martin Kušej besucht hat, auf dem Rasen vor der Schule, hinter der kleinen Hecke, die zur Straße hin gepflanzt wurde, ragen drei etwas schiefe Betonsäulen auf. Am 2. Mai 1976 wurde hier ein Denkmal enthüllt, für einen gewissen Doktor Hans Steinacher, Ehrenbürger der Abstimmungsstadt Völkermarkt, wie auf der Plakette steht, die diese Denkmalsruine schmückt. »Unvergänglich bleiben seine Verdienste im Kärntner Abwehrkampf 1918–19 und für die Volksabstimmung am 10.10.1920«, ist da weiter zu lesen. »Kärntner! Die Trümmer mahnen uns! Schützet die Heimat!« Das Denkmal, so erklärt Kušej, wurde vermutlich von slowenischen Widerstandskämpfern gesprengt. Kušej wuchs auf mit der Gewalt und den Widersprüchen dieses äußerlich so heilen, innerlich so zerrissenen Landes. »Der ganze Kärntner Wahnsinn«, wie Kušej das nennt. Dann erzählt er von den Slowenen, die in dieser Gegend wohl aussterben werden, »weil das Deutsche so dominant ist«; er erklärt, dass vor 200 Jahren etwa 300 000 Slowenen in dem Gebiet gelebt hätten und heute nur noch ein paar Tausend; er redet von Urängsten und Urfeinden und den »gutgläubigen Idioten«, die die Slowenen stets gewesen seien, »immer haben die eins auf die Schnauze bekommen«. Im wahrsten Sinn des Wortes. Der Streit der Nationalitäten, der Streit zwischen »Deutschen« und Slowenen, zwischen uns und denen, dieser Streit wurde immer auch über die Sprache ausgetragen.

Weit unten fließt die Drau. Wir stehen auf einer hohen Metallbrücke, von der sich im Sommer viele Menschen hinunterstürzen, mit einem Gummi an den Beinen, das sie im Adrenalinrausch wieder nach oben reißt. Ersatzschocks in einer oberflächlich risikolosen Zeit. Kušej erzählt, wie sich Jörg Haider neulich auf einer der Autobahnen in der Gegend fotografieren ließ, wie er ein neues Schild anbrachte, stolz die Hand daran legte: wo vorher »Udine« und »Ljubljana« stand, da steht jetzt »Italien« und »Slowenien«. Aktuelles vom Sprachenstreit, Aktuelles vom

DIE GEIER-WALLY:
Klaus Hemmerle (Nicodemus Klotz), Marietta Meguid (Marianne), Bernd Gnann (Leander) und Renate Jett (Walburga),
Staatstheater Stuttgart, 1997

Weh dem, der lügt!:
Katharina Schubert (Edrita),
Werner Wölbern (Leon),
Stefan Wieland (Atalus),
Nicki von Tempelhoff (Galomir)
und Martin Schwab (Gregor),
Burgtheater Wien, 1999

Schilderstreit. Als in den Siebzigerjahren die Regierung durchsetzen wollte, was seit 1955 Gesetz ist, zweisprachige Schilder in zweisprachigen Regionen, da eskalierte der Streit. Schilder wurden gesprengt und auch Menschen. Die Psychologie der Macht und der Demütigung funktioniert immer noch, funktioniert subtiler. Was einmal »Laibach« war, so vermutet Kušej, das soll jetzt nicht als »Ljubljana« in Österreich den Weg weisen.

1986 war Kušej das erste Mal längere Zeit in Ljubljana, als Regieassistent und um die Sprache zu lernen, die die Sprache seiner Vorfahren ist. Wenn er von Ljubljana erzählt oder den Slowenen oder dem Leben im Süden, dann wird er auf einmal sehr viel offener, wärmer, weicher. Ein Sehnsuchtsfleck. »Kuschej« nannte sich sein Vater eine Weile, seine eigenen Kinder waren zeitweise die Einzigen, die in seiner Schule auch in Slowenisch unterrichtet wurden. 1848, erklärt Kušej, während tief im Talgrund der grüne Fluss fließt, habe das angefangen, dass sich der nationale Gedanke bei den Deutschen durchgesetzt habe. Eine Folge des Zerfalls von Österreich-Ungarn nach dem Ersten Weltkrieg war dann, dass der von den Kärntnern so genannte Abwehrkampf, den die Slowenen als »Kampf um die Nordgrenze« bezeichnen, militärisch eskalierte. In den Jahren 1918 und 1919 gab es 425 Tote, 273 davon auf »deutscher« Seite. Die Angst wurde geschürt, die Slowenen könnten sich auch noch den Rest des Gebietes nehmen, das im Staatsvertrag von St. Germain als Teil Österreichs festgeschrieben wurde. Man bildete Heimwehrverbände, die in das umkämpfte Niemandsland einmarschierten und es besetzten. Die Drau bildete die Grenze des slowenischen Teils. Die Gewalt, die in Kärnten präsent ist, reicht tief zurück in die Geschichte; sie reicht auch tief zurück ins Bewusstsein der Menschen.

Es sind die Akte eines vier- oder fünfaktigen Dramas, in das stets auch die Schicksale von Familien verwoben waren. Martin Kušejs Vater kommt aus einer slowenischen Familie, sein Vater, ein Bauer mit mittelgroßem Besitz, wurde wohl – richtig klar wurde das nie – bei einer Wirtshausprügelei von Deutschnationalen erschlagen. »Das ist das Einzige, was ich in dieser Richtung anzubieten habe«, sagt Kušej, während wir weiter durch diese Gegend fahren, aus der er wegwollte und in die er doch zurückgekehrt ist, in das schöne, alte Kapitellhaus, das auf der einen Seite den mächtigen Dom hat und auf der anderen Seite einen weiten Blick, der über einen Friedhof geht. Dialektik der Heimat. Kušejs Mutter kommt aus einer armen Familie, zwei Zimmer, neun Leute, eine Kuh, ein Schwein; eine Familie, in der die Kinder nur Slowenisch sprachen, bis sie zu Hitlers Mitläufern mutierten. »Sie waren zu blöd, um zu wissen, was sie tun«, sagt Kušej. »Hitler heißt Arbeit, heißt Zukunft, da machen wir jetzt mit.« Der Bruder der Mutter war in der SS; was folgte war der zweite Akt.

Einige Wochen nach der Volksabstimmung von 1920 hatte der Kärntner Landesverweser Arthur Lemisch einen »Erziehungsplan« publik gemacht, der ein »Heilungswerk« sein sollte: »Mit deutscher Kultur und Kärntner Gemütlichkeit« solle »in einem Menschenalter«, wie er sagte, »die vorgesteckte Arbeit geleistet werden.« Zu den ersten Maßnahmen gehörten Säuberungen unter den Geistlichen, Lehrern und Beamten, die mit Jugoslawien sympathisierten. In der Zeit nach dem so genannten Anschluss explodierten die Ressentiments gerade in Kärnten, die slowenische Elite wurde vertrieben, es gab Verhaftungen, Deportationen und Ermordungen, worauf sich der Widerstand der Partisanen in den Bergen formierte. Zu ersten Zusammenstößen kam es 1942. Es folgten Vorstöße der Partisanen, Massaker der SS und Massaker an hohen NS-Kollaborateuren nach 1945. Hunderte von Toten. Der Strudel von Hass und Hass. »Man spricht in Kärnten immer von Demokratie und friedlichem Zusammenleben, dabei wird darüber hinweggegangen, dass die Bedrohung von den Deutschen ausging und nicht von den Slowenen«, sagt Kušej. »Das ist ein Unterkapitel der großen österreichischen Geschichtslüge.«

Eng windet sich die Straße hinunter in eine Schlucht, in der, wie Kušej erzählt, einige wenige Familien in inzestuöser Nähe leben. Als in Völkermarkt das Heimatmuseum gesprengt wurde, irgendwann in den Siebzigerjahren, da bekam Kušej schulfrei. Im Handballverein sagte jemand zu ihm: »So jemand wie du wäre bei Hitler vergast worden.« Bruchstücke, Erinnerungsmosaike, ein Gefühl von Ohnmacht. Die Mahnwachen, die Bomben, die bürgerkriegsähnlichen Zustände damals, als versucht wurde, die Rechte der Slowenen durchzusetzen: zweisprachiger Unterricht, Ortsnamen, Ortstafeln. Der Ortstafelsturm. Der dritte Akt, bevor sich in einem vierten der Sumpf des Schweigens etablierte, wie Kušej es nennt, diese Taktik der äußerlichen Umarmung, die Jörg Haider praktiziere. »Tatsächlich unterwandert dieser Konflikt immer noch alles«, sagt Kušej, dessen Denken extrem aufmerksam auf die Verwerfungen reagiert, die es in diesem Zusammenhang immer noch gibt. Er achtet recht genau darauf, dass sein Name richtig geschrieben und richtig gesprochen wird, und er erinnert sich noch sehr gut an einen Artikel von Rolf Michaelis in der *Zeit*, in dem die Rede war von Regisseuren, deren Muttersprache nicht das Deutsche sei. Vor uns liegt der Ort Ruden, wo Kušejs Mutter herstammt und wo auch er aufgewachsen ist. Eine normale Kindheit, wie er meint, zum Ehrgeiz erzogen, das ja, erfolgsorientiert auch, im Sport und überhaupt: ein Wettbewerbs- und Siegerdenken, das er sich als Ältester von vier Geschwistern angeeignet hat. Die Rituale der Kirche kennt er aus der Zeit als Ministrant – in Ruden wohnte die Familie in einem hoch über dem Dorf gelegenen Haus, das sich der Vater hart zusammengespart hatte; der Blick ging auf die Kirche und auf den Friedhof vor der Kirche. Der Tod, so scheint es, ist ein steter Gefährte von Martin Kušej, an seinen Orten, in seinem Denken, in seinem Theater.

»Ich will nicht mehr mitspielen«, habe er sich irgendwann gesagt, erinnert sich Kušej: Der Selbstmord eines Schulkollegen beschäftigte, begleitete, veränderte ihn. Er ging nach Graz, studierte Germanistik, spielte Handball, reiste durch die Welt, schrieb Reiseberichte. »Sie brieten Piranhas und aßen frischen Affen«, hieß es in einem seiner Texte, er habe auf einem »weißen Flecken« Zivilisationsballast abgeworfen. Fluchtreflexe. Zu einem Seminar über Selbstmord brachte Kušej eine geladene Pistole mit, in einem Essay zu dem Thema schrieb er über »den Freund, der den Akt des Absprungs« vollzogen habe: »Sein Tod war die Granate, die die eben erst keimende Denkfähigkeit, den Mut zur Artikulation ungenormter Ideen,

GLAUBE UND HEIMAT:
Sylvie Rohrer (Rottin) und
Werner Wölbern (Christoph Rott),
Burgtheater Wien, 2001

hochpulverte. Sein ›Weg ins Freie‹« sei »die Initialzündung zu den eigenen Befreiungsversuchen« gewesen. Er war, das zeigt der Text, fasziniert von den Facetten, die der Selbstmord anbot: Vom Schock, der Sensation, dem Skandal redet er da, vom Ritual, das mit einem Streich das Ich auslöscht, von der Erotik des Todes und der überhöhten und überscharfen »Super-Wahrnehmung«, vom Trieb, von Körpererfahrungen und dem Freiheitsgefühl im Freitod. »Der Sekundenbruchteil vor dem Freitod, dieser Augenblick der Wahrheit also ist es, auf den es ankommt.«

Der Tod, die Natur, die Freiheit und die Menschen: Heimat ist immer ein Trugbild, deswegen gibt es sie ja. Martin Kušej sitzt in seinem Garten in Maria Saal, dem womöglich unmöglichsten Ort der Rückkehr. Widersprüche einer Biographie. »Es war die Gewissheit, endlich, nach fast zwanzig Lebensjahren in einem ortlosen Staat, einem frostigen, unfreundschaftlichen, menschenfresserischen Gebilde, auf der Schwelle zu einem Land zu stehen, welches, anders als das so genannte Geburtsland, mich nicht beanspruchte als einen Schulpflichtigen, als Wehr-, Ersatz- oder überhaupt ›Präsenz‹-Diener, sondern, im Gegenteil, sich von mir beanspruchen ließ, indem es das Land meiner Vorfahren, und so, mit all seiner Fremde, auch mein eigenes Land war, endlich! Endlich war ich staatenlos, endlich konnte ich, statt dauerpräsent sein zu müssen, sorgenlos abwesend sein, endlich fühlte ich mich, obwohl niemand sich blicken ließ, unter meinesgleichen.« So beschreibt Peter Handke in DIE WIEDERHOLUNG seinen ersten Besuch im Land jenseits der Berge, im damaligen Jugoslawien. Kušej hat mir ein Buch des slowenischen Schriftstellers Prežihov Voranc gegeben, WILDWÜCHSLINGE, eine Sammlung von Kurzgeschichten, die vom harten, kargen, brutalen Leben auf den Bergbauernhöfen erzählen, von der Steinzeit eben, in der die Natur der Feind war und der Nachbar meistens auch; manchmal auch die eigene Frau. 1940 ist dieses Buch zuerst erschienen, es sind Geschichten aus der Vorzeit, Geschichten, in denen sich die Gegenwart spiegelt. »Ist das nicht der Atem, ist es nicht das Seufzen hunderter, ja tausender Hudabela-Kinder, Gebet und Fluch, Schwur und Kampfansage all jener, die ihren eigenen Karničnikboden suchen? [...] Ja, das ist der Kampfruf rußiger Schmieden, kohlschwarzer Gruben, verbrannter Äcker, dürftiger Ackerraine, verlassener Mühlen und Kalköfen [...], der Kampfruf eines verstoßenen Geschlechtes [...]« Das Leiden der Vergangenheit, so scheint es manchmal, hallt wider von den Berghängen, ist das Echo, das das Leben hier begleitet, scheint auf in Fruchtbarkeit und Vernichtungskraft der Natur wie in den stillen und abgründigen Menschen hier. Kunst kann hier auch ein Weg sein, Leben zu retten. Und sei es nur das eigene.

Jörg Koopmann fotografierte im Sommer 2002 in Kärnten.

Haider-Portrait um 4,90 Euro erhältlich!

ND NACH DEM
G VON PARTISANEN
D ERMORDETEN
D MÄNNER.
T VERGESSEN
IE WIEDER GESCHIEHT.
CEKONI

Der
Mutti
lieben
Dem
Vati
Dem
Opa
Dem
Opa

Gegenheimat ist ein vielfach schillernder Begriff: Als Widerstand gegen die Vereinnahmung durch die Heimat wie auch gegen die Vereinnahmung der Heimat; als Behauptungswille eines Lebens jenseits des Wirtshauskollektivs; als Ausbruch aus dem Alltag; als Widerstand gegen die Welt. Manche sagen auch Utopie dazu, aber das ist ein Begriff, der so verramscht wurde in den letzten zweihundert Jahren, dass er einem jenseits der begriffsgeschichtlichen Auslassungen nicht mehr besonders viel sagen kann zur praktischen Lebensausrichtung. Martin Kušej ist kein Anti-Utopist, im Gegenteil. Er ist nur skeptisch, um nicht zu sagen: pessimistisch, was das Fortschreiten des Menschengeschlechts angeht. Und so ist Theater eine Gegenheimat geworden, wie es auch das Nachdenken über den Tod war, der eine andere, radikale Gegenheimat bieten kann. Gegenheimat ist dabei ein ebenso ambivalenter Begriff wie Heimat. Denn am Ende holen wir uns doch immer wieder selbst ein. Im Leben hat Martin Kušej gesehen, wie Widersprüche funktionieren; in der Kunst hat er gelernt, mit Widersprüchen zu operieren. Begriffe, Zustände, Materialien lässt er aufeinander krachen – die Dichotomie, die Dialektik, das ist der eigentliche Ort des Kušej-Theaters. Der Mensch ist die Wunde in diesem Szenario, die Bühne der Operationssaal, und das Adrenalin, das er dabei freisetzt, führt zu extremen Ergebnissen. Die Wunde Mensch hält Kušej sich offen mit geschliffenen Bildern, die die Realität immer leicht anritzen, um zu sehen, ob noch Blut fließt. Es ist, wenn man so will, ein fast naturwissenschaftliches Interesse an dem, was den Menschen zu dem macht, was er ist. Sein erster Berufswunsch, sagt Kušej und schaut dabei in den Abendhimmel, sei natürlich nicht Theaterregisseur gewesen: Er wollte Chirurg werden. Spezialgebiete: Hirn und Herz.

Zwischen Hamburg und Maria Saal wechselt Martin Kušej hin und her, zwischen Großstadt und Dorf, zwischen hanseatischer Zurückhaltung und Kärntner Verschlossenheit, zwischen Theater und Leben, zwischen Asphalt und Gras, zwischen Ausnahme und Alltag. Kušej selbst ist dabei eine manchmal schwer zu greifende Pendelexistenz, zwischen freundschaftlichem Enthusiasmus und einer Mauer, die nur er kennt; zwischen dem offenen, durchwehten Blick auf die Welt, die Schönheit, die Sonne und einer Wolkendecke, die sich bisweilen über seinen Kopf schiebt; zwischen heiterer Verzweiflung und weniger heiterer Verzweiflung. Die Kunst kondensiert das Dunkle in diesem Leben, das Leben birgt das Helle in diesem Herzen. Kušej steht auf, und wir machen uns daran, den Sandkasten zusammenzuschrauben, den er für seinen Sohn im Baumarkt gekauft hat. Im Garten vor dem Haus in Maria Saal stehen hohe Bäume, der Sommer ist heiß, die Wolken haben sich verzogen. Meistens ist das Leben anderswo, manchmal ist es auch genau hier. Um ein Zuhause zu finden, braucht es eine Gegenheimat.

Am Anfang des Kušej-Theaters steht eine Geburt. »Es wird mit dem Klingelton 20 Uhr 47 Minuten und null Sekunden«, das sind die ersten Worte, dann erklingen dunkle Gesänge, eine Prozession zieht vorbei und auch ein Priester mit Weihrauch. Mythenzeit. Eine metallene Stimme sagt: »Das Leben beginnt«, dann winden sich ein paar sehr kreatürliche Menschen zur scheppernden Musik der frühen Achtzigerjahre. Sie sind nackt, sie tanzen im Schein einer bunt-verwirrenden Projektion. Andere stecken in mit Wasser gefüllten Plastiksäcken und werden in einem mystischen Ritual von einem dunkelhäutigen Priester mit einem Messer aus den Säcken geschnitten. Die Gewalt der Geburt, die Geburt der Gewalt. Sie reden wild durcheinander, laut und selbstbewusst. Ein Satz nur am Ende klingt deutlich hervor: »Und ich dachte, ich würde glücklich sein.« Musik. Schnitt. Ein Bett, eine Badewanne. Schwarz. Ein Mann und eine Frau im Bett, in die Vertikale gekippt. Selbstmord ist das Thema und der erotische Schauer des Todes. Schwarz. Eine Waffe. Wieder Schwarz. Die Grundfarbe dieses Regisseurs.

Am Anfang des Kušej-Theaters steht auch ein Manifest. »Die wahren Abenteuer sind im Kopf«, schreibt er da, und: »Gegen Neid und Dummheit, gegen Missgunst und Kleinkariertheit ist kein Kraut gewachsen. Was hilft, ist Radikalität.«

Es war erst der Anfang seines Theaters, und doch war alles schon da: all das, was man, wenn man die Theaterarbeit Martin Kušejs begleitet, wieder und wieder sieht und hört, all die Themen, all die Mittel, all die Konsequenz und die Wut und

Martin Kušej während der Proben zu König Arthur, Staatstheater Stuttgart, 1996

die Präzision und die Maßlosigkeit und die Sinnlichkeit und die Schwärze, mit der dieser Regisseur auf das Theater blickt und damit auf die Welt. Denn, und das macht sein »Ultramarines Manifest« bereits deutlich: Für Martin Kušej ist das Theater ein Mittel, die Welt zu ergründen, die Welt zu begreifen, die Welt auseinanderzunehmen und neu zusammenzusetzen. Die zu Beginn des Abends genannte Uhrzeit ist die reale Uhrzeit, das Wirkliche und das Hergestellte überschneiden sich, im Spiegel des Kušej-Theaters soll sich das Leben neu begreifen. Kunst ist hier keine Imitationsmaschine: Kušej macht kein Theater, das um sich selbst kreist – seine Kunst greift aus. Und greift an. Der Grundgedanke, schrieb Kušej in dem einigermaßen großspurigen Text, den er 1984 zu seiner Inszenierung von David Bretts Stück Ultramarin verfasste, seiner Diplominszenierung im Regiestudiengang der Grazer Hochschule für Musik und Darstellende Kunst, »der Grundgedanke liegt in der Zerstörung konventioneller Bedeutungen und in der Schaffung neuer Bedeutungen und Gegen-Bedeutungen.« Theater, heißt es weiter, ist »beseelt von Aggression: Aggression gegen die mutmaßliche Konventionalität des Publikums und vor allem Aggression gegen das Medium selbst«. Es war eine Dramaturgie des scharfen Schnitts, die Kušej vorschwebte, ein Jahr, nachdem der Dichter Rainald Goetz beim Ingeborg-Bachmann-Wettbewerb in Klagenfurt öffentlich gezeigt hatte, wie man sich mit einer Rasierklinge die Stirn aufschlitzt. »Die Suche nach Wahrheit muss selbst wahr sein«, zitierte Kušej den Russen Eisenstein,

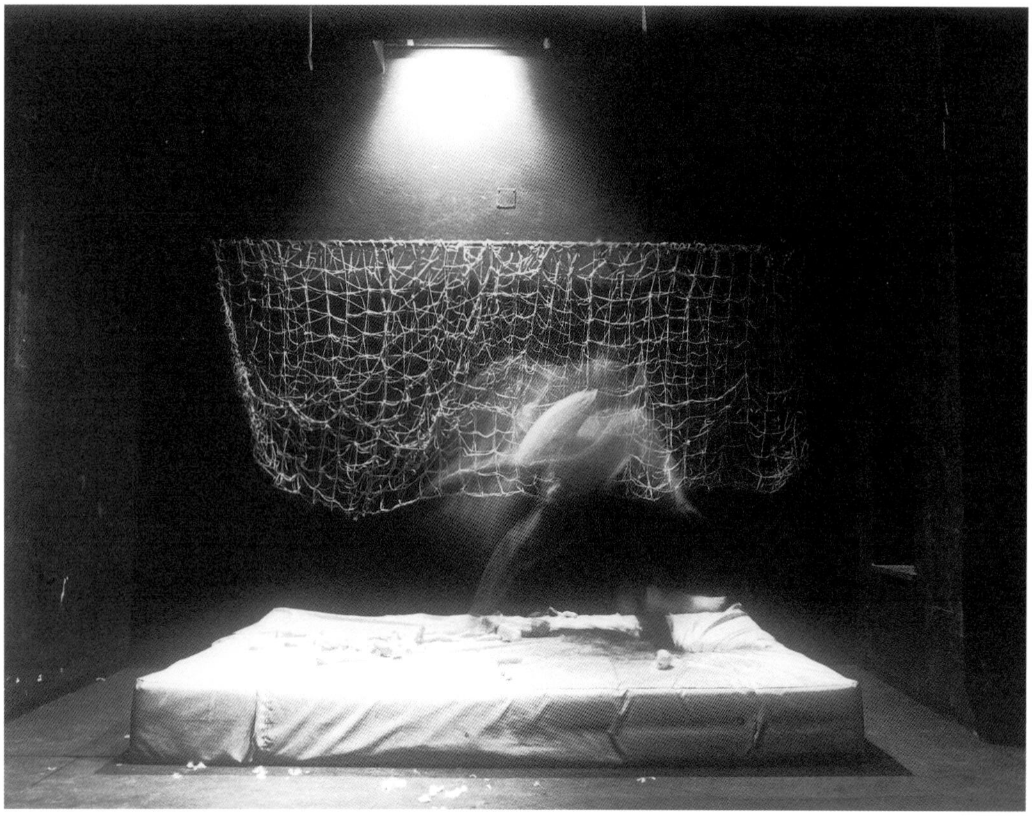

ULTRAMARIN:
Werner Fritz (Martin) und Christian Ruck (Virgil), *Wilder Mann,* Graz, 1984

Kunst und Leben seien unter gemeinsamen Gesichtspunkten zu begreifen, die Arbeit des Regisseurs und auch die des Schauspielers solle sich nicht auf intellektuelle Konzepte beschränken, sondern »aus existenzieller Erfahrung heraus das Rationale um die Dimension des Emotionalen und Irrationalen ergänzen« – eine selbstbewusste Setzung und eine Programmatik, die sich durch die Jahre in den Arbeiten Kušejs verfolgen lässt: die Kombination von Intellektualität und Emotion.
In ULTRAMARIN lässt der Brite Brett seinem Konsum- und damit auch seinem Zivilisationsekel freien Lauf, er spielt die Fluchtphantasien in die Luxuslangeweile durch – bei Kušej vorgetragen von zwei Badenixen, die sich auf einem Gitterrost über dem Publikum befinden. »Um das Stück tatsächlich zu verstehen, um es ernst nehmen zu können«, sagte Kušej damals, »muss man es wahrscheinlich träumen«: ein weiterer Grundgedanke des Kušej-Theaters, der sich über die Jahre in veränderter Form, Ausführung und Konsequenz immer wieder findet. Dem »europäisch-schematischen Denken« wolle er entkommen, »wo das begriffliche Denken mit dem Denken am Ende ist, da fängt die Kunst erst an.« Inszenieren sei für ihn »gleichwertig mit einem bildnerischen und planerischen Schaffen«, das Theater als Bilderfindungs- und Bildzersetzungsmaschine. »Der achtlose und unbegabte Zuschauer wird vielleicht nicht viel davon haben«, sagte Kušej, er werde aber nicht versuchen, »dem Wunsch des Publikums, alles zu sehen, entge-

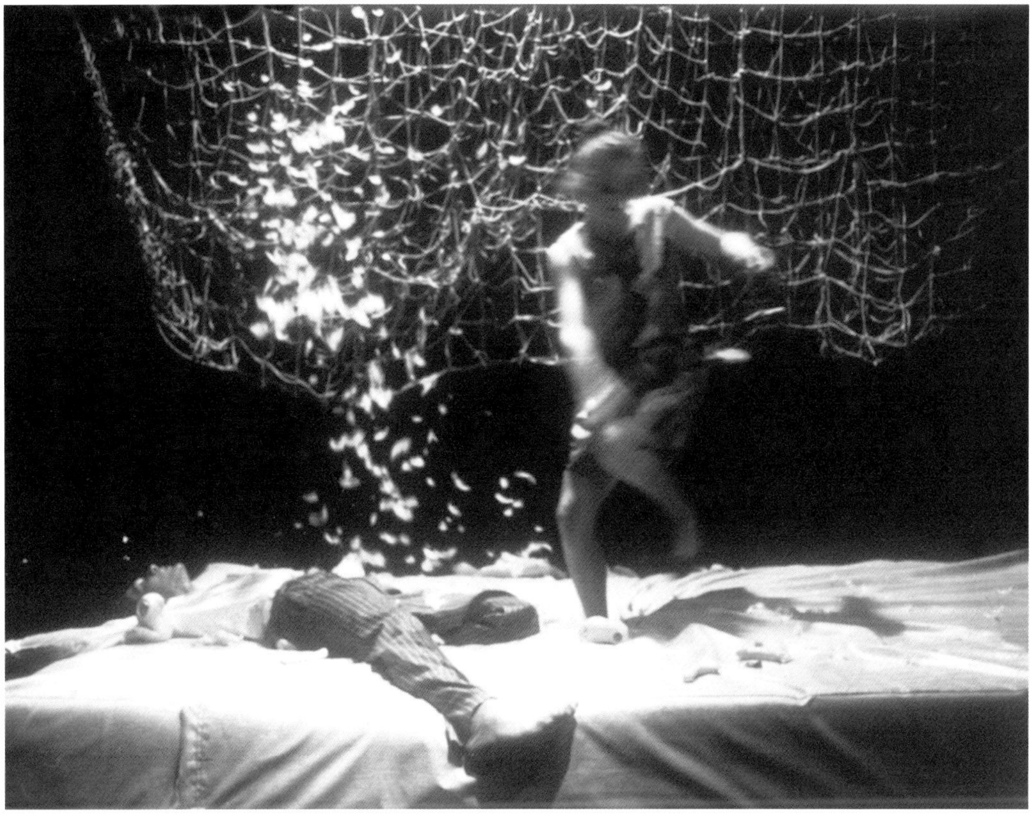

Ultramarin:
Werner Fritz (Martin) und Veronika Kušej (Serena), *Wilder Mann,* Graz, 1984

genzukommen«. Auch sei es ihm egal, ob oder wie das Stück verstanden werde, schließlich sei jeder Zuschauer für seine Phantasie und Assoziationsgabe selbst verantwortlich – und ließ seine Szenencollage von recht abstrakter Alltagskomik, recht sinnfällig, teilweise über den Köpfen der Zuschauer spielen, in einem Netz, das unter der Decke des Raumes gespannt war.
Dort findet ein Ringkampf zwischen Männern statt, inszeniert als ein Spiel von Sinnlichkeit und Bedeutung, zwei wichtigen Begriffen des Kušej-Theaters. Zwei Frauen kommen herein, kippen auf die Matratze unter dem Netz, schauen kurz zu den Männern, die dort herumturnen, und gehen dann wieder. Die Männer fallen aus dem Netz. Dann öffnet sich hinten eine Fensterfront, eine Trambahn fährt vorbei, ein paar Passanten schauen herein. »Wir warten, dass wir Verlangen spüren, unsere Zukunft zu bestimmen«, ist der letzte Satz. Schwarz. Es war eine Geburt des Theaters aus dem Geist des Todes.

Erste Annäherungen. Martin Kušej sitzt in einem Lokal in Hamburg, wo er lebt, wenn er nicht gerade irgendwo inszeniert oder in seinem Haus in Maria Saal ist. Er redet von seinem Theaterideal, das darin besteht, den Zuschauer von jeder Erwartungshaltung wegzubringen, zu überraschen, einen körperlichen Vorgang auszulösen durch die Reize, die er liefert, ein Kribbeln, ein Staunen zu erzeugen.

Symbolische Bedeutung und fast schon haptische, greifbare Bilder, das ist das Ziel, Emotionen herstellen, Reduktion, Eindampfen. Kušej trinkt Merlot, er isst Carpaccio und Ziegenkäse. »Hm, gut«, sagt er, bevor er sich darüber beschwert, dass gedankenarme Regisseure heute glauben, sie müssten nur Campingstühle auf die Bühne stellen und schon seien sie nah dran an ihrer Zeit. »Die Leute versuchen, Houellebecq zu inszenieren, anstatt ihn zu lesen und zu kapieren und dann aus diesem Geist heraus die Stücke oder die Welt zu lesen.« Früher, erzählt er, habe er immer sehr viel reingepackt in seine Stücke, Beuys und Kiefer und all das – jetzt könne er das alles weglassen. Wie man es schafft, Theater zu machen, das berührt? »Man muss zu einer gewissen Verzweiflung fähig sein.«

Die Katastrophe der Zivilisation, die Zivilisation der Katastrophe. Jazz im Halbdunkel, ein Paar in einem engen Zimmer, große Distanz zwischen Mann und Frau, langsames Hinwenden, dann ein leidenschaftlicher Kuss. Ein Radio, helle Blitze. »Ich habe im Lauf der Zeit gelernt«, sagt Kušej im Jahr 2002 in dem feinen Hamburger Restaurant, »dass es sinnlos ist, gesellschaftliche und politische Umstände dafür verantwortlich zu machen, wie es jemandem geht.« Die Suche nach dem Entstehen von Gewalt- und Unterdrückungsmechanismen ist eines der zentralen Themen, ist das Politische in Martin Kušejs Theater. Nachdem er eine Weile als Assistent am Landestheater in Salzburg gearbeitet hatte, wählte er für seine zweite Inszenierung 1987 in Graz Karl Schönherrs Stück Es: Er wolle, schrieb Kušej in seinem Konzept, »einem Autor auf die Spur kommen, der einfach sehr in die Nähe der braunen Horden gerückt ist«. Die zweite Inszenierung und die erste Zusammenarbeit mit dem Bühnenbildner Martin Zehetgruber – vielleicht die wichtigste Begegnung in Kušej künstlerischer Karriere. Fast alle Inszenierungen der kommenden Jahre haben sie zusammen gemacht. Ein Bilderdenkerduo, das sich in seiner Theatersprache und in seiner Weltsicht auf selten produktive Weise ergänzt.
Für Schönherrs Es wählten die beiden eine Art surrealen Realismus, zeigten in kurz aufflackernden Traumbildern, wie die Schichten der Ratio anfressen werden, veranstalteten Bewusstseinsgewitter, damit in den Tiefenschichten womöglich etwas aufscheint, das vielleicht so etwas ist wie Wahrheit. Die Sprache und die Bilder faszinierten Kušej an dem Stoff: Natur und Naturgewalten, Sarg und Wiege, Samen und blühende Felder, Sturm und Felsen. Eine Kinderspieluhr klimpert in diesem hellen Unort, dieser Wohnzimmerhölle von aseptischer Verworfenheit. Kušej saß in Ljubljana, als er an dem Konzept für diese Inszenierung arbeitete, und in der engen Wohnung eines sozialistischen Wohnblocks formte sich im Kopf des Regisseurs ein Bild: Inmitten von Bergen ungebügelter Wäsche und dreckigen Geschirrs entstand eine Vorstellung von Intimität, Gewalt und Irrationalität. Von der Vorlage blieb eine extrem entschlackte, brutal ins Kritische

gewendete Fassung. Radikale Textarbeit. Auch ein Prinzip, dem Kušej treu geblieben ist. Eine Frau und ein Mann sitzen nebeneinander, sie starren vor sich hin, »es ist doch alles Leben, so oder so«, sagt die Frau monoton, und über das Wortwirrwarr hinweg wird eine Botschaft deutlich, die in jedem konsequenten Nihilismus steckt: das Versprechen des Humanismus.

Das Kušej-Theater ist eines des tiefen Moralismus. Ein Anklägertheater, das sich auf falsche Versprechen nicht verlassen will. Schönherr erzählt die Geschichte eines Arztes, der glaubt, an einer unheilbaren Erbkrankheit zu leiden, und daraufhin seine Frau zu einer Abtreibung zwingt – aber in einem Anfall von, wie Schönherr sagt, »Schwäche« schwängert er die Frau erneut. Diesmal behauptet sich die Frau und behält das Kind. Der Mann verzweifelt und endet im Selbstmord. Die Zumutungen des Triebes, des Biologischen, des Weiblichen, des Irrationalen. Laut und brutal und drängend ist diese Inszenierung, die im Wahnsinn der Frau nach der Abtreibung und in der Todeslust des Mannes ihre Extrempunkte finden. Dazwischen immer wieder streng choreographierte Stille: In der Distanz zwischen diesen Menschen besteht ihre Nähe zueinander, in der Aggression lebt ihre Liebe fort und stirbt einen schlimmen Tod. Die Inszenierung spürt dem Ursprung der Gewalt nach – der Gewalt zwischen den Menschen, die aus nichts heraus entsteht als aus der Tatsache, dass sie Menschen sind. Allein durch die Haltung des Regisseurs wendet sich all das Brutale des Mannes nicht gegen die Figur, nicht gegen den Autor, sondern gegen die Spezies. Gegen die Gattung Mensch.

Kušejs Fortschrittsskepsis und sein Utopienmisstrauen erwachsen aus Kompromisslosigkeit und Negation. Dada und den Surrealismus nannte Kušej damals als Deutungsquellen dieser Inszenierung. Trotzdem schuldet sein Regietheater weniger dem Geist der Dekonstruktion, als dem Geschichtspessimismus eines Heiner Müller. »Die endgültige Schlussversion konnte ich nicht einfach akzeptieren«, sagt Kušej. »Ich konnte nicht glauben, dass der Arzt nach allen vorangegangenen Ereignissen die Mutterrolle der Frau toleriert und umgekehrt sie ihn als großen Arzt bezeichnet. Keine Frage, dass ich den Schluss entscheidend anders sehe.«

Auch in der Sprache verabschiedete Kušej sich von viel »überflüssigem Schrott«, den Schönherr benötigt habe, um sein graziles Spannungsgebäude zu erhalten. Außerdem veränderte Kušej die Zeitstruktur, er streckte die Handlung, die an einem Abend spielt und somit sehr konstruiert wirkt, auf ein Maß, das eher dem subjektiven Erleben dieser Tragödie folgt: einer Tragödie, die bei Kušej das Drama des Mannes wie das der Frau ist; eine Deutung, die weder den einen noch den anderen entblößt. So entstand ein existenzielles Kammerspiel, das eine Entwicklung von der Idylle zum Albtraum nachzeichnet, von der Liebe in die emotionalen Zerfleischungen – wobei der Albtraum immer schon in der Idylle steckt. Es war eine radikale Zurichtung im Schauspielhaus Graz, die von Musik und Bühne zu einem optisch-akustischen Werk von früher Reife und Radikalität getragen

JUDITH
Bühnenraum,
Klagenfurter Ensemble, 1987

wurde und Kušej sehr aufmerksame und positive Kritiken einbrachte. »Leben«, lautet das letzte Wort vor dem Selbstmord, »leben«. Dann im Dunkeln die Stimme aus dem Radio, die von der Hindenburg-Katastrophe berichtet. Die Wand geht auf, ein Baum ohne Blätter, ein Rattern und drohendes Donnern, grauer Regen, ein heller Horizont: Hinter der zerstörten Bürgeridylle erhebt sich, gleichgültig und unerschütterlich, die Natur. Jazz wie am Anfang, ein Düsenjet fliegt durchs Schlussbild, Dunkelheit. Und Kušej bekam langsam einen Namen.

Die Kritiker, eine notorisch unoriginelle und denkfaule Kaste, sind ja oft recht froh, wenn sie sich den genauen Blick auf die Inszenierung sparen können, weil sie ohnehin schon wissen, welches Etikett sie dem Regisseur geben werden. Kušej bediente sie von Anfang an mit Steilvorlagen. Seine dritte Inszenierung, die Uraufführung des Stücks JUDITH von Kurt Franz, bot wieder ein endzeitliches Thema. Zwei Männer und eine Frau sind die Überlebenden einer Katastrophe. Oder haben die beiden Männer die Katastrophe nur erfunden, um davon abzulenken, was sie der Frau angetan haben? Die Frau macht die Männer für den Untergang verantwortlich; sie tötet die beiden und erkennt zu spät, dass sie alleine nicht weiterleben kann. Kušej machte in Klagenfurt aus der bemühten Vorlage eine radikale Theaterverweigerung – vor allem dank des Raums von Martin Zehet-

JUDITH:
Paul Weismann
und Herbert Brunner,
Klagenfurter Ensemble, 1987

gruber, der an die schmale Stirnseite eines Zuschauerraums, in dem es für die etwa dreißig Zuschauer absichtlich zu wenig Plätze gab, ein Schaufenster setzte, hinter dem sich ein Wohnzimmershowdown aufbaute: Schrankwand, Sofa, Couchtisch und Vogelkäfig. Ein Realismus, den Kušej mehrfach brach, etwa durch die Monitore, die das Geschehen in den Zuschauerraum übertrugen. Man hört ein Keuchen, das Körperliche, das sexuell Aufgeladene der Konstellation ist sofort präsent: ein Boxkampf im Fernsehen, der Kanarienvogel im Käfig, das Kreatürliche, das Animalische, die Fesseln der Zivilisation. Im Wohnzimmer herrscht Unordnung, die Lampe ist umgekippt, Leere. Nur die Geräusche sind da und ein Lachen. Hat da jemand den Beobachtungsterror unserer Kamera- und Containerwelten schon 1987 geahnt? Das Theater: Ein Ausschnitt aus der Welt. Ein Endspiel. Ein Kammerspiel. Und Psychologie ist Ringkampf. Der eine der zwei Männer filmt mit einer Videokamera und pfeift vor sich hin, während der andere immer wieder brüllt: »Es ist nicht wahr, es ist nicht wahr.« Sie sind beides: Eingesperrte und Ausgesetzte. Ein Vexierbild – ein Spiel der Blicke und Perspektiven, ein genaues Verständnis dafür, welche Herausforderung und Zumutung der Bühnenblick heute sein kann und sein muss, damit das Theater seine Bedeutung behaupten kann. »Wir sind im Kino«, sagt einer der Männer. Er trägt Jeans und ein türkises Polohemd, die Uniform des Freizeit-Heloten. Im Ton laut, im Spiel forciert war diese

Inszenierung, im Blick auf die Gewalt zwischen den Menschen brutal und offen. Die Frau taucht nur als Negativbild auf: als Abwesende, als Missbrauchte, als Überlebende und Überlebte zugleich. Die Männer verkeilen sich ineinander in ihren Verbalattacken, bis die Frau zu ihnen tritt, den einen umbringt und den anderen in den Selbstmord entlässt. Jenseits des feministischen oder des Post-Tschernobyl-Klischees fand Kušej Bilder des alltäglichen Schreckens. Die Katastrophe hat er ins Private verlegt. »Wir lieben dich, wir lieben dich doch«, ruft der Mann im türkisfarbenen Hemd noch, dann schießt ihn Judith nieder, während der andere mit der Kamera den Schrecken zu bannen versucht. Am Ende legt die Frau eine Videokassette ein, auf der in verwischten Bildern menschliche Körper zu sehen sind. Die Gewalt der Bilder? Das wäre Sozialtherapie. Bilder der Gewalt, das wäre Theater. »Das Stück«, schrieb die *Kronen Zeitung*, »schildert die Lage von drei Menschen nach einer Atomkatastrophe. Aber auch zu diesem Thema ist schon Besseres geschrieben worden. Hinter dem Glasfenster wird zu viel geschrien. [...] Vielleicht wäre es besser gewesen, sich an traditionelle Theaterformen zu halten, anstatt es mit Experimenten zu versuchen, denen man nicht gewachsen ist.« Vom Bühnenbeirat des Bundesministeriums für Unterricht und Kunst erhielt die Produktion eine Auszeichnung in Höhe von 20 000 Schilling.

Der Loiblpass. Martin Kušej fährt schnell, der Alfa quietscht in den Kurven. Die Berge bauen sich drohend auf, hier an der Grenze zwischen Österreich und Slowenien. Früher ist er diesen Weg mehrmals in der Woche gefahren. 1986 und 1987 war das, Kušej lernte in Ljubljana Slowenisch und arbeitete am kleinen Glej-Theater, an Heiner Müllers VERKOMMENES UFER / MEDEAMATERIAL / LANDSCHAFT MIT ARGONAUTEN. »Es war eine ganz eigenartige, tolle Stimmung«, sagt Kušej. »Der Sozialismus in den Endzügen, Punk, die Band Laibach, die junge slowenische Kunst und zwei, drei Kneipen, in denen alle waren.« Wir fahren durch die Straßen am Ortseingang von Ljubljana, gesäumt von sozialistisch-depressiven Neubauten. Kušejs Blick ist immer ein historisch geschulter Blick, getrieben von einem negativ aufgeladenen Utopienverdruss. Der Regisseur als Schwarzseher. Die geschichtliche Sendung und die Auswüchse menschlicher Programmatik: Es ist diese Mischung, die nicht funktioniert, die ihn interessiert, an den Neubauvierteln hier und an Heiner Müller. An einer lauten Straße steht das Theater der Stadt, grün gestrichen, innen trübes Glas und eine freundliche schmale Frau mit einer großen Schere in der Hand, die ihr fast aus der Hand fällt, als sie Kušej sieht. Im Büro des Intendanten gibt es Kaffee und Whiskey, das gab es damals auch immer, schon vor der Probe um zehn Uhr morgens. Kušej sitzt mit seiner rot getönten Gucci-Brille am Tisch und erzählt von jungen deutschen Dramatikern und von Sarah Kane, deren Stücke sie hier auch gerade inszenieren. Der Sohn aus der Ferne, der mal wieder vorbeischaut.

VERKOMMENES UFER / MEDEAMATERIAL / LANDSCHAFT MIT ARGONAUTEN:
Barbara Levstick (Frau 2),
Igor Samobor (Mann) und
Olga Kacjan (Frau 1),
Eg Glej Ljubljana, 1989

»Ich scheiße auf die Ordnung der Welt. Ich bin verloren.« Diese Brecht-Sätze aus dem FATZER-Fragment stellte Kušej seiner Inszenierung als Motto voran. Drei Menschen liegen auf Krankenbahren, sie sprechen einen Text, es wirkt wie ein Traum, wie ein Totentraum – eine radikale Schauspielerzumutung, eine Geduldsübung, auch für die Zuschauer. Die Texte überschneiden sich, ergeben eine flächige Struktur. Schnitt. Eine Frau, eine einsame Lampe im Dunkeln, die Frau raucht, sie liest einen Text vor, sie watet dabei im Schutt in ihrem roten Mantel, dann öffnet sich eine Tür, eine Kammer des Unbewussten, streng deklamiert eine Blondine, vor ihr steht ein Goldfisch, dann droht ein Ventilator, die Worte wegzuwehen. Die Frau kippt um.
In der Auseinandersetzung mit dem Schwarzseher Müller gab Kušej seine Negativhaltung gegenüber dem Text auf, die ihm sonst fast immer als Notwendigkeit erscheint. »Wer das Tiefste gedacht, liebt das Lebendigste«, zitierte er Hölderlin – und ging so auch an Müllers auswegloses Kriegerspiel heran, das Kušej als »Beispiel für die Literatur unserer Zeit« diente, als Beispiel für einen postmodernen Text. »Die Postmoderne geht mir auf die Nerven«, sagte er damals, verkleistere sie doch mit ihrem Zitatwahn allzu oft den Blick auf die Gegenwart. »Diesem reinen Eklektizismus möchte ich mit meiner Inszenierung eine deutlich offensive Position entgegenstellen.« In dem Satz *»Do you remember do you no I don't«* bündelt sich der erste Strang der Inszenierung; das Auslöschungspotenzial der weiteren Teile ist darin schon angelegt.

SPRACHE / ZEIT / BEGEGNUNG:
Martin Kušej auf Spurensuche,
1987

Wir sitzen am Fluss im Schatten und essen Scampi vom Grill und trinken Bier und denken uns, dass Mitteleuropa doch eine sehr gute Sache ist. Die engen Straßen mit den bunten Häusern, die sich auf beiden Seiten des Flusses durch die Altstadt ziehen, sind heute voller schicker Läden, Restaurants, Cafés. Ljubljana ist eine offene Stadt, internationaler als alles jenseits der Grenze in Österreich, und Kušej atmet sichtlich leichter hier. Ivan kommt vorbei, ein Schauspieler von damals, der heute einen Hexenschuss hat, und Daniela, die Grafikerin, und Olga, eine schöne, nicht mehr ganz junge Frau mit blonden Haaren, dünnen Armen, einer schwarzen Sonnenbrille und einem lauten Lachen, die sich eine Zigarette nach der anderen anzündet, eine Art Jeanne Moreau von Ljubljana, die auch in Kušejs Müller-Inszenierung mitspielte. Für zwei Stunden ist es wie damals. Dann steigt Olga auf ihr Fahrrad, wir setzen uns in den Alfa. Hinter den Bergen wartet Kärnten.

Kurz vor dem Loiblpass gibt es auf slowenischer Seite eine Bergflanke, die wie eine riesige Geröllhalde in der Landschaft steht, grau und donnernd und gewalttätig und so zerstörerisch wie zerstört. Manchmal, kann man den Eindruck haben, ist auch die Geschichte so eine Geröllhalde, und wenn ein Stein in Bewegung gerät, gibt es kaum noch ein Halten. Für seine, wie er es nannte, »mediative Provokation« SPRACHE/ZEIT/BEGEGNUNG, die er anlässlich des 950-jährigen Hemmajubiläums – zur Erinnerung an die Heilige Hemma, Gründerin des Benediktinerinnenklosters Gurk und Patronin von Kärnten – in Villach inszenierte, ließ sich Martin Kušej unter anderem auch auf dieser Bergflanke fotografieren. Unter dem Ingeborg-Bachmann-Motto »Die Wahrheit ist dem Menschen zumutbar« veranstaltete Kušej eine Tour de Force durch 2000 Jahre Kärntner Geschichte, beginnend am Dom von Maria Saal, wo sie der offiziellen Geschichtsschreibung zufolge im Jahr 50 vor Christus ihren Ausgang nahm. Es war eine Reise an historische Orte in Kärnten, an denen Kušej sich in dem immer gleichen Kostüm fotografieren ließ, einem martialisch anmutenden schwarzen Ledermantel. Globasnitz: die Slawen. Ruine Weissenegg: Hexenprozesse. Ossiach: Klosterauflösungen. Gurker Brücke: Abwehrkampf. Loibltunnel: KZ-Arbeiter. Völkermarkt: Sprengstoffanschlag. Es war eine radikale Pose voll Subjektivität und Heimatwut – eine Heimat, mit der er eigentlich nichts mehr zu tun haben wollte: »längst abgeschlossen mit diesem Thema, aufgegeben, weil keine Tendenz zur Veränderung feststellbar ist«, schrieb er damals. »Schlimmer noch – weggezogen, ausgewandert, nichts mehr zu schaffen haben wollen mit dieser Landschaft, die einem bedrohlicher wurde mit jeder neuerlichen Gewöhnung, das Wiedersehen zum Schmerz.« Schmerzhaft wurde dieses Wiedersehen tatsächlich, vor allem jedoch für die vielen aufgeregten Politiker und Leserbriefschreiber, die sich nach der Vorstellung in einen wütenden Streit verbissen. Eine Fortsetzung der Inszenierung außerhalb des Theaters. Ein Vertreter der Freiheitlichen Partei sprach von einer »Verzerrung der Wahrheit«, andere lobten ausdrücklich den »frischen Wind«, dem sich die Kirche da aussetze. Der Bischof mischte sich ein und stellte fest, dass künstlerische Freiheit auf keinen Fall soweit gehen dürfe, »dass ein Kärntnerlied zerhackt und bis zur Zerstörung verfremdet wird und dass Ereignisse der Kärntner Geschichte, die nicht nur auf einer Seite tiefe Wunden geschlagen haben, mit pauschaler Einseitigkeit bewertet werden«. Aber was hatte Kušej getan? Er hatte, mehrsprachig und eben auch in Slowenisch, eine Chronik der Gewalt und Unterdrückung gezeichnet; er hatte das Kärntner Selbstverständnis dort getroffen, wo es augenscheinlich weh tut. Beim Dauerstreit um Sprache, Slowenen und die Lügen der Geschichte.

Das weite Meer der Geschichte also, auf dem die einen so segeln und die anderen so. »Was ist los? Warum machen wir keine Fahrt? Man lauscht«, so lautete das Motto, das Kušej dem Regiekonzept seiner nächsten Inszenierung voranstellte, DER UNTERGANG DER TITANIC von Hans Magnus Enzensberger, 1988 im Schauspielhaus Graz. Die Utopie und das Scheitern, wie sie in Enzensbergers Beschreibung der Fortschrittsfalle, dieser historischen »Endlosschleife« stecken, sind ein bevorzugtes Thema des politisch denkenden Regisseurs Kušej. In Zeiten einer gewissen Katastrophenfixierung, wie sie in jenen Tagen in den späten Achtzigerjahren vorherrschte, wollte Kušej die »dialektische Geschichtstheorie der Linken« gleich mit entsorgen. Eine »Expedition« sollte es werden durch Enzensbergers schwieriges Textmeer. Zwischen Ironie, Nihilismus und Zynismus suchte Kušej seinen Weg, den »Weltuntergang als Aphrodisiakum zu genießen«.
Die Dunkelheit, die das Duo Kušej / Zehetgruber so schwarz auf die Bühne bringt, dass das Helle um so schmerzhafter wirkt, erfüllt auch diesmal den Raum. Ein Kronleuchter schwankt hin und her, eine Art Gong gibt einen monotonen Rhythmus vor: wie tief unter der Meeresoberfläche, wie in einem U-Boot – eine Frauenstimme liest über die verschwommen lyrische Musikkomposition hinweg eine Liste von Namen vor, die Beteiligte und Betroffene vermischt, Theatermacher und Titanic-Untergeher. Es geht um Verwischen, es geht um die Grenze der Ratlosigkeit. Beim Namen Enzensberger bricht die Liste ab, dann weist ein Lichtstrahl auf ein weißes Wesen mit wie von wilden Winden zerzausten Haaren. »Entweder es ist aus«, sagt dieser gespenstische Ariel, »oder es hat noch nicht angefangen«.
Ein trostloses Endspiel, das Kušej da inszeniert, der die Komödie vorführt – um sie mit Herbert Marcuse der Kunst in den Rachen zu rammen: »Die große Komödie kann sich von der Tragik nicht lösen, von der sie befreien sollte. Die Mimesis bleibt Repräsentation des Wirklichen, dessen verwandelnde Repräsentation. Diese Gebundenheit widersteht der utopischen Qualität der Kunst: Unglück und Unfreiheit sind noch in der reinsten Utopie des Glücks und der Freiheit reflek-

Der Untergang der Titanic: Marianne Kopatz, Schauspielhaus Graz, 1988

tiert. Und das in der Kunst erscheinende Glück selbst wird zur Klage gegen die Realität, in der es zerstört wird.« Kušej zeigt albtraumhaft vereinzelte Menschen, inszeniert wahnhaft poetische Szenen, führt die Schattenspiele einer verdunkelten Phantasie vor. Eine Besichtigung unseres politischen Unterbewusstseins. Da sitzt eine nackte Frau, die ruhig und fast abwesend vom Verschlucken und Verschwinden und also vom Ertrinken redet, eine beiläufige Todeserfahrung, weil sich der Tod vielleicht nur nebenbei wirklich fassen lässt – dann erklingt dramatisch laute Musik und ins Pathetische gefrorene oder geworfene Figuren erscheinen, die sich aus der Starre lösen, um zu rufen: »Lasst uns raus, lasst uns raus, wir ersticken!« Sie stemmen sich gegen die gepolsterte Tür, skandieren im Chor: die Verzweiflung der Gruppe und die Einsamkeit des Individuums. Grundprobleme des Politischen, Grundfragen des Gesellschaftlichen, die der Grundlagenregisseur Kušej hier erkundet. Er ist ein Theaterdenker und Bildessayist, der seinen Beruf dezidiert als einen analytischen und intellektuellen versteht. Und so weist der kompromisslose Umgang mit der Enzensbergerschen Textvorlage, die zusammengestrichen und umgestellt den eigenmächtigen Erkundungen standhalten musste, auf künftige Textfabrikationen voraus. Zwischen Betrug und Enttäuschung, Verrat und Hoffnung verenden in dieser dichten, dunklen Inszenierung die Bilder wie die Menschen, die sich gegenseitig im Stich lassen, im Stich lassen müssen, weil das die Sonne will, die

über ihnen scheint oder nicht scheint. »In der Inszenierung«, sagte Kušej damals, »geht es auch um die Artikulation einer gewissen Ratlosigkeit, Verlorenheit, Resignation, die durchaus Bestandteil des momentanen Lebensgefühls geworden ist.«
Und so sind fast überbordende Ideenausmalungen zu besichtigen, die die Grenzen des Sprechens austesten wollen. Schließlich ist der Augenblick, in dem das Wort »glücklich« ausgesprochen wird, niemals der glückliche Augenblick, wie es bei Enzensberger heißt: Hände, die Gestensprache im Dunkeln betreiben, eine fingerschnippende Combo, die rhythmisch redet, Sprachproben mit dem Diktiergerät, der Mann, der auf die Wand schreiben will, wobei nur das Wort »Schrei« übrig bleibt – konstant ist hier nur das Wasser, das dieses Wort wegspült, das ständig eindringt in diesen mit Kleidern, Besteck und Geschirr vermüllten Raum, der manchmal spärlich von Deckenlampen erleuchtet wird, meist aber im Schwarz versinkt, hinten die Wand aus rostigem Stahl, an der das Wasser herabrinnt.
Durch einen Hintereingang betritt der Zuschauer diesen Raum, die Plätze sind auf einer schiefen Ebene montiert, und auch die Stühle sind schief angebracht: Die Spannung soll immer auch eine körperliche sein. Er habe sich, sagte Kušej damals in einem Interview, dafür entschieden, sich »von dieser musealen und konventionellen Theaterkunst, wie sie uns in den Schauspielhäusern erwartet, loszusagen. Die dumme Ernsthaftigkeit (nicht der Ernst), mit der Theater gemacht wird, lässt fast den Eindruck entstehen, seine Aufrechterhalter und Träger hätten das irdische Dasein für alle Ewigkeiten gepachtet.«

Getreu diesem Motto nannte Kušej einen Teil seiner nächsten Inszenierung »Ich hasse Monologe«, eine Art theatralisierter Vortrag, den er im K-Werk in Graz hielt, einem Theater-Laboratorium: »Jede Sprache ist unverständlich, durch das Unverständlichmachen eines Textes wird sie verständlich«, hieß es da. »Sprache wird erst durch die Suche nach Bedeutung schwierig.« In seiner szenischen Fassung von Gertrude Steins PLAY, das er wie den Vortrag in Zusammenhang mit dem zum zweijährigen Jubiläum des K-Werkes veranstalteten Symposion WUNSCH/RAUM präsentierte, ordnete dann die Schauspielerin Julia Schäfers siebzig Schuhpaare im Rhythmus und parallel zur steigenden Intensität des Textes. Der gut gesprochene Monolog sei so »ekelhaft wie das gute Foto und so dumm und überflüssig wie der gut geschriebene Text«, hieß es weiter.
Es war eine fragmentierte, verunsicherte, kontaminierte Zeit, da schickte auch auch Stefan Schütz in seinem KLEISTFRAGMENT, das Kušej Anfang 1989 in Ljubljana inszenierte, zwei irgendwie verstrahlt aussehende Endzeitfiguren durch ein Niemandsland: einen Mann und eine Frau; er besitzt einen Koffer, in dem er tiefgekühlte Gedichtbände herumträgt, sie hat einen Filmprojektor bei sich, der Landschaftsbilder projiziert. Ein Hölderlin-Motto stellte Kušej dem Konzept voran: »Es hängt, ein ehern Gewölbe / der Himmel über uns, es lähmt Fluch /

die Glieder der Menschen ... / und alles ist Schein«. Kušej zeigte einen radikalen Geschlechter-, Körper- und Stimmenkampf, der von Drastik, Emotion, Intensität und auch Pathos getragen wurde – eine Improvisation über Liebe und Leiden, Gehorsam und Gewalt, Lust und Leere, Trieb und Tod, Schönheit und Strafe. Die Radikalität und der Pessimismus von Stefan Schütz werden Kušej gereizt haben: der Konflikt des Dichters, der an der eigenen Schwäche zerbricht, die Verschärfung der Umstände, die Verschärfung der Sprache. Der Kopf ist zur Maschine degeneriert, der Kopf führt Krieg mit dem Körper, bis der Körper schließlich den Kopf zertrümmert. »Die einzige Hoffnung« sei, so Kušej, »dass die Hoffnungslosigkeit akzeptiert werde.« Und so umkreisen sich der Mann und die Frau wie zwei Planeten, die um eine erbarmungslose Sonne rotieren, sie gehen in dem leeren dunklen Raum umher, dann stehen sie still und hören die krachend laute Musik-Ton-Collage, sie drehen sich einander zu und brüllen sich an, sie will auf ihn zugehen und ihn umarmen, er schlägt sich auf den Kopf, holt Eisklumpen aus seinem Koffer und versucht sich damit das Hirn zu kühlen. Der Mann versucht vergeblich sich zu erschießen, und während die Pistole leer in seinen Händen klickt, bricht lauter Rap los – über den Körper der Frau laufen dabei Bilder. Bewegung, Laufen, Rennen, und jede Landschaft ist ein willkommenes Grab.

Was folgte, war ein etwas verworrenes Jahr, das zunächst damit weiterging, dass der Autor Max Gad nach nur einer Probenwoche die geplante Uraufführung seines Stücks KENNEN SIE DEN? beim Steirischen Herbst in Graz verbot. »Ein Werk muss vernichtet werden, bevor es fertig ist. Dann lebt es.« So hatte es Max Gad in seinem Stück selbst formuliert, und Kušej hatte diese Vorlage dankend angenommen, getreu dem zeitgemäßen Baudrillard-Zitat über die »totale Austauschbarkeit der Elemente«. Eigentlich war Kušej der Wunschregisseur des Autors gewesen, doch nach der Lektüre des Regiekonzeptes, nach einer Drohung und einem Ultimatum entschied Gad sich dann, das Stück zurückzuziehen. Man kann die Sache so beschreiben, dass da Ende der Achtzigerjahre, in der Hochphase des postmodernen Auskochens von Wahrnehmungsstrategien also, ein kleiner beispielhafter Kampf ausgefochten wurde – der es damals übrigens bis in ein akademisches Umfeld schaffte: Klaus Lemke heißt der Autor, der vorsichtig schrieb, dass »während die Mitautorenschaft der Theaterleute bei Klassikern und den Stücken der so genannten Theatermoderne kaum bestritten« werde, der Autor »wenigstens in der Uraufführung seine ursprüngliche Intention gewahrt wissen« wolle.

Bevor sich Kušej wieder daranmachte, den Tod in allen seinen Facetten auszuloten, inszenierte er noch ein Kinderstück, NIPPES UND STULLE SPIELEN FROSCHKÖNIG, bei dem er den autoritären Strukturen im Verhalten zwischen den Menschen nachspürte.

Nippes und Stulle spielen Froschkönig: Arthur Klemt (Stulle), Volksschule Ruden, 1989

Dann suchte er im Weltengericht, was er im Kinderspiel schon gefunden hatte. Am Nationaltheater in Ljubljana inszenierte Martin Kušej 1990 Ödön von Horváths Glaube, Liebe, Hoffnung, ein Stück, das im zerfallenden Jugoslawien natürlich eine besondere Brisanz besaß – die Dynamik von politischer Instabilität, Arbeitslosigkeit, Wirtschaftskrise und Inflation hätte sich gut aus der Weimarer Republik in die Endachtziger transportieren lassen. Doch Kušej verweigerte jede solche direkte Bezugnahme. »Das Leben wie es wirklich ist«, hatte er über sein Regiekonzept zu dieser Inszenierung geschrieben – und dann in bester Streichlaune aus dem Untertitel »Ein kleiner Totentanz in fünf Bildern« nur noch den »Totentanz« stehen lassen. Er suchte bei Horváth nicht die Zeitkritik, sondern eine universelle Aktualität, obwohl er anmerkte: »So falsch waren die Versprechungen von Freiheit, Glück und Schönheit noch nie, weil sie einerseits noch nie so perfekt simuliert werden konnten und andererseits noch nie so austauschbar waren.« In dieser Hinsicht sah er auch die Öffnung der sozialistischen Staaten Osteuropas kritisch als Versuch, sich einem »genauso abgefuckten Gesellschaftssystem« zu nähern. Ein Grollen eröffnet die Inszenierung, dann ein Klingeln und etliche lichtlose Minuten, in denen das Stück beginnt – dann der Blick auf das Untergangsszenario, eine Art Keller- oder Lagergewölbe mit Metallstreben, die das schiefe Dach mit Mühe in Position halten. Wolken ziehen als Projektion vorbei. Natur im Stummfilmformat. Radikal vereinzelte und verlorene Gestalten stehen da im diffusen Grau der Schattenhallen herum, eine Lebens- und Verzweiflungsstatik, eine elegische Balance, die langsam ins Kippen gerät – oder schon hoffnungslos gekippt ist. Mit dem veralteten Horváth-Bild Schluss machen und dabei einmal mehr den Begriff der Werktreue »vom Tisch fegen«, diesen »zensurhaften Wunsch«, sich nicht auf unbekanntes Theaterterrain zu begeben. Es geht um ein Lebensgefühl, so Kušej, um eine Annäherung an die Absurditäten und Verwicklungen nicht nur des großstädtischen Alltags – »alles ist hohl und leer«, zitierte er aus Horváths MORD IN DER MOHRENGASSE. »Man sollte sich selber erbrechen. – Alles ist tot.«

Ein Abgesang also, der in diesem Bunkersalon von Martin Zehetgruber zelebriert wird, eine fast beiläufige Verlorenheit, die der Frage nach den Untiefen in der alltäglichen Ordnung, in der ganz banalen Normalität nachspürt – nicht die aufgekratzte Aggressivität seiner GESCHICHTEN AUS DEM WIENER WALD, die er später in Hamburg inszenieren würde, und auch nicht die fast heitere Verzweiflung der UNBEKANNTEN AUS DER SEINE, die er in Stuttgart zeigte. Kušej inszeniert Horváth gleichsam mit den Fäusten unten, ohne germanistische oder theaterhistorische Verteidigungshaltung, als eine Suchbewegung nach den im Unbewussten verborgenen Triebmechanismen. Den angeblichen Realismus dieses wie auch der anderen Horváth-Stücke hält Kušej vor das durchscheinende Licht der unter der Oberfläche verschütteten Angst- und Hassstrukturen; eine Art Wahrnehmungsspektakel: »Möglicherweise spielt das Stück überhaupt nur im Bewusstsein des Zuschauers«, wie er sagt. Nebel weht durch diesen Durchgangswartesaalhöhlenhöllenraum, die Menschen rennen herum, reden durcheinander, finster klingt die Musik, die diesen Massenmikroskopismus begleitet, den Kušej mit Horváth durchführt – das Soziale ist schon der Ernstfall. Kušej inszeniert ein Horváth-Muster: die Linien, Falten, Farben, die im Sozialen aufscheinen und doch etwas anderes bedeuten. Da sitzt eine Frau auf einem Stuhl und streicht sich ihre Netzstrümpfe glatt, da kniet ein Bettler mit seinen Krücken und balanciert eine weiße Taube, bevor er lachend auf seinen Beinstümpfen davonkriecht. Ganz langsam, gleichsam in einem außerzeitlichen Tempo, das die fragile Konstruktion der Zeit, wie sie uns in Normalität und Alltag vorgegaukelt wird, sanft auseinander nimmt. Es geht dabei um Überlagerung und Divergenz, um die Löcher, die in der Wahrnehmung klaffen, um das Hinüberreichen des Vergangenen und den Vorgriff auf das, was noch kommt, im Heute. Eine Baustellenlampe blinkt auf einem umgestürzten Stuhl stehend, das Mädchen und die Hure, Wunsch und Begehren, Sehnsucht und Sex. Horváth wie ein Echo. Menschen wie aus einem imaginären Hallraum. Oberflächenkräuseln, wo weit unten ein Wirbel wirkt. Es schaut aus wie das Leben, ist aber etwas anderes. Ist mehr. Ist Magnetismus. Ist Theater. Kušej unternahm es, das Stück aus dem historischen Kontext herauszubrechen –

»die einzige Möglichkeit«, so Kušej, »mit der sich eine Umsetzung auf dem Theater motivieren lässt«. Er wollte dem breiten, unterirdischen Strom der Sehnsucht nachforschen, der Horváths Werk durchzieht: Sie verleihe ihm »seine Unheimlichkeit, seinen verführerischen Zauber, seine Kontinuität«. Und: »Durch die Darstellung der tragischen, komischen, kitschigen und auch der gefährlichen Irrwege dieser Sehnsucht ist Horváth der Wirklichkeit seiner Zeit näher gekommen, als dies durch politische Zeitdramatik geschehen konnte.« Der Zeppelin als Sehnsuchtssymbol stehe, so Kušej, für die »fatale Verbindung von erotischem Verlangen und Todessehnsucht«. Ein gespenstischer Todeswalzer, begleitet vom Gelächter der Gesellschaft. »Wir sind der Name auf dem Reisepass, wir sind das stumme Bild im Spiegelglas, wir sind das Echo eines Fratzenballs und Widerhall des toten Widerhalls.« Diese Sätze, auf Deutsch gesprochen, schwirren durch die Kanalisationslandschaft, in die sich die Kleinbürgerwelt fast unmerklich verändert hat – als ob der Alltag immer mehr im Morast der Kloake versinkt, als ob das Leben ein einziges Gleiten auf den Abgrund hin ist. Der Widerschein des Wassers, der entfernte Klang vom Platsch, wenn ein Körper ins Wasser fällt, die Leiche, die an Land ertrinkt, der Raum, der im Dunkel versinkt, die Wolken, die vorüberziehen. Das Schachspiel ist in dieser dunkel ausgeleuchteten Seelenschau der ausweichbaren und der unvermeidbaren Verstrickungen das sinngebende Symbol für die Verbindung aus innerer Logik und äußerer Willkür, aus eigenem Vermögen und fremder Hand.
Glaube, Liebe, Hoffnung ist für Kušej »ein Stück über den Tod und über die aus den Fugen geratene Ordnung der Dinge im Bann des Todes«. Die Funktion der erfüllten Liebe übernimmt der Tod »in seiner Paradoxie, Vernichtung und Erlösung zu sein, als Tod im Leben und als Erlösung vom Tod im Leben durch den Tod«. So steht etwa die Beziehung von Elisabeth und Alfons von Anfang an unter einem morbiden Vorzeichen – in dieser todgezeichneten Gesellschaft »ist der Selbstmord die einzig ehrliche Handlung, nämlich als Abtötung des Willens, der immer wieder in die ›reale‹ Welt zurückkehren will«.

Der große Gleichmacher also, der Kušej so fasziniert, auf den sich in seinem Denken und in seinem Theater alles hinbewegt, der ihn wie nichts anderes im Bann hält. »Tode«, sagt eine Stimme aus dem Off am Anfang seiner nächsten Inszenierung, »der unmögliche Plural, die ästhetisierte Form einer Banalität, das, was uns alle zum selben Zeitpunkt, nämlich immer, bewegt, ist ein radikaler theatralischer Essay, bestehend aus den wertgleichen Elementen Schauspieler, Raum, Musik, Text und Zuseher. ›My friend Martin‹ denkt nach über den Tod des Mannes, den Tod der Frau, den Krebstod, den Hirntod, den Fremdtod, den Eigentod, den Freitod, den Tod des Kollektivs, den Tod des Individuums, den Tod der Welt, den Tod des Theaters und den Tod des Todes. Ein kategorischer Abgesang.«

Glaube Liebe Hoffnung: Vojko Zidar (Invalide), Maja Sever (Elisabeth) und Zvone Hribar (Buchhalter), Slowenisches Nationaltheater Ljubljana, 1990

Leben ist Sterben ist Theater ist Ritual, und zwar simultan: Schlicht Tode nannte Kušej diese nächste Arbeit, die er mit der von ihm gegründeten freien Theatergruppe »My friend Martin« realisierte, zu der auch Martin Zehetgruber gehörte. Das Projekt, das in drei LKW-Containern stattfand, war für Kušej auch eine Arbeit an der Abschaffung des Theaterbegriffs als solchem: das Publikum wird in einen der Container geladen, der dann losfährt und in dem auf der kurzen Fahrt Videobilder flimmernd eine andere Reise nachspielen, aus dem Gebirge hinunter, über Hügel, durch Wälder und Ebenen bis zu einem Fluss, an dem eine Fähre wartet. Die Türen des Containers werden geöffnet, es nähern sich zwei andere Container, der des Mannes und der der Frau, beide öffnen sich zu den Zuschauern hin. Die Frau lebt in der Endlosschleife ihres Alltags lautlos auf den Freitod zu, der Mann verreckt unter dem Zwang zur »Sprachejakulation«. Eine geniale

TODE:
Maruša Oblakova (Die Frau),
Graz, 1990

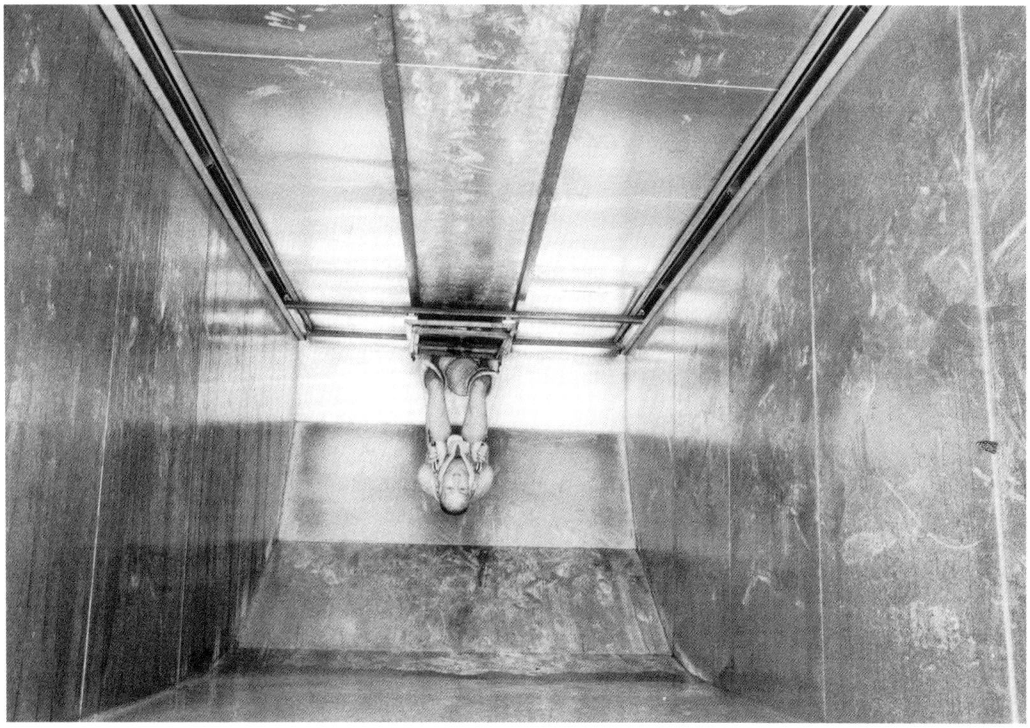

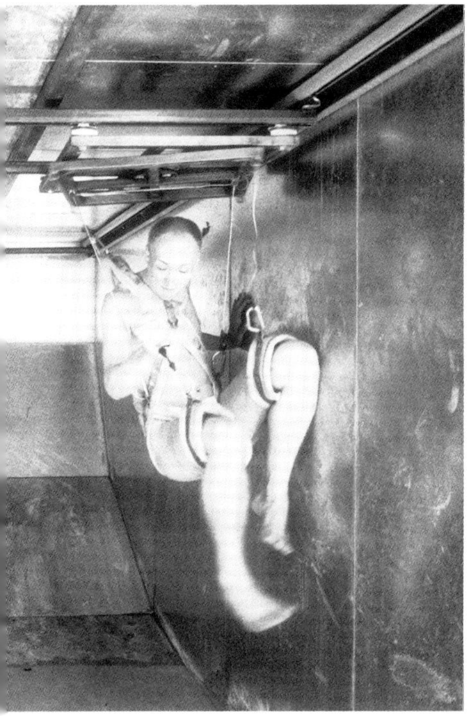

TODE:
Werner Fritz (Der Mann),
Graz, 1990

Bühnendrohung diese Konstruktion von Martin Zehetgruber; Kušej erfand dazu radikale Körperbilder: Der Mann gleitet an einer Deckenkonstruktion kopfüber durch den Metallraum und rast dabei auf den Zuschauer zu, unter sich eine Wasserfläche. Er spuckt Worte aus, Erschöpfung, alles falsch, Dreck, Woche, Wichtigkeit, Kraft, das Leben des anderen, Erschöpfung, ich. Die Frau bewegt stumm den Mund, »ich verdurste«, jammert parallel dazu der Mann und reckt sich gegen den Boden, wo das Wasser unter ihm plätschert, die Frau schminkt sich, pudert sich ihr Gesicht, setzt sich eine Perücke auf.
Der Zuschauer muss ständig entscheiden, wem er bei diesem Simultansterben zusieht: Die Frau bedeutet Schönheit und Kultur, der Mann Qual und Kreatürlichkeit, sie Helligkeit und Holz, er Kälte und Metall. Es ist ein mobiles und morbides Theater der Gegensätze, der Widerstände, das sich ganz auf das Wollen konzentriert und das vor lauter Wollen sich in seiner Zudringlichkeit einrichtet. Abstrakte Bilder von ganz konkreter Gewalterfahrung entstehen, Angstbilder, Wahnbilder: die Frau, wie sie sich aus ihren Strümpfen, ihrem Kleid windet wie

PHILOKTET:
Werner Fritz (Philoktet),
Arthur Klemt (Neoptolemos) und
Paul Weismann (Odysseus),
Jura-Soyfer-Theater, Wien, 1990

ein Insekt, wie eine Larve, wie der Wurm, der auch der Mann ist – nichts als Fleisch, das in ein Korsett gezwängt hängt. Die Liebe, die fehlt, der Sex, der fehlt, die Versuchung, die bleibt, die Pein, die sich nie erlöst. Körper zerschmettern, Blut fließt, Selbstzerstörung, Destruktion auch des Raumes, hinter dessen weißen Wänden im Container der Frau grünes Gras hervorquillt, wenn sie sie einreißt. Der Mann fällt schließlich ins Wasser, die Frau zündet sich an, das Wasser schwappt aus dem Container, während sich die beiden Menschenbehälter losdocken und ins Dunkel der Nacht verschwinden. Schwärzer wurde auch das Kušej-Theater nicht mehr. Hier war der Kältepol der Kunst erreicht. Auch, weil sich TODE radikal der Sprache verweigerte, die das Unfassbare durch innere Logik fassbar macht.

Vier hohe Fenster, dahinter eine nackte Mauer, davor nackte Männer, ein dunkler Raum mit dunkler Musik. Zivilisationsdämmerung. Die fleischeslustige Form des Fortschrittspessimismus. Drei Männer treten aus den Fenstern, ihre Schatten erst, dann Leuchtsäulen mit Lendenschurz. Sie sprechen stumm, dann flüsternd, dann

PHILOKTET:
Werner Fritz (Philoktet),
Paul Weismann (Odysseus) und
Arthur Klemt (Neoptolemos),
Jura-Soyfer-Theater, Wien, 1990

immer lauter und durcheinander: Tod, Gott, Strafe, Frau, Troja, Kampf, Gesicht. »Frag nach den Göttern nicht, mit Menschen lebst du.«
Heiner Müllers PHILOKTET, ein in Sprache gefasstes Todesspiel und wieder eine Art Durchbruch für Martin Kušej, sein Wien-Debüt: Müllers Götterdämmerung, die eine Heldenvernichtung ist und eine Menschheitstragödie beschreibt. Auf dem schiefen blauen Holzpodest, das Zehetgruber sich erdacht hat und das nach hinten abfällt, wo sich langsam steigendes Wasser sammelt, in diesem ausweglosen Lemnos sitzen die drei Helden in ihren schwarzen Anzügen erst einmal in Sesseln und schweigen, die Augen geschlossen, die Fäuste geballt. Kušej nimmt Müllers Geschichtspessimismus und spitzt ihn noch einmal zu, er rammt den Griechenmythos krachend in den Boden, um damit die Gegenwart zu erschüttern. Mit Tempowechseln und Tonartwechseln, formstreng, willensstark und konzentriert tastet er sich an Müllers Mythenwelt heran und hält sie zugleich auf Distanz: die Staatskunst, der Heldenmut, die Schlachtenordnung – Voraussetzungen für das Trauerspiel, das nun folgt. Black und dröhnende Musik. Einmal mehr zeigt sich in dieser Inszenierung, dass nur wenige Regisseure von einer solchen negativen Energie befeuert sind wie Martin Kušej.
Er sucht nach dem Pfahl im Fleisch, er tastet nach der Wunde – nicht um daran zu lecken, sondern um Salz hineinzustreuen. Dabei ist das Archaische bei Kušej immer ganz Gegenwartsbeschreibung (weil Seelenerkundung), und das gilt auch für das Männer- und Machtexerzitium, das Kušej in fahler und zugleich hehrer Stimmung aufführt, gedehnt und konzentriert zugleich: »Wer bist du«, fragt stockend und in verlorener Aggression Philoktet, »Mensch, Tier oder Grieche?« Dann formt sich die Wut zu einem expressiven Bild zweier sich verformender Leiber, Philoktet und Neoptolemos – nicht die Göttermacht interessiert Kušej, sondern die Balance von Kränkung und Tat, zwischen innerer und äußerer Gewalt. Philoktet, der Verletzte, würgt an seinen Worten, die er Neoptolemos entgegenschleudert. Die Worte und die Bilder halten sich die Waage. Das Wasser steigt, die Wunde Philoktets stinkt weiter zum Himmel, bis in einem letzten Exzess Neoptolemos Philoktet kurz und knapp ertränkt und dann in ein infernalisches Gelächter ausbricht, das sich ins Entsetzen verkehrt, das jeder Tat innewohnt. Dann sitzt er vor der Leiche, die im Wasser treibt, und wirft die Bücher, die auf dem Boden liegen, gegen die Wand; sie treiben wie Leichen neben dem Toten. Kušej feiert gemeinsam mit Müller eine fatalistische Freude über die Tücke der Geschichte, die den toten Philoktet noch wertvoller für den Kriegsverlauf macht als den lebendigen. Und der Hass zwischen Odysseus und Neoptolemos bleibt als Konstante in einer Welt, die Kušej auch diesmal als schmerzvollen Ort zeigt, an dem das Dunkel, der Lärm und die Gewalt den Sieg davontragen. Im kalten blauen Licht endet das Stück, mit dem Hohnlachen des Odysseus, der sich die Welt als Kriegsschauplatz denkt. »Das ist der Platz. Troja.«

Bevor sich Kušej weiter voranbohrte in dem blutgetränkten Boden, der immer auch der Heimatboden ist, machte er sich kurz davon – in die Luft. Ein »dramatisches Symposion« nannte er die Inszenierung MOBILER HIMMEL beim Steirischen Herbst in Graz 1990, bei der er eine Diskussion mit Adolf Holl, Filmbilder von Alfred Jungraithmayer, die Pinguine, die Willy Puchner mitgebracht hatte, und einen Textkommentar Thomas Machos mit so genannten theatralischen Einlassungen der Gruppe »My friend Martin« verband. Das Ganze basierte auf Georg Büchners LENZ, den der Schauspieler Werner Fritz vom Dach der Remise herunter rezitierte. Drinnen im Saal gab es dann ein Klangknäuel aus Opernmusik, Geräuschen und bulgarischen Frauengesängen zu hören; während ein Teil der Truppe droben im Gebälk hing und mit Flex-Maschinen einen Höllenlärm veranstaltete. Dann diskutierte der »unglückliche Katholik« Alfred Holl eine gute dreiviertel Stunde lang über Gott und den Himmel, bis die andere Gruppe, nun an Stricken hängend, Texte herausspuckte, ein Telefonbuch der Stadt Moskau zerriss und eine Gans rupfte. Am Ende schob sich eine unwirklich real anmutende Trambahn in die Remise und machte dem surrealen Spuk ein Ende. Konsequent führte Kušej hier seine Beschäftigung mit jenen Themen fort, die ihn seit Jahren umtrieben – und im Grunde bis heute begleiten. Es sind schließlich auch Themen, mit denen sich gewichtig hantieren lässt: die verlorene Utopie am Ende des Jahrhunderts, die Desillusioniertheit, die Müdigkeit, die Sinnleere, die Ausweglosigkeit, der säkularisierte Gott, der entfremdete Held. »My friend Martin« wolle nicht »dumm auf den momentan aktuellen Optimismuszug aufspringen«, hieß es damals, »nichtsdestotrotz gilt es im Sinn der nomadisierenden Sensibilität den Pessimismus mit einer neuen Qualität zu versehen«.

Wie so eine neue Qualität des Pessimismus aussehen könnte, untersuchte Kušej in seiner nächsten Inszenierung in Klagenfurt: WIE ES IST, zwei Szenen aus Kärnten, wie es im Untertitel hieß, wobei Kušej Ernst Jandls DIE HUMANISTEN und Arnolt Bronnens STURMPATRULL zu einem Sprach- und Schlammverwurstungsspiel kombinierte. Bereits im Titel wies Kušej dabei auf sein Spiel mit der Affirmation hin, auf die Strategien des Ausweichens, des Verwirrens und des Erschreckens, indem man frontal auf seine Feinde zuläuft: »Wichtig scheint mir die Weigerung zu sein, einen moralisierenden Standpunkt einzunehmen«, sagte er damals. »Ich will nur versuchen, mein eigenes, zutiefst privates Verhältnis zu dieser Landschaft, zu dieser politischen Situation zu finden und zu beschreiben.« Kärnten also konkret als Thema, ein Land, »in dem der Krieg noch nicht vergangen ist«. In Jandls intellektuellen Selbstbespiegelungsexzessen beharken sich zwei Herren im schwarzen Anzug und mit schwarzer Fliege, während die Frau ein hohlmäuliges Gebärwesen ist, dem die Männer vor die Füße spucken. Die beiden Seismographenkünstler sind unnütze, Benzinkanister schwenkende Popanze, die das Feuer legen, das sie

verschlingt: »sterben wollen«, sagt der eine, »du noch geben mir die hand«, sagt der andere – dann werden sie von einer Gewehrsalve niedergemäht.
Schnitt, Ortswechsel. Keuchen und Dunkelheit. Schlamm und Krieg. Langsam tut sich eine schwarz-blau gefärbte Schrei- und Todeslandschaft auf in einem alten Gemäuer mit Säulen und Kuppeldecken, in der brutal und laut zu Werke gegangen wird. Offene Münder, offene Leiber. Kušej zelebriert mit Bronnen das Verrecken, das Verbluten, das Stammeln, das Blonde-Haare-Haben, das Schwarze-Lederstiefel-Tragen: »Wir wollen sterben«, schreit einer der Soldaten. »Wir verströmen uns.« Er feiert scheinbar ein »nationalistisches, chauvinistisches, den Krieg und den Tod heroisierendes, ideologisiertes Drama«, stürzt sich in das wild expressive Kriegsgetümmel, inszeniert ein Rennen und Robben, ein Schießen und Sterben: für Gott und für die Heimat. »Es ist genug«, schreit einer, »es ist nie genug«, schreit es zurück. »Für Kärnten!« »Wir müssen leben!« Kriegsgeschrei ertönt und ein Heimatlied. Es ist der Terror des Mutterbodens, die Zumutung der Herkunft, die Verzweiflung der Wurzeln. Ein Standbild des Schreckens. »Jeder, der halbwegs denken kann, der betroffen ist, der es nicht mehr aushält, haut ab«, sagte Kušej. »Viele, die halbwegs denken können, die betroffen sind, die es nicht mehr ertragen können, sind noch immer hier!« Und beschrieb eine eigentümliche Dialektik, die das Leiden an der Heimat mit dem Zwang zur Wiederholung verbindet: »Ich weiß auch nicht genau, was mich dazu bringt, doch immer wieder hier zu arbeiten. Immer, immer, immer.«

Wenn Martin Kušej aus dem Fenster des Kapitellhauses schaut, das er in Maria Saal gekauft und innen mit hellem Holz und viel Glas streng, klar und licht renoviert hat, dann blickt er auf den örtlichen Friedhof, hinter dem sich die Hügel erheben, die den Reiz der Kärntner Landschaft ausmachen. Und wenn er aus der Tür tritt, dann sieht er den Dom, diesen mächtigen, gedrungenen, grauen Steinklops, über dem sich ein beeindruckender Himmel in die Höhe schwingt und vor dem im Sommer die Touristenbusse parken. Tod und Erlösung, Leben und Verdammnis, das Profane und das Heilige, der Alltag und der so genannte Himmel – in Österreich muss man nie besonders weit schauen, immer ist beides zu haben, das Land scheint ja geradezu aus diesem Widerspruch heraus zu leben. Ohne dieses Spannungsfeld würde viel von der Energie fehlen, die Kušejs Denken, Kušejs Theater befeuert. »Meine Vorstellung von Heimat ist, dass dort jeder sein kann, wie er will«, sagt er und weiß doch, dass das, gerade in Kärnten, Illusion ist. Trotzdem sitzt er mitten drin; näher kann man dem Kärntner Ursprung kaum kommen als an diesem Ort, in Maria Saal.

»Muss das sein? Ein neuer Tag?« Es ist dunkel, metallener Donner durchfährt den Raum, Klappern, Rohre, an die jemand schlägt, eine Art Triangel des Teufels.

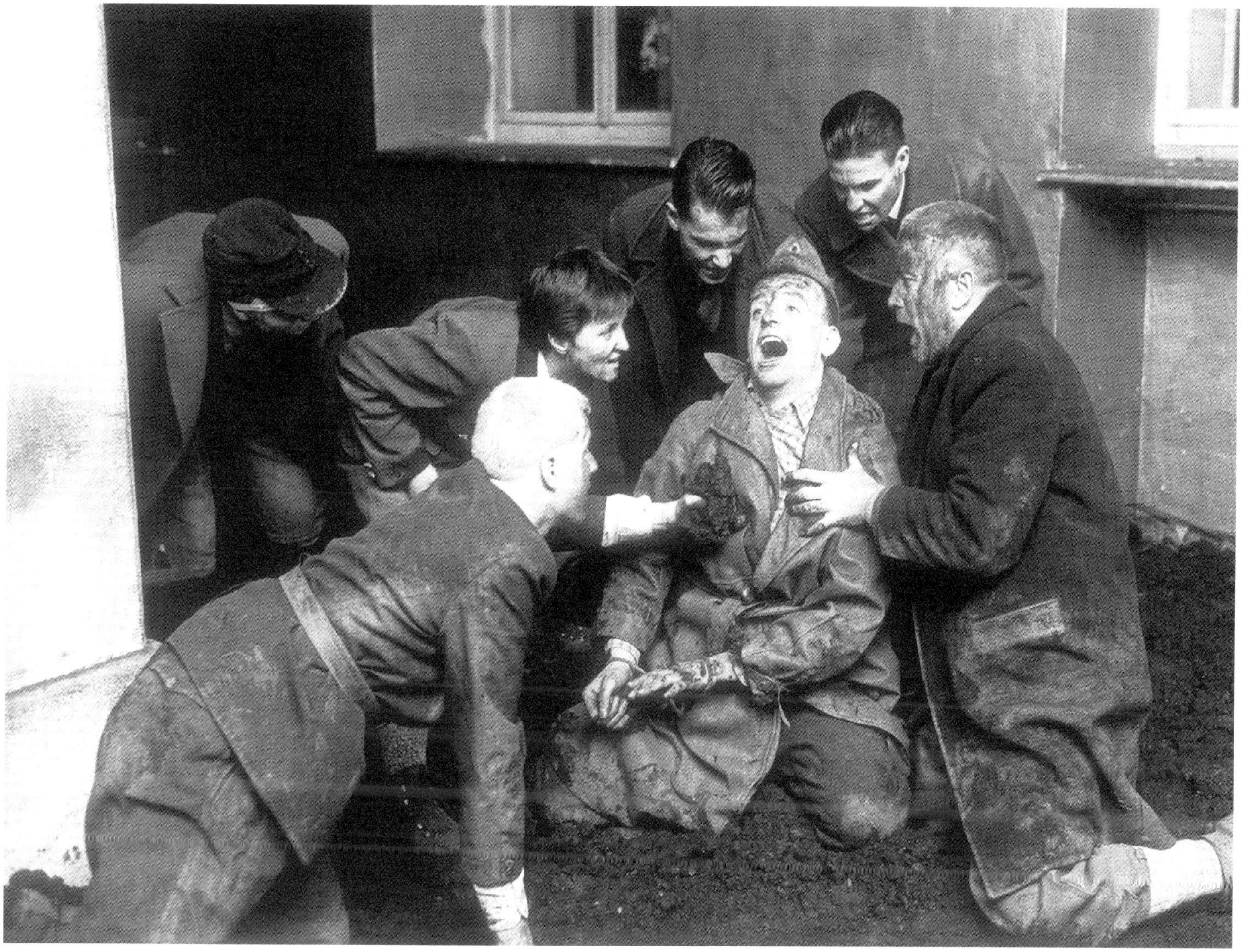

Wie es ist:
Arthur Klemt, Renate Peball, Martin Brunner, Zdravko Haderlap, Sieglinde Jug und Herbert Brunner, Klagenfurter Ensemble, 1990

Lichtkegel, Taschenlampen, eine, zwei, dann mehrere, ein durchdringender Ton, wie eine Trompete oder Sirene, minutenlanges schweres Schwarz und infernalischer Lärm: Zumutungstheater der exerzitienhaften Sorte. Ein Mann japst wie ein Fisch an Land, dann schreit er wie ein Schwein beim Schlachter, dann irrt er herum wie ein Mensch in der Welt. Es wird Tag, die Bühne bleibt einstweilen dunkel. Wandelzeit, Stillstandszeit und das Ende der Geschichte: Von der Zumutung der Zeit handelt Peter Roseis Stück Tage des Königs, ein kreisender Text, der nicht recht vom Fleck kommt oder kommen will. »Ich bin der Unglücklichste«, sagt der König zu seinem Diener im schulterfreien Dress, zwei Gestalten, dem Dunkel abgetrotzt, aus dem Schatten geboren, der Finsternis kaum entwachsen. Schnitt. Musik. Zwei Männerkörper in einer Art Duschkabine, Leib an Leib und das Gestöhn, das solches Tun provoziert – auf einmal Bilder, die brennen wollen. Der kahle Raum erhellt sich langsam, auf der rechten Seite ragen hohe Fenster auf. »Was für ein schöner Tag«, greint der König, »alles ist schöner als die Wirklichkeit.« Und eine Frau im roten Kleid rennt um ihn herum. Kušej übersetzt Sprache in Bewegung, in Körper. Wenig passiert, aber das auf sehr hohem Niveau. Die Frau trennt Eiweiß und Eigelb, Kušej macht daraus ein erotisches Spiel ziwschen der Dame und dem Diener. Die Uraufführung von TAGE DES KÖNIGS fand 1991 am Schauspielhaus Graz statt. Aus Roseis gepflegtem Weltekel machte Kušej ein artifizielles Spiel um jene Stunden, die den Tag zerschneiden. Abermals untersuchte Kušej die Psychologie der Macht im sozialen Gefüge. »Was ist ein psychologischer Automat«, mit dieser Frage begann Kušej seine Arbeit an der Inszenierung. Wie den Zuschauer betroffen machen, ohne sich selber der Ratlosigkeit ausgesetzt zu haben? Ins Nachdenken über das Regiekonzept brach der Golfkrieg: Was soll man jetzt, da der große Kriegsgeist ausgebrochen ist, und die Geschichte wieder das Leben durchweht, mit so einem Autistendrama anfangen? Kušej sprach von einer »spezifischen Bewusstseinslage«, ordnete das Machtgefüge dem existentielleren Nachdenken über das Individuum unter und entdeckte Identitätsverlust und Ich-Schwäche als eigentliche Themen. Auf dem Umweg über die Illusion versuchte er, der Wirklichkeit ein Stück näher zu kommen. Es sind die Spiegelungen und Brechungen des Ich, die Kušej als statisches Spiel der Chiffren inszeniert, was notwendig ein sehr reflexives Theater ergibt, eine fast essayistische Bildbeschreibung im Schattenkabinett des Selbst: »Das Bild ist immer auch ein Bild der Seele«, wie es im Stück heißt. Schließlich baut der König einen Bilderrahmen nach dem anderen vor sich auf, Reihe für Reihe. Kušej sah in dem Stück eine Welt beschrieben, die »totaler Herrschaft durch den Menschen unterworfen ist und ihn aber deshalb unter der Entfremdung vom Selbst, von den anderen, von der Natur leiden lässt«. Der König dreht die Bilder eins nach dem anderen zum Publikum – auf allen ist nur er selbst zu sehen.

Das Bild des Selbst, das Bild der Welt. Kušejs nächstes Projekt hieß POHUJŠANJE NACH CANKAR, eigentlich inszenierte er Ivan Cankars Stück ÄRGERNIS IM ST. FLORIANITAL aus dem Jahr 1908. Nachdem er die Arbeit am Theater Slovensko Mladinsko Gledališče, der renommierten Avantgardebühne Ljubljanas, wegen des Krieges zunächst hatte unterbrechen müssen, eröffnete Kušej mit dem Stück des slowenischen Nationaldichters dann die erste Spielzeit im Jahr der Unabhängigkeit. Aber schon das Programmheft zeigte, in welche Richtung es gehen würde: Ein Foto von Cankar auf der Totenbahre ist da zu sehen und daneben gleich die Feststellung, dass es sich bei Cankar um einen schlechten Dramatiker handle, den nur »ideologische Manipulationen mit dem slowenischen Nationalismus an der Spitze zu einer Koryphäe« gemacht hätten. Den Text hatte Kušej zerschmettert, bis auf das Handlungsskelett entkleidet und die Fragmente neu angeordnet und

TAGE DES KÖNIGS:
Olaf Weißenberg (König),
Schauspielhaus Graz, 1991

angereichert durch andere Geschichten aus dem St. Florianital. Er habe, »den Text nicht inszenieren, sondern benutzen [wollen]: um mithilfe von Cankars poetischer Fiktion mein eigenes Bild von der Welt zu zeigen«.
Ein Schrei, dann Schritte, einflackerndes Licht. Einige Minuten ist nur das Schnaufen eines Mannes zu hören, der wohl etwas sucht, der herumirrt und dabei eine Kerze trägt, die sich mal nähert, mal entfernt. Als Schmerzenstheater inszenierte Kušej dieses Außenseiterstück, vor dem Hintergrund nationaler Eintracht, die immer auch ihre Opfer fordert. Als Quintessenz der brutalen Farce offenbarte sich unter Kušejs Regie der Satz: »Heimat, du bist wie eine Dirne: Wer dich liebt, den verhöhnst du!« In Martin Zehetgrubers graugrüner Granitgruft wendete der Regisseur dieses Stück ins Existentielle und Bedrohliche, er kehrte den schwarzen Verzweiflungskern hervor und die absurde Moralität, die in dem Stück herrscht. Die Figuren sind nicht viel mehr als Typen, Sprachrohre für irgendwelche philosophischen Lebenskonzepte, Schauspieler und Clowns, Marionetten im teatrum mundi. Und so wird es Licht und die durcheinander schreiende Schar entpuppt sich als wild gestikulierendes Personal einer Anstalt namens Welt, deren Insassen in kleinen Badewannen sitzen, die sich rollen lassen und die zu einem glatzköpfigen Redner in einem weißen Frack aufblicken.
Ein optimistischer Leichtmatrose ist Kušej nie gewesen, warum hätte er es gerade 1991 in Ljubljana sein sollen? Wie aus einem Wetterhäuschen treten zwei Männer auf die Bühne, links der eine nackt, rechts der andere im langen, schwarzen Mantel, sie heben die rechte Hand zum Hitlergruß, langsam senken sie die Arme wieder, dann knien sie nieder, der linke zieht sich an, der rechte zieht sich aus: Wiedergänger der Geschichte, die den Kreislauf von Täter und Opfer durchspielen und damit die allgemein menschliche Disposition zum Verbrechen. Das Stück handelt von diesem sinnlosen Kreislauf, auch von der Folter des Tallebens, der Abgeschiedenheit und der Natur – einem Kreislauf, aus dem nur Peter und Jacinta ausbrechen.
Durch die für Kušej typischen langen, schwarzen Zwischenszenen, die wie Besinnungsräume, wie Sickergruben, wie Schützengräben die Inszenierung durchschneiden, entsteht ein Sog, der ganz aus dieser Dramaturgie der Dunkelheit entsteht. In seinen Aufzeichnungen bezog sich Kušej auf eine damals fast dreißig Jahre alte Inszenierung, und was er, zitierend, über diese Arbeit sagte, das galt wohl auch für seine Sicht auf das Stück und auf das Theater seiner Zeit: »Deshalb dient das Theater nicht nur der Ästhetik, sondern auch einem ethischen und vielleicht sogar auch ideologischen Imperativ. Vor allem aber ist es ein Bereich, der eine Antwort auf die geistige Atmosphäre eines Zeitraums und der Menschen, die in ihm leben, zu finden hat.« Weiter verwies Kušej in seinen Aufzeichnungen auf den »psychischen Automatismus« der Surrealisten, auf das »Diktat des Unbewussten« und die Erschaffung einer »irrationalen Wirklichkeit«: Auf der Bühne stellten dann

Männer in Ledermänteln Kinderkreisel auf und ließen sie drehen – die Bilder, die Kušej sucht, sind keine Traumbilder, sondern sie benutzen die Realität, um sie zu übersteigen; je konkreter ein Ding, desto größer sein Rätselpotenzial.
Zwei Schauspieler, zu einer Figur verwachsen, die sich gegenseitig den Kopf wegdrücken und dabei wie erstarrt ihren Text sprechen, eine Art Gedankenchoreographie: das ist Kušej Bild für einen Antagonismus. Das ist es, was das Kušej-Theater ausmacht, Intellektualität und Körperlichkeit und ein kämpferischer Geschichtspessimismus.
Wieder also ein Dunkelspiel, nichts als Schemen im Licht, ein ständiges Oszillieren zwischen Macht und Ohnmacht, Beherrschung und Beherrscht-Werden. So arrangiert er den Striptease Jacintas irgendwo zwischen nymphoman-zwanghafter Hingabe, Massenvergewaltigung, Pfaffenverführung und Todestanz – überhaupt

POHUŠJANJE NACH CANKAR: Olga Kacjan (Jacinta), Slowensko Mladinsko Gledališče Ljubljana, 1991

ist die zwiespältig erotische Faszination Jacintas eine der eindrucksvollsten Facetten dieser Inszenierung. Am Ende löst sich ihr Kleid auf und blättert unter dem Strahl des Wassers vom Körper ab, sie wird endgültig zu einer blond-wallenden Anti-Dolce-Vita-Schönheit, zu einem Vexierbild des Feminismus vor dem Hintergrund einer frauenfressenden Zeit. Kušej hat Cankar alle Züge der Farce ausgetrieben und das Stück in einen trostlosen Fatalismus überführt. Peter endet als einer der Sanktflorianer. Zur eigentlichen Hauptperson hat Kušej den Wanderer gemacht, passiver Teil des Vagabunden und Künstlers, der andere Pol von dessen schizophrener Persönlichkeit, Kennzeichen des modernen Menschen – er wird am Ende von den Talbewohnern ermordet. In der durchweg emphatischen slowenischen Kritik wurde diese »gefährliche Idee« herausgehoben, die an die Stelle der individuellen Sünde das allgemeinmenschliche Verkommen-Sein setzt – gefährlich »vor allem heutzutage, wo der nationale Stolz mächtig ist und die Mehrheit noch nicht erkennt, dass es vor allem um die Ablöse des einen repressiven Systems durch ein anderes, genauso repressives System geht.« Und ein Kritiker bemerkte, Kušej habe »tief in unser Bild von dieser schwindsüchtigen Reliquie« eingeschnitten, »die der slowenisch-melancholischen Hoffnungslosigkeit eine so idealisierte und metaphysische Bedeutung beigefügt hatte«. Gegen Niedlichkeit in ihrer profanen oder überweltlichen Form war Kušej schon immer allergisch.

Da konnte er auch schon mal rabiat werden, theatralisch gesprochen. Grillparzer, zum Beispiel, und dessen Stück DER TRAUM EIN LEBEN, selten gespielt, lau beleumundet als »dramatisches Märchen in vier Aufzügen« und Pflichtlektüre an österreichischen Schulen – Kušej inszenierte den Text 1992 in Graz, nahm das Stück ernst, machte einen Umweg und traf das heimatselige Publikum dort, wo es das nicht erwartet hatte. Drei Gestalten entstehen aus dem Dunkel, einer hängt kopfüber und baumelnd von der Decke, der andere, ein einschüchternder Glatzkopf, hackt auf einen Rinderschädel ein, dass das Blut spritzt, der Dritte dreht sich im Kreis. Grillparzer-Worte schwirren verzerrt und vom Tonband durch den Raum, »Schatten«, »Worte«, »Frau«, »Es lebe der Krieg«. Eine Uhr tickt. Laut und erbarmungslos. Ein absurdes Bild von menschlicher Grausamkeit. Martin Zehetgruber hatte Kušej einen extrem beengten Bühnenkasten gebaut, der kurz auftaucht, bevor die Gestalten lachend wieder im Schwarz verschwinden. Wie immer findet Kušej seine Bilder im Dunkel, hier ist er zu Hause.
Dann wird es Licht. In einer Reihe stehen drei Männer und eine Frau und schälen jeweils einen Apfel. Die Mauern sind grau, über ihnen thront ein Kronleuchter, hinten ist ein anämisch erleuchtetes Aquarium zu sehen, in dem ein toter Fisch treibt. Die Zeit steht still, Ruhe ist die Dauer, zäh fließt der schmutzige Strom durch die Herzen und Hirne dieser Menschen. Die Uhr tickt immer noch, was sonst vielleicht als Zeichen des Vertrauten und Wohnzimmerhaften dient, ist bei

Kušej Zumutung und Bedrückung und Tod. Im hoffnungsarmen Kosmos des Kušej-Theaters kehrt die Zeit ihre bedrohliche Seite hervor. Black. Kušej hat sich früh als Meister des Schnitts inszeniert, zerschneidet so auch das Kontinuum der Zeit theatralisch sichtbar. Sein Denken und Bilderfinden hat dabei oft etwas Abgeschlossenes, soll sein wie ein Zucken auf der Netzhaut, eine optische Erinnerung, die von einem anderen Fleck kommt als dem üblichen Aufbewahrungsort der Theaterphantasie. Ein grelles Lachen durchfährt den Raum. Schließlich wird einer der vier mit einer Axt an die Wand genagelt.
Die Produktion war für Kušej in mancherlei Hinsicht ein wichtiger Einschnitt. Hier liefen verschiedene Stränge zusammen, die in der Arbeit vorher angelegt waren: die Müllersche Schwärze, die Heimatenge, die Leere und die Strenge – das Motto, das Kušej an den Beginn seiner Aufzeichnungen stellte, lautet: »Ist kein Ausgang aus den Schrecken dieser Orte.« Mehr als vierzig Seiten umfassen die Aufzeichnungen zu dieser Grillparzer-Entkleidung, deutlich mehr als sonst. »Der Traum ist aus, allein die Nacht noch nicht«, dieses weitere Grillparzer-Motto aus MEDEA/DAS GOLDENE VLIES, das er später auch in seiner Burgtheater-Inszenierung von Grillparzers WEH DEM, DER LÜGT! zitieren sollte, setzte er ebenfalls vor das Nachdenken über diesen Heimatalb. Ein Jahr zuvor war mit viel Pomp der 200. Geburtstag Grillparzers gefeiert worden, schon im Sommer 1990 hatte Thomas Langhoff bei den Salzburger Festspielen Grillparzers JÜDIN VON TOLEDO inszeniert, ein »gelungener Versuch«, wie Kušej damals fand, »allerdings unter Aufbietung sämtlicher denkbarer Geldmittel und Topschauspieler«. Kušej selbst suchte nach etwas »essenziell« Neuem, das etwa Grillparzers »Rhetorik des Verstummens« zum Klingen bringen könnte. Er versuchte, sich diesem Ansatz durch den Begriff des Banalen zu nähern, durch die Frage nach der heute notwendigen Fragmentarisierung und, Ernst Wendt zitierend, durch das Nachdenken über den Umstand, »dass Sprache nicht etwas ist, das lediglich über die Ohren fühlbar ist, sondern über alle andern Sinne gleichzeitig und so auch nur zu vermitteln.« Und zwischen Wendt und Rainald Goetz hindurch schlängelnd suchte Kušej seinen Inszenierungsweg: »Wir versuchen, jeder auf seine Weise, die Klassiker immer wieder jener Herrschafts-Kultur zu entreißen, welche unter einer Tradition nichts anderes versteht als den Weißmacher der in Wirklichkeit von ihr betriebenen Wegwerf-Kultur. Ihr gilt die Klassik als ›Besitz‹, als das Unveränderliche, Unveräußerliche; muss sie ja, weil rundum alles nach fröhlichen Wachstums-Gesetzen verscherbelt wird: Sprache, Gefühl, Moral.« So Wendt. Und Goetz: »Das Beste an Klassikern ist, dass sie viel zu vielen Leuten viel zu bekannt sind und dass jeder Depp mit ihnen machen kann, was er will. Deshalb ist der Klassiker ein Popphänomen. Er ist benutzbar für die widersprüchlichen Zwecke, ein Zitatenfundus, der geplündert werden möchte, und wahrhaft subversiv ist die offene Affirmation, die ihm entgegenschlägt, von einem Naziblödel genauso wie von den biederen

Der Traum ein Leben:
Norman Hacker (Rustan) und
Götz Argus (Zanga) und
Ensemble,
Schauspielhaus Graz, 1992

verantwortungsvollen demokratischen Bewältigungsblödeln.« Und Kušej: »Hinter den scheinhaften Fassaden des Klassischen muss das Verborgene und Verdrängte, die Spuren des Leidvollen und Zerstörten entdeckt werden.« Bei Grillparzer, diesem in seinen Augen so missverstandenen Dichter einer rückwirkend zugeordneten Biedermeierlichkeit, wollte er nun durch die Beschreibung der Fäulnis des Systems zeigen, dass dieser den Schluss seines Stücks keineswegs affirmativ gemeint hatte.

Kušejs Denkmodell war dabei ein sehr einfaches und einleuchtendes: Wenn man von hinten oder von oben oder von unten, keinesfalls aber von vorne auf DER TRAUM EIN LEBEN schaut, dann erscheint das, was vorher als Wunschvorstellung einer sedierten Gesellschaft gelesen werden konnte, plötzlich als Beschreibung einer zu ändernden oder zu beseitigenden Lähmung. »Grillparzers gesamtes Œuvre wird geprägt durch einen grundlegenden, sich jeder Vermittlung entziehenden Dualismus von ewig gültiger Seinsordnung und Autonomie des Subjekts«, schrieb Kušej in seinem Konzept. Was ihn interessierte, das waren die destruktiven Möglichkeiten des Menschen, wie sie bei Grillparzer aufscheinen. »Befreit man den Text von seiner klassizistischen Patina, von Grillparzers akribischer Beamtenlogik, fragmentarisiert man die Situationen und verengt die Räume, so wird das Stück, gemäß der zum Teil im Surrealismus längst abgehandelten Theorien zu Traum und Leben, wieder spielbar.« Der wichtigste Eingriff war der Abschied vom Traum – die Welt Grillparzers selbst war wie eine Fieberphantasie. »Die Inszenierung zeigt keine Idylle, sondern Menschen, die meinen, in einer Idylle zu leben; keinen Traum, sondern einen Helden, der meint zu träumen; keine versöhnliche Auflösung, sondern eine tragische Paralyse zwischen dem beharrlichen Wunsch nach verlustig gegangenen Idealen und dem ignorierenden Ahnen kommender Katastrophen.« In dem Konzept lässt sich Kušej auch über Dekonstruktion und seine Regiemethode aus, wobei die ganze Ambivalenz der Beziehung Künstler – Publikum und speziell Regie – Publikum deutlich wird: der bohrende Hass auf diese verkommene Mischpoke einerseits und andererseits natürlich der Umstand, dass man nicht nur das von ihnen geschaffene Medium benutzt, sondern fast zwangsläufig in irgendeiner Form auch bedient.

Fast eine Viertelstunde dauerte das stumme Vorspiel, das in kondensierter Form die Geschichte vorweg durchspielt. Der stürzende Rustan, die doppelte Verführung, der gemeuchelte Sündenbock. Rustan lebt mit seinem Onkel Massud, seiner Cousine Mirza und seinem Diener Zanga in einer ländlichen Gegend – von dort träumt er sich fort in die Abenteuerwelt Samarkands. Der Ausbruch aus der Enge beginnt damit, dass Rustan das Aquarium zerschlägt – dunkel grummelt der Donner der Heimatgötter, der Stubenkasten hebt sich phantastisch drohend in die Höhe und verschwindet im Bühnenhimmel, zurück bleibt eine weite Öde, in der Rustan auf dem Boden liegend stammelt: »Freiheit, Freiheit, mit Narrenzügen schnüffele ich deinen Äther ein«. Ein blutbesudelter Recke kommt, um Rustans Marionettenfesseln zu zerschneiden. Ein Befreiungsdrama, ein Schreckensstück, Geburtswehen der Heimat. »Denkt bei allem an das Ende«, dieser Satz hallt durch die Inszenierung. Mit symbolischen Sinnstatuetten und expressiv aufgeladenen Bildern, die jede direkte Bühnenrealität verweigern und dabei immer darauf zielen, in jedem Moment einen Regiemehrwert zu schaffen, eine Intensität zu zeigen, die das Stück von innen durchglüht, so schuf Kušej Konstellationen, die Macht- und Begehrlichkeitsstrukturen offenlegen – mit eben jener Sezierstrenge, mit der er aus jedem Stück eine Dichotomie herausarbeitet. »Sei ein Mann«, schallt es aus der Dunkelheit. Treibende, kreischende Tanzmusik, Disco und Düsternis. Ein Endzeitalbtraumbunker, in dem Rustan nur als Doppelmörder sein so genanntes Glück findet. Das Leben ein Traum und der Alb die Realität? Kušej zeigt sich als ein Schwarz-Weiß-Denker von bedrückender Strenge, als ein Umkrempler und Vom-Kopf-auf-die-Füße-Steller (oder umgekehrt). Aus dem biedermeierlichen Lehrstück der Bescheidung, die im Traum erkannt wird, macht er eine Schreckensfabel über das Leben.

Mit großem Ernst für die Sprachkraft dieses Dichters, den er aus der klassizistischen oder nachklassischen Nähe herausreißen will und als einen Exponenten der Prämoderne vorstellt, lässt Kušej Grillparzers Verse wirken. Und verweigert ihm dennoch die Berühmtheit: Seine bekanntesten Verse werden so leise gesprochen, dass sie nur in den ersten Reihen zu verstehen sind: »Und die Größe ist gefährlich, und der Ruhm ein leeres Spiel; was er gibt, sind nicht'ge Schatten, was er nimmt, es ist so viel«. Eine billige Wahrheit von Poesiealbumsqualität, die Kušej mit radikalem Misstrauen straft. Solche »Einsichten« sind es gerade, die mit biedermeierlichem Skepsissurrogat der Ordnung erst ihre dräuende Kraft geben. Kušejs Misstrauen den Figuren gegenüber ist umfassend: Rustans Gefährte Zanga wirkt wie ein böser, gewalttätiger Zwillingsbruder, in unheimlichen Bedrohungsbildern tritt das Volk als der eigentliche Protagonist in den Traum, später durchschneiden die Traumwanderer rote Nebelfelder mit schwefelhauchigen Axthieben – das bedrückende Bild einer an die Grenzen des Unbewussten verdrängten Drohung des Heimatkonformismus. »Der Ruf der Tat durchschallt das Land nach allen Seiten.« Rustan wird in Samarkand bewundert, doch während er hinten in die Luft gehoben wird, mit ausgestreckten Armen unter dem Jubel der Sensenmasse, liegt vorne sein Doppelgänger wie gekreuzigt auf dem Boden vor der Bühne. Und der Derwisch, der sich schon zu Beginn wild drehend neben Rustan und Zanga zeigte, wandelt kreisend fast ständig durch die Szenerie – Mahnung und Erinnerung an das, was diese Menschen, wie alle Menschen, am meisten fürchten, was sie treibt und in ihr Unglück schleift: die Angst vor dem Verrinnen der Zeit, die Erkenntnis der Sterblichkeit, die Wahrheit des Todes, vielleicht die einzige wirkliche Wahrheit in dieser Welt der Kälte und des Schreckens. Dünn ist die Eisschicht, auf der diese Menschen wandeln, dünn wie die Firnis der Zivilisation, wenn man den Humanitätsekel dieser fatalistischen Albtraumdeutung bedenkt. Kušej zeigt das nackte Leben in einer Wüstenei der verlorenen Seelen, malt kraftstrotzende Bilder, die wenig angefressen sind vom Sog der Ironie – Pathos ist für ihn ein gangbarer Weg, der über die lauten und die grellen Töne den Zugang zum versteckten Kern eines Textes möglich macht. Schließlich treffen die drei vom Anfang wieder zusammen, der kreisende Derwisch, der Schreckensmeister Zanga, der Traumheld Rustan – der durchs Eis bricht und sich in der Alltagshölle wiederfindet: am Boden vor dem Aquarium, das jetzt vereist ist. Mirza opfert Zanga. »Du bist«, sagt ihr Vater, »frei«, sagt Zanga, »frei«, »frei« – da nimmt Mirza das Messer, schlitzt Zanga die Kehle durch und kichert in sich hinein. Mit gleicher Grausamkeit wird sie auch Rustan zutodelieben. »Horch, sie kommen näher«, sagt der Vater, dann geht das Licht langsam weg. Kušej verweigert das Happy End, am Ende drängen von außen Menschen mit Scheinwerfern gegen das angebliche Idyll, die Musik erhebt sich ein letztes Mal zu drohender Lautstärke – ein Bild von existenzieller Bedrohung, das schließlich im Aquarium als Lichtimplosion vergeht. »Wenn nicht hier, wo ist das Glück?«

Martin Kušej steht auf der Ponte del diavolo und schaut hinunter in den Fluss, der sich dreißig Meter weiter unten in die steile Schlucht gegraben hat. Riesensteine liegen wie Kiesel im Wasser, am einen Ufer steht eine Kirche, am anderen Ufer ist der Ortskern von Cividale. Ein paar Fahnen wehen im Wind: »Mittelfest« steht darauf. Seit 1991 findet in dem kleinen norditalienischen Ort jeden Sommer dieses Kulturfestival statt, an dem auch Martin Kušej auf Einladung von George Tabori, der das Festival damals leitete, 1992 eine Arbeit zeigte. »Nur George und Martin, niemand sonst«, sagt die Frau mit dem großen Busen, die Wirtin der *Taverna Langobarda*, die nur ein paar Schritte von der mittelalterlichen Steinbrücke entfernt ist. Ein kleiner Platz, ein schattiger Garten, irgendwo in den Bergen, die schon zu Slowenien gehören, grummelt ein Gewitter. Hitze, eine rote Hauswand, Weißwein. »Als Regisseur gilt man hier noch was«, sagt Kušej, als Amelia ihre Wiedersehensfreude etwas gebändigt hat und weggeht, um das Carpaccio zu holen. Im Schuppen neben dem Restaurant haben sie damals ihre Sachen gelagert, im Garten haben sie jeden Abend gegessen. Zwei Probenwochen hier, fünf in Wien, davon jeden Morgen eineinhalb Stunden Schwimmen. Ein steiler Pfad führt von der Riva della Broscardola hinunter zum Fluss. Mit Strohhut und Handy geht Kušej voraus, macht noch ein Treffen mit Pierre Boulez klar, der seinen PARSIFAL dirigieren wird, 2004 in Bayreuth. Wir stehen unten am Fluss, und es macht Kušej sichtlich Spaß, von der Katastrophe damals zu erzählen. »Einen Zentimeter dick war das Stahlseil«, sagt er, »und fast wäre der Kran in den Fluss gekippt.«

Das Bühnenbild zu
Franz Falsch F Falsch Dein Falsch Nichts
Mehr Stille Tiefer Wald,
Mittelfest in Cividale, 1992

Das Kafka-Projekt, das er damals hier im Fluss und bei Nacht inszenierte, hieß FRANZ FALSCH F FALSCH DEIN FALSCH NICHTS MEHR STILLE TIEFER WALD: Kafka als Tragöde des Banalen, Kafka als der auszuschlachtende Rohbau. Das Bühnenbild, das Martin Zehetgruber als kühnes Stahlskelett in den Fluss gebaut hatte, wurde ein paar Tage vor der Premiere in einem heftigen Gewitter einfach davongetrieben. Die Geschichte dieser Inszenierung ist die Geschichte ihres Untergangs. Erst suchten sie mit Schnorchelbrillen nach dem Stahlkubus, dann versuchten sie, ihn mit einem Traktor, mit einem Kran, mit einem Hubschrauber zu bergen. Vergeblich. Es blieb ihnen nichts anderes übrig, als ohne Bühnenbild zu spielen.
Menschen entsteigen in finsterer Nacht dem Fluss, sie stehen in einer Reihe und reden im Chor, ein Extremismus der Mittel: fünf wild sich verausgabende Schauspieler im eiskalten Wasser, die wie Sensenmänner den Fluss durchwühlen, während drüben am anderen Ufer eine Sirenengestalt im weißen Kleid steht. Ein Schauspiel ganz in der Natur, von der Kraft der Elemente, die Kušej sonst gerne beschwört, fast weggespült, von der Kälte des Wassers durchdrungen, vom fahlen Schein der Lampen nur für Momente erhellt im weiten Schwarz der Nacht. Ein Willensakt in mittelalterlichem Ambiente. Eine halbnackte Leiche wird auf einen Wagen gelegt, sie stellen ihr noch eine Schreibmaschine auf die Brust, Schreibpapier treibt auf dem Wasser. »Mit einer schönen Wunde kam ich auf die Welt«, klagt die Frau auf der anderen Seite des Flusses, während die anderen fünf sich immer wieder neben den Toten legen, den Wagen umlaufen und sich in einen schamanischen Tanz verstricken, »nackt dem Frost dieses ungeziemten Zeitalters ausgesetzt«. »Es ist dringend nötig, dass du mir den Mund mit Küssen verschließt«, windet sich die Weißgekleidete, die fünf ziehen ab und pfeifen den *Jäger aus Kurpfalz*. Untote sind sie, ans Wasser gewöhnt wie andere an die Kälte der Welt. Ein brennender Kahn treibt vorbei, sie stürzen sich in den Fluss, Feuerschatten des Untergangs. »Starkes Kind, ich entfremde mich dir ein wenig«, zitiert die Frau über dem Fluss aus den Briefen, Worte einer bürgerlichen Unglücksmelodie, dann klingeln ein paar Telefone. »Was hast du mit dem Geschenk des Geschlechts gemacht«, klagt sie den Mann an, der am Ufer im Wasser kniet. Kafka, der Untergangsromantiker. Nackte Körper, die sich gegenseitig Verse auf die Haut schreiben, die dann auf Papier durch den Fluss treiben, die Verwandlung von Leid und Leben in Literatur in Treibgut und wieder zurück. Die Kreaturen, die wie Kopfgeburten, wie stumme Dialogpartner der Frau am Felsufer agieren, stopfen sich die Seiten in den Mund. Wieder klingelt ein Telefon, die Gestalten suchen danach im Fluss. Kafka ohne Anzug. Ein Mann bricht unter der Last dutzender sich verheddernder schwarzer Telefone fast zusammen. Am gegenüberliegenden Ufer werden Fackeln angesteckt, der Liebeskranke dreht sich im Wasser. »Wie wunderbar, nicht. Der Flieder, sterbend trinkt er noch, saugt er noch«, ruft die Frau herüber. »Das gibt es nicht, dass ein Sterbender trinkt«,

Das Bühnenbild zu
FRANZ FALSCH F FALSCH DEIN
FALSCH NICHTS MEHR STILLE
TIEFER WALD,
Mittelfest in Cividale, 1992

Bergungsversuche nach dem
Unwetter

hallt es nach, dann treiben die Flammen und die Menschen dem Dunkel zu. »Keine Frage«, sagte Kušej damals, »Kafka ist der Held des hyperkomplexen und deshalb hyperschmutzigen 20. Jahrhunderts.« Am Beispiel Kafkas blickte er auch noch einmal zurück auf die Arbeit an Grillparzer. Er lehne, sagte er, Interpretationen genauso ab wie »irgendeine falsch verstandene surrealistische oder traumorientierte« Deutung. »Das Attribut Traum beziehungsweise Albtraum geht mir sowieso immer mehr auf die Nerven, weil damit in letzter Zeit praktisch alle Theaterarbeit, die versucht, ein ›wahres‹ Bild von der Welt zu zeigen, sofort auf einen empirischen, begreifbaren und damit verharmlosenden Boden heruntergezogen wird.«
Drei Männer verharren in einem schiefen Raum. Kein Zimmer, eine Zelle. Leer bis auf einen weißen Kühlschrank, weiße Wände, eine Tür, ein Fenster. Der eine, mit Sonnenbrille und schwarzem Mantel bekleidet, kauert vor einem Telefon und wählt in Zeitlupe eine Nummer. »Schlafen Sie nicht zu viel, den Schlaf hat der Tod erfunden«, sagt der zweite Mann. Wie vom Ventilator in den Raum geblasen, so schief lehnen diese Gestalten im Leben. Verrutschte Perspektiven. »Hörst du es«, fragt der eine. »Die Kälte hört man nicht«, antwortet der andere, »man spürt sie«. Es ist eine Rätselstunde, die der Münchner Schriftsteller Thomas Strittmatter da in seinem Stück IRRLICHTER – SCHRITTMACHER veranstaltet: Die Uraufführung Ende 1992 ist Kušej erste Inszenierung in Deutschland, im Marstall des Bayerischen Staatsschauspiels in München. »Warum finde ich den Ausgang nicht«, fragt eine Stimme, es folgt Lärmterror. Aus dem zufälligen Aufeinandertreffen im Autobahnmotel macht Kušej ein Schicksalsgroßdrama, eine Stationenbegehung der Krankheit Welt, treibt der vorsichtigen Komik die Luft zum Lachen aus – zeigt Endpunkte von Autobahnbiographien, die Endzeit einer motorisierten Gesellschaft als etwas hochtouriges Thesentheater. Schicksale auf dem Seitenstreifen und Regie auf der Überholspur, wenn man so will. Eine Farce, eine Sozialdramavortäuschung, die sich vor den Regie-Ideen Kušejs auf den Rücken legt und japsend das Leben ausröchelt – auch wenn es durchaus Versuche gibt, dem Zerrspiegel zu seinem Recht zu verhelfen: So wenn der Kühlschrank zum Gefäß des Todes wird, zum Bürgersarg im Eisstau dieser Tage. Aber unter dem Ansturm der Regiekraft Kušejs zerstäubt das Stück und die Energie rast ungebremst weiter. Martin Zehetgruber hat die enge Motelstube in ein Feld von im Boden versenkten Käfer-Karossen gestellt, eine Sinnskulptur im sinnleeren Alltagsdramolett, eine Stückruine, die es zerrissen hat unter dem Druck der Regie im roten Licht einer fernen Katastrophe. Aus Strittmatters Stück ließ sich kein Menschheitsdrama zaubern, es blieb verfangen in der Künstlichkeit des Theaterorkus.

»Limonade ist gut«, sagt sie, und er antwortet: »Wohl bekomm's.« Zwei Lichter im Dunkel, elegische Musik, die Lichter erlöschen. Ferdinand und Luise sitzen starr auf einem riesenhaften Sofa, in der Hand schon die Limonade, die ersten

Irrlichter – Schrittmacher: Karlheinz Vietsch (Pelz, Kolonnenführer), Andreas Wimberger (Lehmann, der sich Tutte nennt) und Bernhard Baier (Schleicher), Theater im Marstall, 1992

Sekunden verstreichen langsam. Alles ist schon vorbei, ehe es begonnen hat. »Oh, dass es so weit kommen musste«, sagt sie ohne jede Emotion. »Das erste Du auf deinen brennenden Lippen«, sagt er, schon wie aus dem Jenseits. Martin Kušej inszenierte Schillers Kabale und Liebe 1993 am Stadttheater Klagenfurt, bevor er als Hausregisseur nach Stuttgart ging, wo Intendant Friedrich Schirmer ihn gleich im Doppelpack vorstellte: mit Grabbes Herzog Theodor von Gothland zur Spielzeiteröffnung und eben jener Kabale und Liebe-Inszenierung aus Klagenfurt als Gastspiel. Ein »Drama der Einbildungskraft« nannte Kušej das Stück – bei der Premiere in Klagenfurt verließ etwa die Hälfte der Zuschauer unter Protest das Theater. »Martin Kušejs Inszenierung sorgte für einen Exodus«, titelte am nächsten Tag die *Kärntner Tageszeitung*, sehr viel kleiner war die Meldung über die mehr als 200 Toten, die ein Bombenanschlag in Bombay gefordert hatte. »Das einzige Verhältnis gegen das Publikum, das einen nicht reuen kann«, zitierte Kušej in seinem Konzept Schiller, »ist der Krieg!«

So ist Theater: Untote bevölkern hier die Welt, die schon vor langer Zeit gestorben sind, aber noch immer unter uns herumwandern. Nur sie selbst wissen, dass sie längst tot sind, und auch wenn es von außen aussieht, als küssten sie sich lang und einigermaßen leidenschaftlich – Luise und Ferdinand, diese beiden blassen Kinder, sind verloren. Von Geburt an. Keinen Blick haben sie füreinander und sind doch in Liebe entflammt. Er bettet seinen Kopf in ihren Schoß, dabei ist doch jeder allein vor dem Abgrund des Todes, den keiner allein und niemand zusammen überqueren will. Wie in Zeitlupe und gleichzeitig wie im Zeitraffer rasen diese ersten Minuten im grandiosen Stillstand dahin. Die beiden nähern sich uns und entfernen sich doch rasch und immer rascher. Sie drehen sich zusammen, sie drehen sich allein, sie reden durcheinander, sie nehmen die Limonade. »Hat unsere Seele nur einmal Entsetzen genug in sich getrunken, so wird unser Aug in jedem Winkel Gespenster sehen.« Schwarz. Musik. Kušej sucht den einen Satz, den einen Punkt, von dem aus er sich das Stück erschließen kann, ein wahrhaft archimedisches Unterfangen: auf der Suche nach der Stelle, an der er ansetzen muss, um das Gefällige und Gefügige auszuhebeln. Er erzwingt Zeitgenossenschaft auf dem Umweg über die Körper der Schauspieler, er erschafft eine streng theatralisierte Welt, in der die Bewegung zum Zeichen wird, der Alltag in eine intellektualisierte Künstlichkeit getrieben wird.

Ferdinand schaut die Welt durch ein Fernglas an, eine verlorene Jugend jenseits der Rebellion. Das Stück, sagte Kušej damals, »wird wie ein Steinbruch benutzt, für einen Bildentwurf vom Menschen, für eine Zustandsbeschreibung von der Welt, wie sie sich uns heute präsentiert«. Martin Zehetgruber in seinem Bestreben, den sinnhaften Raum für die jeweilige Inszenierung zu finden, hat jeden Naturalismus, jede stückliche Konkretisierung weniger übersetzt als ersetzt – durch eine radikale und leere Schräge aus groben Holzplanken. Dort tanzt die Hofgesellschaft ihre Tänze, dort inszeniert Kušej ins Absurde gezogene Szenen mit der diesem Genre eigenen Komik. Ein phantastisches Gebäude, das sich dreht und den Blick freigibt auf die Unterseite der Schräge, einen spitz zulaufenden Götzenwinkel, der voller halbgroßer Marienstatuen aus Gips steht. Keine Stube hier und trotzdem ein schräges Dach, trotzdem Enge. Die Religion dauerpräsent. Eine malmende Maschinerie, die wieder vorangetrieben wird durch die scharfen Schnitte, mit denen Kušej sein Schauerspiel zergliedert. Wuchtige Musik und Lärmgewitter durchfahren das Dunkel.

Heute KABALE UND LIEBE zu inszenieren und zu spielen, sagte Kušej vor seiner Arbeit, »kann nur bedeuten: Nachdenken über die Unmöglichkeit der Liebe!« Oder über das, was sich die Menschen unter Liebe vorstellen. Die Frage nach anderen Motiven, etwa nach den Standesunterschieden, wischte Kušej in seiner Strichfassung gleich mit weg. In der höfischen Bücklingswelt, die Ferdinands Vater und seinen Haussekretär Wurm zusammenführt, ist der Untergebene in einem Traumzittern gefangen, das ihn ins Weite, in die Luft blicken lässt, ihn immer höher auf die Schräge führt, bis er hinschlägt und vom Präsidenten quer über die Schräge wieder nach unten geschleift wird. Die Dialoge werden übersetzt in eine Sprache der Körperkrümmungen und -verbiegungen, der Generationenkampf findet in Raumbildern seine Entsprechung. Wieder thront der Vater oben, dort, wo es den Lakaien hinwehte, während Wurm dieses Mal in Kreuzigungsposition vor ihm auf dem Boden liegt. Ein schmutziges Lachen vom Vater: »Mein Sohn soll Lady Milford heiraten.« Die Groteske im Liebes- und Familienrangeln. Sprache und Körper finden in ihrer radikalen Theatralik eine Entsprechung. Eine Art Tanz der Durchtriebenen. Wurm wird ein Spielmeister der Verschwörung, die seinen Herren erschauernd die Schräge hinunterpurzeln lässt. Gemeinsam singend gehen sie wieder nach oben, flanieren dann, die Hände hinter dem Rücken verschränkt, an den Rändern des Vierecks herum. Schnitt. Vater und Sohn im blauen Licht, Ferdinand macht Kniebeugen, der Vater schreit und predigt Familienliebe: »Komm Ferdinand, umarme mich!« Disziplin durch Körperertüchtigung. Auch Ferdinand und Lady Milford, die zuvor im Stehen auf die Schräge pinkelte, umkreisen sich in einem lauernden Machttanz auf dem zerschundenen Parkett. Die Körper wissen mehr als die Hirne oder Herzen dieser Menschen, die Körper machen sich vor allem in Extremsituationen selbstständig. Aggressiv fassen sie einander am Genick, sie drehen und küssen sich, doch es ist unklar, ob sie sich nicht eigentlich verletzen wollen – was Ferdinand auch prompt tut, in der ganzen Ambivalenz von Begehren und Versprechen. Die Bühne dreht sich, das Marienrefugium wird zu einer Art Totenreich, zu einem Zwischenlager der verstaubten Seelen, zu einem Dachboden der verdrängten Sehnsucht, zu einer Rumpelkammer der verlorenen Liebe. Auch wenn Luise und Ferdinand allein sind, sind alle anderen da – die Anwesenheit der familiären Verstrickung, die Liebe als absurde Kopfgeburt, von der Gesellschaft als Wahn definiert, von Schiller als Flucht, von Kušej als Verzweiflung. »Ich liebe dich, Luise«, sagt Ferdinand immer wieder, während er zu ihren Füßen kauert und Wurm sie hypnotisch umkreist. Der Kreislauf als Metapher: Jeder dreht sich um jeden, alle um alles und jeder um sich selbst. Und inmitten dieses malmenden Kreisverkehrs fallen Luise und Ferdinand zu Boden.

Eine Operation am offenen Herzen hatte Kušej all denen versprochen, die das Programmheft aufschlugen, und was seine Haltung dem Stoff gegenüber anging, so hatte er sich einen Satz von Schiller ausgesucht, den er in dutzendfacher Wiederholung an den Beginn des Programms stellte: »Die Geschichte ist überhaupt nur ein Magazin für meine Phantasie, und die Gegenstände müssen sich gefallen lassen, was sie unter meinen Händen werden.« An der kunstvoll dichten und lebensnah deprimierenden Veranstaltung, die Kušej dann daraus machte, kann man seine Herangehensweise erkennen, was »Aktualisierungen« angeht –

KABALE UND LIEBE:
Andreas Schlager (Ferdinand),
Ruthild Rieser (Luise),
Paul Weismann (Miller) und
Anita Mickl (seine Frau),
Stadttheater Klagenfurt, 1993

auch im Unterschied zu dem von ihm so verachteten Trash-Theater. Die Ernsthaftigkeit, mit der er etwas hineinliest in das Stück, die Konflikte herauspräpariert und sie gerade nicht der Harmlosigkeit ihrer vergangenen Epoche preisgibt, sondern in einem Akt der Gegenwartsbeschwörung den Frontlinien eine neue Schärfe gibt, den Kanten klarere Konturen, den Schnittstellen unerwartete Härte. Und so irren Ferdinand und Luise durch die Mariengruft, wie von der Liebe geblendet, sie verpassen sich, verlieren sich, Ferdinand zertritt eine Gipsgottesmutter, Scherben überall. Kušej übersetzt die Verse in eine Sprache der Körper, wenn sich etwa Luise und Lady Milford erst weniger in die Augen schauen, als in die Augen fassen, im Wortsinn, und sich dann in einem Gummiriemen verstricken, so wie sie auch im Leben fatal miteinander verbunden sind. Die Wechselkurse der Emotionen werden bis ins letzte ausgekostet – so kauert die Lady vor Luises Füßen, dann

KABALE UND LIEBE: Andreas Schlager (Ferdinand) und Otto Edelmann (Präsident von Walter), Stadttheater Klagenfurt, 1993

küssen sich die beiden, bevor sie zurückweichen, Luise sich den Mund abwischt und die Lady erschreckt ausspuckt: »Wo bin ich, wo war ich?« Zum Ende sagt Luise zu ihr: »Und vergessen Sie nicht, dass zwischen Ihren Brautkuss das Gespenst einer Selbstmörderin stürzen wird.« Lady Milford lacht, bis sie weinend zusammenbricht, die Schräge hinunterstürzt und dann zu alter intriganter Form zurückfindet.

»Die Limonade ist blass – wie deine Seele«, sagt Ferdinand. »Die Limonade ist gut«, sagt Luise. Dann ringen sie miteinander am Boden, um der Sprache ihrer Herzen Gestalt zu geben – und zu sterben durch die Kraft ihrer Herzen. Gitarren krachen, die Bühne dreht sich, Lady Milford tanzt auf der Schräge in ihrem roten Kleid, Vater Miller tanzt mit der toten Tochter in den Armen, alles dreht sich umeinander und rast in die dunkle Leere.

Als ich Martin Zehetgruber das erste Mal traf, hatte er einen großen Schnauzbart im Gesicht und einen abgeschabten, kleinen Koffer in der Hand, den er aufklappte, um irgendwas herauszunehmen. Ich stand ganz in der Nähe, im Zuschauerraum des Deutschen Schauspielhauses in Hamburg, es war die Bauprobe zu Kleists PRINZ FRIEDRICH VON HOMBURG, und ich war der Regiehospitant der Produktion. Zehetgruber hatte, da bin ich fast sicher, mindestens einen dicken Band Schopenhauer im Gepäck, vielleicht auch mehrere, und wenn ich mich täuschen sollte, so wäre es ein Akt der höheren Wahrheit, dass ich mich an Schopenhauer zu erinnern glaube. Zehetgruber nämlich, dieser lustige Mensch, der heute keinen Schnauzbart mehr im Gesicht und keine Haare mehr auf dem Kopf hat, dieser geniale Glatzkopf, der so gerne und so ansteckend lacht, dieser amüsante und charmante Zehetgruber ist ein ziemlicher Schwarzseher. So heiter er einem im Leben entgegentritt, so finster öffnen sich seine Bühnenwelten. Es sind Untergangsräume, Seelengefängnisse, Schicksalsschrägen, Menschheitsabgründe, Utopieruinen, Freiheitssümpfe, Glasverliese, Heldenbunker, Todeslabyrinthe, es sind Theaterzumutungen, die den Betrieb zu sprengen drohen, es sind Anmaßungen, es ist nicht weniger als große Bühnenkunst. Martin Zehetgruber ist einer der wenigen autonomen Künstler im deutschsprachigen Theater.

Martin Zehetgruber

Auf der Fahrt zu Martin Zehetgruber, im offenen Auto, Johnny Cash aus den Boxen, ziehen die Hügel und die Kapellen Schwabens vorbei. »*The night they drove old Dixie down*«. Die Sonne brennt, und Stuttgart liegt auf den Knien. Die Straßen sind leer, die Hitze hat alle vertrieben.
Mit den Schwaben hat der Österreicher Zehetgruber so seine Probleme gehabt: Da die sprichwörtlich sparsamen Bauherren des vierstöckigen Mietshauses keine durchgehenden Balken verwendet hatten, musste Zehetgruber Stahlträger einziehen lassen, ehe er die kleinwinkligen Zimmer aufreißen und zu einer großzügigen Wohn- und Küchenfläche verbinden konnte, die heute mit Parkett ausgelegt ist und nichts mehr zeigt, von den vergangenen Verwachsungen außer ein paar Balkenstrukturen, die noch an der Decke zu sehen sind. Narben im Haus, die Geschichte eines Raumes. In einer Scheibe sind zwei Einschusslöcher zu sehen, die Räume waren vorher an die NPD vermietet gewesen, was wohl dem einen oder anderen nicht passte. Zehetgruber kichert, als er erzählt, dass immer noch Leute kommen, die der rechtsradikalen Partei ihr Vermögen vermachen wollen, und ganz enttäuscht wieder abziehen, weil jetzt so ein dubioser Mensch hier wohnt, von dem sie nur ahnen können, wie weit entfernt er von ihnen ist, politisch und sonst auch.

HAMLET
Bühnenbild, Prolog, Probenfoto,
Salzburger Festspiele, 2000

»Angst ist der Antrieb«, sagt Zehetgruber, der in seinem Atelier sitzt, das ihm als Professor an der Stuttgarter Hochschule der Künste zusteht. Über seine Arbeit will er nicht unbedingt sprechen, schließlich ist er ja auch nicht Vortragsredner, sondern Bilderfinder geworden. Andererseits sind seine Räume, und das macht unter anderem die Kraft, die Faszination, die theatralische Wucht aus, so ausgeklügelte analytische Deutungskonstrukte, so poetisch und rätselvoll aufgeladene Gedankengebäude, so klarsichtige wie erschlagende Weltentwürfe, dass man hinter seiner Arbeit auf jeden Fall einen mindestens klugen und sicher auch einen dramaturgisch geschulten und denkenden Kopf vermutet.
Martin Kušejs Theater, wie wir es kennen, wäre ohne Martin Zehetgruber nicht vorstellbar. Das heißt nicht, dass die Arbeit des einen bloß die Verlängerung oder die Ausführung der Gedanken des anderen wäre oder dass der eine nicht ohne den anderen arbeiten könnte oder würde. Tun sie ja. Es besagt, dass sich, ähnlich wie etwa bei Frank Castorf und Bert Neumann oder bei Christoph Marthaler und Anna Viebrock, die theatralischen wie die außertheatralischen Weltentwürfe auf besondere Art entsprechen und ergänzen: Kušej und Zehetgruber funktionieren wie ein Räderwerk, bei dem ein Zacken in den anderen greift.

An »ungesehene Räume« erinnert sich der Stuttgarter Intendant Friedrich Schirmer, der noch immer stolz darauf ist, dass sein Haus es schaffte, all die Extrem-

HAMLET
Bühnenbild, Bild 1, Probenfoto, Salzburger Festspiele, 2000

belastungen zu meistern, von denen der Zumutungsbühnenbildner Zehetgruber ihn überzeugen konnte. »Entweder man macht es oder man lässt es«, sagt Schirmer über die dramaturgisch radikalen Raumeröffnungen Zehetgrubers, dessen Maßlosigkeit »aus einer theatralischen Notwendigkeit« komme und nicht aus einer »kokainverschnupften«, wie scheinbar sonst ab und zu. Immerhin, selbst eine fast leere Bühne, wie bei ÖDIPUS, wo Zehetgruber stattdessen das ganze Theater in eine schwarze Plane einwickelte und es zum Bühnenbild in der Stadt machte, kostete 50 000 Mark. Eine produktive Bedingungslosigkeit, wie sie sonst selbst im verhätschelten deutschsprachigen Theater selten ist. Bei Zehetgruber sind die Belastungen, die er den Häusern zumutet, an denen er arbeitet, durchaus Teil des Programms: Er will, so scheint es, die Sprengkraft testen, die seine Bühnen bergen. Ein Teil der Energie, die er produziert, ein möglichst großer, lässt sich dann erleben, an diesen raren Abenden, an denen das Theater auf einmal gar nicht mehr kleinmütig ist, sondern klug. Durch die Arbeit der beiden entstehe eine einzigartige Magie, so Schirmer, die sie ohne einander vielleicht nicht hätten. Schwer zu sagen, was das genau ist: Von »Hitzegraden bei Minustemperaturen« redet Schirmer und meint damit das Gesamtkunstwerk der »beiden Martins«, bei denen sich Bildmächtigkeit und ein scharfer analytischer Verstand ergänzen. »Maßlos?« Darauf antwortet Schirmer: »Aber groß.«

Ein brutaler Raum, ein auswegloser Raum, ein eindeutiger Raum, der trotzdem ein Rätsel behält, das Bühnenbild für PRINZ FRIEDRICH VON HOMBURG in Hamburg. An den Wänden Einschusslöcher. Eine Schräge, die Unsicherheit vermittelt. Metallschienen an der Decke, an denen Schießscheiben hängen. Ein Militärort, ein Drillplatz, ein Seelenbunker von betongrauer Einsamkeit. Veränderung ist in dieser Welt nicht möglich, kein Auftritt, kein Abtritt; die Verweigerung jeder Theaterlogik – hineingepresst in ein Stück, das durch die Zeiten immer wieder als ein Schlüsselwerk zur Lage der Nation gedient hat, als Kommentar zu Gehorsam und Opferwillen. Indem Zehetgruber diese Arrangements aufkündigt, setzt er an die Stelle bequemer Theaterfolgerichtigkeit etwas, das erst einmal davon lebt, dass es sich gegen alles stemmt, was nahe liegend wäre.
Bei seinen Räumen hat man oft den Gedanken, sie könnten gar nicht anders sein. Es gibt da eine Notwendigkeit, die sich aus einer radikalen Sicht auf das Leben speist; was vielleicht auch mit Schopenhauer zu tun hat (nicht, dass jeder Bühnenbildner Schopenhauer lesen müsste) oder mit Österreich oder mit einem politischen Bewusstsein oder mit dem Künstlersein oder mit irgendetwas, das sich nicht so leicht ergründen lässt; eine Notwendigkeit, die dazu führt, dass Zehetgrubers Interpretation sich wie ein Gedankenschraubstock um die Stoffe schließt, wobei er fast immer singuläre Lösungen findet – die eine Idee, den einen Zugang, die eine Sicht. Eine strenge Verengung des Blicks, die ungeahnte Weiten öffnet. Da hängt dann also der Prinz von Homburg mit nacktem Oberkörper und kopfüber an einer dieser Metallschienen: eine menschliche Zielscheibe in einem Gefängnis, das die Welt ist. »Das Leben nennt der Derwisch eine Reise«, sagt Bernd Grawert mit Kleists Worten. »Zwar, eine Sonne, sagt man, scheint dort auch, und über buntre Felder noch als hier: Ich glaubs; nur schade, dass das Auge modert, das diese Herrlichkeit erblicken soll.« Kleists Welt und wieder nicht, Nähe und Distanz zu einem Dichter, der jede Gegenwart aufs Neue verstört. Ein Grab, über dem der Prinz von Homburg hier schwebt, ein Jenseitsraum, ein Todestraum, eine Innenwelt und eine Kopfgeburt – so leicht zu lesen der Raum schien, so vieldeutig veränderte er sich im Lauf des Abends. Theater, so hatte das Friedrich Schirmer versucht zu erklären, sei ein energetischer Prozess, »bei dem durch meine Beobachtung jedes Teilchen etwas anderes macht als gestern ohne meine Beobachtung«. Martin Zehetgrubers Bühnen sind Theaterwelten, die große Mengen Energie absondern.

Die kalten Feuer, die Martin Kušejs Theatergebäude beleuchten, durchzucken auch die Zehetgruber-Bildernächte – sie brennen, ohne zu wärmen. Wie verbunden die beiden sind, merkt man paradoxerweise daran, dass sie gar nicht besonders eng zusammenarbeiten, wenn es um die Bühnenentwürfe geht. Jeder bringt seinen Teil an Deutung, an Stilisierung, an Radikalisierung mit. Egal, ob der globalisierte Eiszylinder, den Zehetgruber für den DON GIOVANNI bei den Salzburger Festspielen baute, oder die gefängnishafte Halle mit den in einigen Metern Höhe montierten Waschbecken, die er sich für die Konsumenten-Endzeitwelt von Bret Easton Ellis ausdachte: Immer entsteht ein wesentlicher Teil der Deutung aus der Dynamik, die diese Räume durchzieht. Meistens existiert da irgendwo eine Art von Gefälle, eine Irritation, die noch über das hinausgeht, was etwa bereits durch den Umstand erreicht wird, dass CLAVIGO auf einer geborstenen Treppe spielt oder Grillparzer in einem schwarzen Nichts: Diese Spannung, diese Dynamik entsteht daraus, dass Zehetgruber jeden Realismus verweigert und dabei doch ganz konkrete Theaterräume schafft; dass er seine mächtigen, sperrigen, kühnen Bildentwürfe quer zum Stück setzt und dabei immer ins Herz zielt; dass er Bühnen baut, die wirken, als seien die Bilder gerade explodiert und Zehetgruber habe sie wieder neu zusammengesetzt. Es ist immer etwas passiert in diesen Räumen, manchmal scheint es schon Jahre oder Jahrhunderte her zu sein, manchmal erst ein paar Minuten. Auf jeden Fall sind es Räume mit Gedächtnis. Räume mit Geheimnis. Räume mit Geschichten.

Am deutlichsten hat Zehetgruber dieses Prinzip vielleicht in seinem Bühnenbild für DIE GEIER-WALLY in Stuttgart umgesetzt. In der ersten Szene, nur durch einen schmalen Sehschlitz sichtbar, suchen die Menschen in den Schneemassen nach einem verschütteten Lawinenopfer. Auf nahezu filmische Weise erzeugt Zehetgruber schon in den ersten Minuten einen Sog, der das ganze Stück eisig durchziehen wird. Das Anfangstableau erhält seine Wirkung aber nicht allein aus der optischen Dimension dieses durch Hyperrealismus ins Irreale gesteigerten Bildes, sondern weil es tatsächlich Tiefenschichten des Stücks freilegt: Eine Bohrung eben nicht nur in die Schneefelder der Lawine, sondern auch in die Unterwelten einer Gesellschaft wie in die einer Person – selbst die komplizierte Wechselbeziehung zwischen beidem wird schon in diesem dichten Eindruck greifbar. Die Ruine, die sich danach so spektakulär auftut, eine Häuserfront wie ausgebombt, das Skelett einer Zivilisation, die sich, auf dem Balkan oder in Oklahoma oder sonstwo, selbstzerstörerisch wegsprengt, öffnet den Blick in die Wunden unserer Zeit: Diese Ruine ist Innenschau und Außenschau zugleich. Wieder steht die Leere, die Zerstörung, die bedrohliche Gewalt, die diese Übersetzung der alpinen Idylle in die Angsträume unserer Gegenwart mit sich bringt, nicht nur für die Verwüstung einer Gesellschaft oder einer Zeit, die zerstörten Zimmer sind Zeugen der zersplitterten Person der Geier-Wally, ein Aufriss des Unbewussten, eine schauerliche Verletzung. Die Höhen, in die sich die Schauspieler begeben mussten, die zum Teil etwa sieben Meter über dem Bühnenboden saßen, sind die Tiefen, in die die Figuren schon gestürzt sind. Was Zehetgruber hier freilegt, sind Abgründe, die sich möglicherweise in den Alpen am besten beschreiben oder beobachten

GESÄUBERT:
oben: Hüseyin Cirpici (Rod),
Samuel Weiss (Tinker) und
Marcus Calvin (Carl);
unten:
Irene Kugler (Grace),
Samuel Weiss (Tinker) und
Andreas Schlager (Graham),
Staatstheater Stuttgart, 1999

GESÄUBERT:
oben: Samuel Weiss (Tinker),
Marcus Calvin (Carl),
Irene Kugler (Grace) und
Andreas Schlager (Graham);
unten:
Irene Kugler (Grace) und
Christian Brey (Robin)
Staatstheater Stuttgart, 1999

lassen, die aber in Wahrheit uns alle durchziehen. Immer fordern seine Bühnenbilder den Zuschauer heraus, sich auf existenzielle Art und Weise mit Zehetgrubers Weltsicht auseinander zu setzen: eine Weltsicht, die der Martin Kušejs gleicht und sich wie diese aus Wut und Verzweiflung heraus speist, darüber, dass Freiheit und Gerechtigkeit unerreichbar scheinen.

Wasser, Schlamm, Eis, Feuer, das Verwittern und Vergehen und Verwesen in allen Formen, die die Natur vorgegeben hat, die in ihren beiden Extremformen erscheint, als feindliche Kraft und als unerreichbares Versprechen – Zehetgrubers Bildentwürfe sind nicht weniger drastisch oder manchmal auch archaisch als Kušejs Regiesprache. Ein hoch künstlicher Versuch, ein Theater zu erschaffen, das jenseits der Abbildung die Mechanismen der Wirklichkeit schärfer fasst, als das in der Wirklichkeit funktioniert. Ein Sinnesspektakel, zu dem sich die Bühnenelemente mit Klanggemälden und Regiegestus verbinden, am eindrucksvollsten zuletzt vielleicht bei Schönherrs GLAUBE UND HEIMAT am Burgtheater, wo es zwei Stunden lang so sehr auf die Menschen herab regnete, die aus einer wüsten Matschlandschaft emporwuchsen, dass es einen fror – eine physische Wirkung, die viele von Zehetgrubers Bühnenbildern provozieren. Hier verdichtete sich konsequent, was er in früheren Aufführungen entwickelt hatte.
Ein früher Höhepunkt an Radikalität und Konsequenz war das Container-Projekt TODE, die Übersetzung des Dualismus, der die Welt durchzieht, in ein beklemmendes Raumerlebnis, das Aufeinanderprallen von archetypischen Bildern, die sich gleichzeitig ergänzen und zerstören. Metall, Wasser, Holz, Gras, Plastik – die Bildumsetzungen sind meistens klar und drastisch und scheuen sich auch nicht vor unterkühltem Pathos.
Die bislang größte Entsprechung in Inszenierung und Bühnenbild ereignete sich in Stuttgart, wo die beiden nach einer Reihe staunenswerter Klassikerzerwürfnisse zu einem letzten Schauspielschlag ausholten, Sarah Kanes GESÄUBERT. Die verschiebbaren Glaswände, die Zehetgruber für diesen Breitwandfolterraum gebaut hatte (durchaus in gewisser Anlehnung an das TODE-Projekt), schufen eine Welt, die so kalt war, dass sich die Leute verletzten, wenn sie nur tief einatmeten; ein Universum aus Eis, das mit dem Eindruck spielte, wie klar und durchscheinend die Dinge vor uns liegen und wie verwirrend und verworren sie doch tatsächlich sind. Ein Raum, der sich einfachen Erklärungen verweigerte, genauso wie sich Kušejs Inszenierung jedem falschen Ton entzog. Ein Raum, der die Menschen herausschnitt aus ihrer Zeit und hineinprojizierte in eine andere Wirklichkeit. Ein Raum, der bei größter Klarheit die grausamsten Geheimnisse bewahrte.

Die Raumrätsel Zehetgrubers entstehen aus einer Spannung zwischen Oberflächen und Tiefe, zwischen der Summe der Dinge, die man sieht, und der Rechnung – irgendwo bleibt immer etwas offen. Was ist zum Beispiel die Waldtapete im Stuttgarter FIDELIO in Kombination mit den Waschbecken, die an der Wand angebracht sind? Was ist das Straßenpanorama, das wir in Hamburg in Strindbergs GESPENSTERSONATE erkennen, während wir aus dem Inneren eines Hauses herauszublicken scheinen. Was ist das Wasser in der feuchten Kellergruft, in die Zehetgruber die SALOME in Graz entführt? Die Tiefenschärfe entsteht aus dem Widerstand der Geschichten gegen ihre Oberflächen – bis sich die Vergangenheit ihre Bahn bricht, vehement, gnadenlos. Und diese Bruchstellen, Spiegelungen, Konstruktionsfehler sind es, die Zehetgruber inszeniert. So wie die aufgeworfene Landschaft, die den Stuttgarter HERZOG THEODOR VON GOTHLAND so zerklüftet machte: die Schollen der Zivilisation, die aufragen; so wie die weiße Fliesenunterwelt, in der Jahnns STRASSENECKE spielte: das Drängen des Unbewussten, das sich leicht wegwischen lässt; so wie die Aquariumswürfel, die KÖNIG ARTHUR einen eisigen Höhepunkt gaben: die Schrecken der Schönheit, die kaschiert werden. Extremsituationen, wie sie hier geschaffen werden, stellen von Beginn an große Intensität her und ebnen damit der Regie den Weg zum Umgang mit den Figuren. Zehetgrubers Bühnen funktionieren wie ein Deutungsgenerator, wie ein Dramenmotor, wie eine Denkmaschine – in diesen Räumen steckt wie in einer kleinen, dichten Kapsel schon die ganze Inszenierung. Aus den dunklen Weiten, aus den engen Gefängnissen, aus den matschigen Sümpfen, aus den hellen Glashäusern, aus den weiß gefegten Vorhallen, aus den umgestürzten Supermärkten, aus den aufgeblasenen Wohnzimmern, aus all diesen ausweglosen und antiutopischen Menschheitsräumen entsteht die Kraft und die Energie, sich gegen die Langeweile und den Gleichmut zu stemmen. Zehetgrubers Zumutungsräume sind eine Kampfansage an den billigen Konsens. Diesseits des Hohe-Fenster-und-Licht-von-Rechts-Trödel-Realismus und jenseits des Campingstuhl-rauf-auf-die-Bühne-Trash-Realismus baut er Welten, die sich den Stücken auf dem direktesten Weg nähern: durch Zehetgrubers Hirn. Sie sind radikal subjektiv und dabei von großer theatralischer Ernsthaftigkeit.

Ein paar Wochen später, wieder ist es heiß, Martin Zehetgruber sitzt mit dem Tanztheatermann Hans Kresnik an einer lauten Straße, in einem Café, in Stuttgart. Rotwein. Es ist Nachmittag. »Kušej ist ja aus dem Tal«, sagt Kresnik, der den Intendanten Schirmer in Stuttgart, Castorf in Berlin und Baumbauer in Hamburg einmal einen Brief geschrieben hat, in dem er ihnen Kušej empfahl. Kresnik ist nur ein paar Kilometer von Kušej entfernt groß geworden, oben, in den Bergen. »Bei uns wurde die Hälfte der Bauern von den Nazis umgebracht«, sagt Kresnik, »die andere Hälfte von den Partisanen – die alten Leute sprechen nicht darüber. Ich habe jahrzehntelang nichts über meinen Vater erfahren, meine Mutter hat mir nichts gesagt, meine Schwester auch nicht.« Er erzählt von einem Bauern, der sich mit einer Drahtschlinge erhängte. Ein kleiner Mann, der mit einer großen, fetten Frau verheiratet war. Die Drahtschlinge hatte er einem Hasenfell umwickelt, und als sie ihn fanden, sagte die Frau: Bevor ich ihn mit der Schere hab runterschneiden können, war er schon tot, der Hund. Kresnik lacht. Der Hund. Der Selbstmord, sagt Zehetgruber, der aus der Steiermark stammt, sei vielleicht für viele die einzige Möglichkeit, sich selbst zu bestimmen, das Einzige, bei dem dir niemand reinreden kann. Schwermütig seien die Leute in Kärnten und klein, erzählt Kresnik. Der Juri war wahnsinnig, die Lisa und die Moitza haben ihr Leben lang nur gebetet, der andere Onkel war ein Krüppel, das waren die Geschwister seines Vaters. Die Geschwister seiner Mutter sind alle umgebracht worden. »Das sind enorm verschlossene Leute dort in der Gegend«, sagt Kresnik, »nur nicht, wenn sie trinken.« Vielleicht, sagt Zehetgruber, sei das die Schlüsselunterscheidung: Die Deutschen haben einen unheimlichen Drang und Zwang, sich über Sprache mitzuteilen und alle Probleme scheinbar über das Reden zu lösen. Die Österreicher dagegen haben das Schweigen und die Autoaggression, die Verstümmelung und den Wunsch zu verschwinden, Alkohol und die Auslöschung und die Kunst des Todes. »Die Mutter meiner Mutter hat sich umgebracht«, sagt Kresnik, »ich kenne niemanden, bei dem sich nicht mindestens einer in der Familie umgebracht hat. Aber warum? Vielleicht die Enge, vielleicht die Abgeschiedenheit in den Bergen. Keine Ahnung.« Es gäbe sie jedenfalls, diese Extremsituationen, die eine Dringlichkeit erzeugen und eine Notwendigkeit. Künstlerische Folge der ratlosen Wut: der theatralische Ersatztod.

Die Geier-Wally:
Ensemble,
Staatstheater Stuttgart, 1997

»Ich dachte, ich könnte mich erschießen«, sagt Friedrich Schirmer und holt einen Brief hervor, der jahrelang über seinem Schreibtisch hing. Schirmer ist so etwas wie der Entdecker Martin Kušejs in Deutschland. »Ich hasse dieses Wort, entdecken, ich verachte das«, sagt Schirmer schnell. Schirmer hat Kušej jedenfalls nach Deutschland geholt und ihn fest an sein Haus gebunden, als er 1993 als Intendant nach Stuttgart ging. Den Tipp bekam er von Johann Kresnik, der gehört hatte, dass es da in Kärnten jemanden gäbe, den man sich doch mal anschauen sollte. »Wo hast du die her, wer sind die«, fragte der ebenfalls als Hausregisseur vorgesehene Jürgen Kruse recht aufgeregt, als Schirmer ihm von »den beiden Martins« erzählte. Kruse ging nach Bochum, Kušej wurde Schirmers Bildermaschinist, und Zehetgruber strapazierte das Haus Mal um Mal. Das Bühnenbild, das er für die Eröffnungspremiere HERZOG THEODOR VON GOTHLAND entwarf, sprengte den Ausstattungsetat. Aber »ich kann mich nur den Artisten hingeben«, sagt Schirmer, und man weiß nicht genau, ob das bedeutet, dass er Zehetgruber nachgegeben hat. Es ist ein grauer Januarmorgen in Stuttgart, der Tag nach der heftig umjubelten Premiere von Franz Schrekers DIE GEZEICHNETEN, unter Kušejs Regie, drüben in der Oper. Das Hotel schräg gegenüber von dem wuchtigen Opernhaus, in dem wir uns treffen, hat ein Restaurant, das zwar *Schlossgarten* heißt, aber trotzdem so hässlich ist wie vieles in dieser von Beton erstickten Stadt. Schirmer erzählt von der Selbstverständlichkeit, mit der Kušej ihn nach Kärnten

eingeladen habe, damit er sehe, woher dieser komme; von einer Strichfassung, die ihm Kušej gegeben habe, die er wie eine Partitur gelesen und gewusst habe, dass das schon richtig werden würde; von Intendanten, Regisseuren und Vatermorden und von der Tatsache, dass er in seinem Intendantenleben schon mehrmals ermordet worden sei. »Ich bin nicht mit vielen Menschen befreundet«, sagt Schirmer, »bei Kušej gibt es solche Momente.« Dann holt er den Brief hervor, den er maßlos und großspurig nennt und in dem ihn Kušej damals über den Stand der GOTHLAND-Vorbereitungen unterrichtete, von den »genial-einfach-ultra-kompliziert-auf-den-ersten-Blick-unaufbaubaren-superen Bühnenbildern« Zehetgrubers sprach und mit dem Satz schloss: »Denn nichts als die Verzweiflung kann uns retten.« So begann Kušej in Stuttgart.

HERZOG THEODOR VON GOTHLAND:
Michael Stiller (Usbek), Götz Argus (Berdoa), Hanno Meyer (Graf Arboga), Anne Tismer (Cäcilia), Manfred Meihöfer (Theodor, Herzog von Gothland) und Klaus Weiss (Erik), Staatstheater Stuttgart, 1993

»*Since the world drives to a delirious state of things we must drive to a delirious point of view*«, das war Kušejs Motto für seine Arbeit an jenem wüsten Drama, hervorgegangen aus Grabbes dunkler Gymnasiastenphantasie, der nur zu gerne die Schillersche Anstalt mit einem Streich liquidiert hätte. Es war das Bewusstsein, etwas Neues anzufangen, den Auftakt von etwas zu inszenieren, von dem auch Kušej nur zwei Dinge wusste: Wichtig sind der Mut zum Risiko, zum Unbekannten und die Besinnung auf das Programmatische. »Brennendes oder eiskaltes Theater« wolle er machen, sagte er damals, immer den Abgrund neben sich spüren, ein »gefährliches Spiel« wagen, das sich auf den Zuschauer übertragen solle. So ein Anfang biete die Möglichkeit, »zu überprüfen, was Theater überhaupt noch leisten kann und soll«. Und weiter: »Es ist klar, dass ich kein Anhänger irgendwelcher affirmativen Konzepte und Spielpläne bin, dass ich ROMEO UND JULIA sicher nicht inszenieren würde, weil es ›die schönste Liebesgeschichte des Menschengeschlechts‹ ist, dass ich keine Lust habe, das Publikum in marktwirtschaftlich härteren Zeiten mit dieser neuen deutschen Comix-Fröhlichkeit der Jungregiewunderkinder zurück an den Trog zu locken, angereichert mit dem täglichen Alibi-Quentchen an ›kritischem Denken‹, das der liberal-progressive Theaterbesucher ja auch bekommen muss.« Kušej wollte wissen, wie es auf der dunklen Seite des Mondes aussieht, er forderte die »Beschäftigung mit dem Tod als zentrales Thema« der fünf Stuttgarter Jahre und nicht weniger als die »ewige Suche des Menschen nach Sinn und Erlösung«.

Der Untergang ist in uns, so seine These, die Apokalypse ist hausgemacht. Der freie Fall des zivilisierten Menschen: Schwere metallische Klänge, aus einer Badewanne ragt ein nackter Mann hervor, »eine Götterdämmerung steigt in mir auf«, sagt er – eine Art Hoffnungsmonolog, den Kušej in den totalen Pessimismus treibt; statt dem Meer zu entsteigen, stemmt sich der nackte Körper aus der wasserleeren Wanne, reckt sich ins Leben. Ein Kriegsschrei. Er springt heraus. Aus der Wanne lodern Flammen. Ein zweiter nackter Mann tritt aus dem Feuerschein, sie küssen sich, dann ringen sie miteinander. »Gebt mir etwas zu vernichten.« So klingt der Schlachtruf des Unholds Berdoa. Krankes, grünes Licht erfüllt die Bühne, die aus einem stählernen Eismeer klaffender Schollen besteht. Von Zivilisationsekel handelt dieses Stück, von einem Schattenwesen des europäischen Unwohlseins, vom Urzustand des Kampfes – was auch immer die drei Gothland-Brüder unternehmen, die ewige Kriegsmaschine dreht sich und dreht sich weiter. Auf welcher Seite man auch steht, so die Lektion, Blut klebt immer an den Händen. »Glück ist Sünde!«, ruft Theodor. »Nicht verzweifeln, nicht verzweifeln«, haucht ihm seine Frau ins Ohr, während sie tanzen. Dann tanzt sie alleine weiter, in ihrem weißen Unschuldskleid, während Theodor sich in den kriegerischen Untergang dreht. Ein Messer! Rache! Ein Opfer! Da steht auch schon

Berdoa neben ihm, um ihm den Gedanken des Brudermordes einzuflüstern. Denn wie so viele Kušej-Inszenierungen handelt auch diese vom Wahn: »Ein geschminkter Tiger ist der Mensch«, heißt es. Die Gestalten, die im Hintergrund wandeln und später im Bühnenhimmel baumeln, sind die Toten, die die Gegenwart bevölkern. Grabbe beschreibt die fatale Verquickung von Knechtsmoral und Königsdenken, wie er das nennt, Kušej konzentriert sich ganz auf den Horrortrip des Herzogs von Gothland, der sich selbst hineinschraubt in die Spirale des Untergangs, der sein eigenes Schicksal über die Klippe schiebt. Theodor, der, um Gutes zu tun, zum Bösesten geführt wird. Er ermordet den Bruder. Die Leiche auf dem Rücken wird er zu einer Statue des Schreckens, einem Stammbaum der Schuld.

Ein trostloser Planet ist das, auf den Kušej die Schwaben mitnimmt, eine kalte, kriegerische Mondscheinlandschaft, in der der Sohn sich vom Vater löst, das Individuum von der Moral; eine Erde, wie wir sie nicht kennen wollen – dunkler als fast alles. Sein Einsatz? Nicht weniger als die eigene Biographie, weil manchmal eben nur die eigene Geschichte auf steile Kunstwege führt. Gothlands Verirrung im Schneegebirge ist für Kušej symptomatisch, »diese Szene verdeutlicht den Zusammenhang von Landschaft und Seele, von Außen und Innen, von Licht und Dunkel, Wärme und Kälte, Leben und Tod«. Es waren der »Wahnsinn« der Grabbe-Vorlage und der »schlechte Geschmack«, die Kušej interessierten, das Schwarzgedachte: »Die Erfahrung eines scheinbar zwangsläufigen, tendenziell tödlichen Zwiespalts für jeden und alle. Das Wissen um historische Entwicklungen und ihre Resultate (das absehbare Ende) führt das Individuum nicht weiter, äußert sich höchstens in Paralyse; es bleibt nur die subjektive Bewusstheit des Verfalls, des Scheiterns, der Ohnmacht.« Das Dilemma der Moderne, die »von Anfang an daran krankt, dass sie die Zukunft in Beschlag nimmt, weil es sie mit Hoffnung identifiziert«. Theodor treibt eine verborgene Todessehnsucht – trotzdem fleht er jammernd und wimmernd um sein Leben, als Berdoa ihm die grauen Haare abrasiert, um ihn anschließend zu ermorden. Berdoa zerrt die Wanne vom Anfang auf die Bühne und bettet Gothland hinein, der sich ein letztes Mal seines Todfeindes erwehren will – der doch nur das zum Klingen und zum Töten gebracht hat, was in Gothland selbst angelegt war. Ein Kriegschor halbnackter blutverschmierter Glatzköpfe erscheint, die letzte Regression des modernen Menschen. Kušej nimmt Berdoa ernst, er deutet ihn als Vorboten, als ideologiekritische Komponente im Grabbeschen Denken, da er »weniger auf die physische Zerstörung seines Kontrahenten zielt, sondern auf die Vernichtung des Wertgefüges der christlich abendländischen Kultur«. Als jene dunkle Seite der Dialektik, die Kušej, Walter Benjamin zitierend, wieder ins Denken integrieren will. Optimismus ist für Kušej lediglich »das abgestumpfte Instrument einer undialektischen Aufklärung«. Berdoa jedenfalls, dieser Anti-Hegel, sucht sein Spiegelbild

KILL PIG DEVIL PASSION FINISH GOD
Wiener Festwochen/
Schauspielhaus Graz, 1994

im Eis, er ruft, den Eisblock stemmend: »So will ich denn die Bestie sein. Die Ermordung nur der Europäer sei meine Seligkeit. Ihr Wimmern sei mir Wonne. Ihr Blut mein Wein. Ihr Tod mein Leben. Ihre Freude meine Hölle.« Er knallt den Eisklotz auf den Boden, das Eis zersplittert. »Hoffnung ist der Feind des Gefangenen!« Doch nicht Berdoa ist die Gefahr – Gothland ist es, für Kušej der »Exponent einer Gesellschaft, deren Grundimpetus es ist, tote Materie zu produzieren, Lebendiges in Totes zu verwandeln. Eine Todesmaschinerie«.

Die auf den ersten Blick manchmal gar nicht als solche zu erkennen ist. In dem hallenhohen Raum steht eine Waschmaschine: die sich ewig drehende Saubermachautomatik, eine Dialektikverweigerungsapparatur. »Ich will, dass meinen Schmerz auch andere erleiden«, sagt einer der gut gekleideten Männer – es ist die Psychopathologie eines Massenmörders, die Kušej inszeniert, ohne Katharsis, ohne Wahrheit, ohne Bedeutung. KILL PIG DEVIL PASSION FINISH GOD nannte er die Inszenierung, eine Tanztheaterproduktion, die er 1994 bei den Wiener Festwochen zeigte, Auseinandersetzung vor allem mit den in Bret Easton Ellis' Roman AMERICAN PSYCHO ausgeführten Todesgelüsten einer mechanisierten, dem Kult des Individuums huldigenden Gesellschaft. Ziel dieser Arbeit sei es, sagte Kušej vor den Proben, »Extreme zu erreichen, Zustände jenseits des Bekannten«. Er spekuliere »eindeutig mit dem Schock, denn nur so lässt sich das so gut ver-

Kill Pig Devil Passion Finish God
Wiener Festwochen/
Schauspielhaus Graz, 1994

drängte Grauen wieder auf eine unmittelbare und unzynische Ebene des Wahrnehmens zurückholen« – was in der Forderung mündete nach einem »Theater der Isolation, der Anonymität, der Gefühlskälte, des Sinnverlusts«. Mit der, wie er es nannte, »Bindung an das Monströse und Gewalttätige« führte Kušej Gedanken weiter, die er auch in seiner Grabbe-Inszenierung verfolgt hatte. »Das war die Zivilisation, wie ich sie sah, monströs und zerklüftet«, heißt es bei Bret Easton Ellis. Kušej folgerte, dass Morden »nicht Explosion, sondern Implosion des sozialen Körpers« sei, »eine desillusionierte Antwort auf die Chimäre eines verantwortlichen Prinzips, auf die beliebige Austauschbarkeit der Verursacher, der Schuld«. Schließlich seien »die Verbrechen eines Täters immer die Verbrechen einer Gesellschaft« und Gesellschaft überhaupt »ein gnadenloses Gefüge aus Ordnung und Wunsch, aus Konsumwahn und Gleichheitszwang«. Und so spielten die Schauspieler und Tänzer in Martin Zehetgrubers Konsumgefängnis mit den in vier Metern Höhe montierten Waschbecken, aus denen sie nach und nach hinunter sprangen, das Einerlei der Demokratie durch, die Langeweile des Meinungspluralismus, die Lebenslüge, dass Gewalt regulierbar sei. Kušej inszenierte den Tanz als Rhythmisierung des Alltags, machte Theorietheater als Spiegel seiner Zeit. Zur metallisch polternden Geräuschkulisse zitterten und schepperten die Mittelstandskrieger einer friedlos-sedierten Ära, ein Teekesselpfeifen, ein Telefonklingeln, ein Turbinenstampfen zergliederten die Klangsphäre. In klinisch-akrobatischen

Bildern führte Kušej Hugo Boss, Titten, Uniformität und den Verkleidungsfuror einer verzweifelten Zivilisation vor, ließ die Modegesellschaft mit den Beinen in der Luft zappeln, während Hermes unten von Alexandrinern sprach, worauf die oben nun wieder in narzisstischer Verzückung ihr Spiegelbild bedrängten – und gleich darauf aus den Becken kotzten. Sehr verloren, verrätselt, verrucht und irgendwie zu modisch geraten war dieses Spektakel – wenn das Kušej-Theater seiner Zeit zu nahe kommt, so scheint es, verglüht eines von beiden: zwei Sonnen, die zu heiß brennen. Letztlich fand er keine Bilder für Bret Easton Ellis oder wollte keine finden. Er wrang seine Gegenwart aus, bis das Blut tropfte. In halb traumhaften Momenten, in denen Norman Hacker fast zärtlich von den Morden erzählt, während eine Tänzerin eine Pirouette dreht, gelang das, was Kušej sich wohl vorgestellt hatte – »die Realität ist ein Monster«, heißt es einmal. Und aus den Wasch-becken quillt eine braune Brühe.

»Chef, mehr Stücke«, habe ihn Kušej einmal gedrängt, erzählt Schirmer, der ihm über die Jahre alle die Stücke vorschlug, die Kušej in Stuttgart inszenierte. Nun also STRASSENECKE von Hans Henny Jahnn. Dumpfe Geräusche, wie in einem U-Bahn-Tunnel, ein Rauschen und Klappern und Saugen und Dröhnen. »Ich liebe dich, James«, lautet der erste Satz, ins Dunkel gesprochen, dann geht ein Streichholz an. »Komm«, sagt eine Stimme, »wir haben keine Zeit.« »Sind das nicht Menschen, die uns betrachten«, fragt eine andere Stimme im Dunkel. Ein Niemandsland. »Hier wird ein Neger gelyncht.« James. »Er ist nicht allein.« Der Ernstfall Leben. Die Hölle ist der Alltag. Der Feind ist der Nachbar. Der Wolf sitzt neben uns. Minuten im Schwarz.
Dann etwas Licht. Die steile weiß gekachelte Treppe ein weiterer genialer Unort von Martin Zehetgruber, ein Bühnenkunstgebilde, das aus sich heraus die Poesie und die Deutung, die Brutalität und die Radikalität der Regie bereits antizipiert. In der Mitte ragt eine schwarze Fläche hinein, ein Boden, der keiner ist, und von oben drängt sich die gleiche schwarze Fläche ins Bild, wie eine Decke, die nicht schützt, sondern dräut. Eine abwaschbare Kellerwelt, ein Folterverlies. Die Menschen betreten diesen Ort entweder von oben, über die Treppe, oder sie tauchen von unten auf; in beiden Fällen kommen sie aus dem Nichts, sie gehören dem Verschwinden und Vergehen an. »Theater als Tanz, als Ritus, als magische Momente des Unverständlichen und Überraschenden«, beschrieb Kušej seine Vision. »Eine Feier, die sich zu dunkler Stunde über den Grabstätten der Toten ereignet.« Eine Frau verstümmelt James mit einem Skalpell, während schwarze Männer einen weißen Pferdeleichnam die Treppe herunterschleifen. Die Schnitte ins Fleisch sind Taten der Liebe. Die Taten der Menschen sind Schnitte ins Fleisch. Der zivilisatorische Überdruss der Hans Henny Jahnn zum Triefen bringt, ist in Kušejs STRASSENECKE so geerdet, dass er greifbar und also fast schon begreifbar

ist. »Das Verbrechen der Abstammung«, heißt es in dem Stück – aber natürlich ist es nicht der Rassismus, der Kušej interessiert, Rassismus ist in seiner Deutung eher ein Vorwand für die Verbrechen, die Menschen alltäglich aneinander begehen. Auf dem Umweg über die existenzielle Stilisierung gelingt Kušej mit STRASSENECKE »ein leises dunkles Kammerspiel«. »Mich interessiert das Private, das Spezifische, weniger die große politische Geste«. Von oben fliegen Schuhkartons in den Raum, die Menschen balgen sich um die Schuhe, ein Revolutionär brüllt etwas von Gleichberechtigung, von der Diktatur des Proletariats und der Rassenfrage, aber der Anti-Utopist Kušej lässt von Anfang an keinen Spalt Morgenrot zu. Nackt ist der Mann, der sich die roten Stöckelschuhe angezogen hat und sich jetzt den Mund schminkt, in seiner Seite klafft eine Wunde. Neun morbid-hysterische Personen und ein totes Pferd, das ist die Konkretisierung des Jahnnschen Universums; hinten vergewaltigen zwei Männer eine Frau, vorne kauern sich zwei aneinander: »Hier ist zu fragen, was Liebe sei.«
Im Extrem sucht Kušej das Maß. Er vermeidet jeden Realismus, alles ist Versuchsanordnung, Tableau, Labor und Schlachtengemälde. Wer nicht an die Macht der Psychologie glaubt, die einem rationalen Menschen zukommt, der gibt dem Irrationalen Raum, indem er die Beziehungen der Menschen auflöst, die Figuren durch den Fleischwolf dreht und das Kleingehackte zu absurden Homunkuli formt. Auch der Mann mit den langen Haaren liebt James, sie beißen gierig in denselben Apfel, dann spuckt er das Obst wieder aus: »Du riechst fremdartig, fast abstoßend, wie geschlachtetes Fleisch.« Nun buhlen schon zwei Männer um James, sie liebkosen und würgen ihn zugleich. Sie stoßen ihn herum und weinen um ihn. Kušej lotet die Dunkelfelder dieses Textes aus, indem er ihn in drastischen Bildern verdichtet, in den Pfützen die Schlieren findet, in den Menschen die Wunden offenlegt, in den Körpern die Sehnsüchte lokalisiert. »Dann ist der Böse da«, sagt der Langhaarige, »und er fletscht die Zähne und er will nicht vergönnen, dass wir genießen und erst zahlen nach dem Empfang. Besagten stinkenden Tod, nicht mit verklärtem Schlaf. Der Erzbetrüger hetzt seine Meute auf uns. Die billigen Vorbilder, die Ordnungen, die Übereinkünfte, die Lehren, das Geistgebäude, Vernunft, Gesetz, den Plunder, der uns zu Verbrechern macht.« Und hinten werden James seine Wunden mit Benzin ausgewaschen.
»Wir besudeln uns, indem wir eine schwarze Bestie lieben«, heißt es. Und: »Der ganze Mechanismus ist mit Geilheit verseucht.« Wieder also suchte Kušej, in Anknüpfung an GOTHLAND, die Unterseite der Vernunft, das Willenlose, das Treiben, die Hexereien des Rationalismus, die Teufelsaustreibung der Moderne, die Selbstkasteiungen des Westens – die Sehnsucht, die Hass gebiert, die Lust, die Verbrecher macht. Die Gesellschaft begehrt, beschaut, begafft James, sie versteht ihn nicht, er ist ihnen ein Rätsel und eine Versuchung – deswegen muss er weg! »Ungestraft genieße ich das Seltenste. Ich bin ein sündiger Mensch.« Sagt Georg,

STRASSENECKE. EIN ORT. EINE HANDLUNG: Hüseyin Cirpici (Boris), Paul Weismann (Georg), Yvonne Devrient (Fohe), Werner Fritz (Matthieu) und Marietta Meguid (Bess), Staatstheater Stuttgart, 1994

dann wird es dunkel um James, dunkel in der Welt: »Neben mir ein zweites Ich, das leidet, wenn auch mein Fleisch den Schmerz nicht fühlt, sondern ein anderes Fleisch den Schmerz statt meiner.« Dann fällt eine Prügelhorde über James her, zieht sich wieder in den schwarzen Grund zurück, aus dem sie hervorgekrochen war. Kušej ist hier ganz kompromissloser Schmerzensmann. Ein Diskursregisseur, der seine schwarzen Gedankenwelten als Bildessay inszeniert und dabei so sinnlich verfährt, dass man es für veritables Theater nehmen kann. Das Sperma eines deutschen Schäferhundes im Arsch, das sind so Fragmente der Jahnn-Welten, die Kušej nimmt, wie sie ihm passen, wie er eben auch Grabbe genommen hat – und er inszeniert daraus ein furioses Unterwerfungsballett. Auf Matratzen kauern diese Kreaturen, verbissen in den Stoff, vergraben in die Innereien, verhext von dem, was sie verdrängen. Frontaltheater. Analtheater. Angriffstheater. Stuttgart! Schwabenland! Ja, bitte!

Alles ist auch hier auf den Tod gerichtet, der dem, was der Mensch treibt, die Richtung diktiert. Eine vom Tod geprüfte Verzweiflung ergreift diese Gesellschaft. »Die Sehnsucht ist ein irres Loch«, schreit James die Frau an, die ihn hält, schief in die Landschaft gesetzt wie ein krummes Ausrufezeichen. Es ist ein orgastisch-schwüler Besessenheitskosmos, in den sich James flüchtet – statt physisch davonzulaufen, flieht er psychisch vor dieser Erotik, die er provoziert und der er nicht Herr werden kann und die ihn verschlingen wird. Vom Hurenwesen

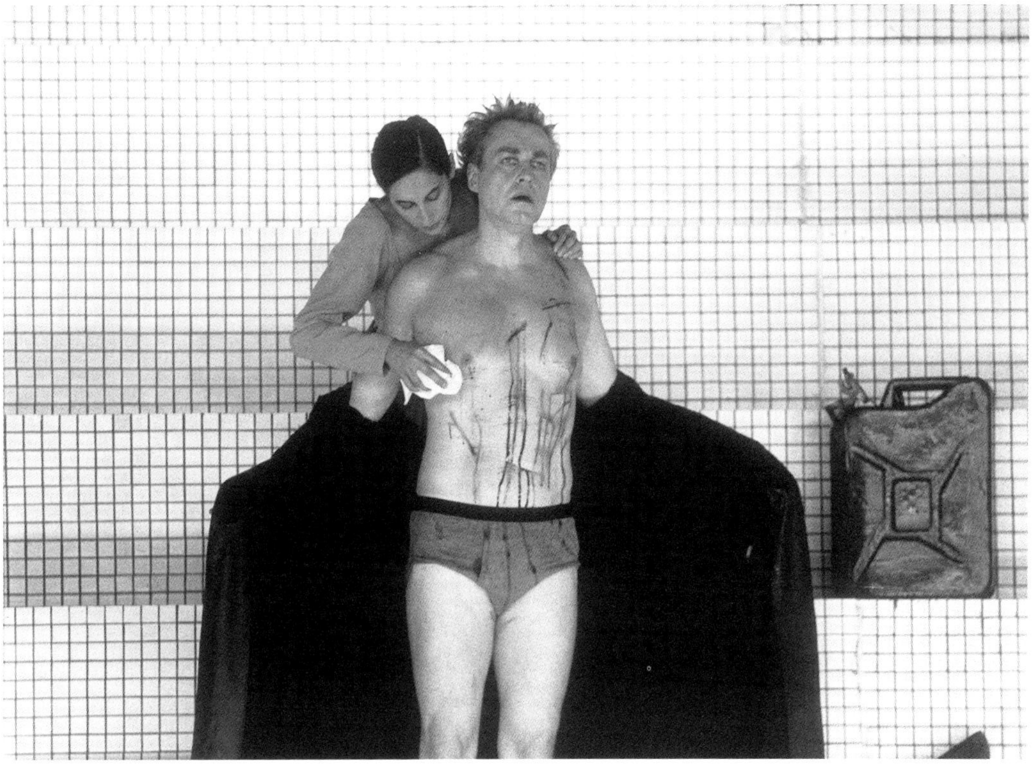

STRASSENECKE. EIN ORT. EINE HANDLUNG: Susana Fernandes Genebra (Alma), Bernhard Baier (James), Staatstheater Stuttgart, 1994

der Menschheit handelt dieser sehr körperliche Theaterabend, von der Entfesselung des Viehischen, vom ungesunden Vitalismus, von der Sexualisierung aller Sinne und Lebensbereiche, von der destruktiven Kraft der Leidenschaften – und ist gleichzeitig eine todestrunkene und untergangsselige Feier dieser Leidenschaften. Am Ende ist James wieder dort, wo er aufgebrochen ist, die Frau sagt: »Ich liebe dich, James«. Aber James kann nur grausam sein, ein Werkzeug sei sie für ihn, mehr nicht – versöhnungsfreier menschheitsphilosophischer Kreisverkehr. »Wir können nicht bestehen. Man wird unser Blut ablassen wie Wasser aus einer Schleusenkammer. Wir werden in Schwaden von Giftgas ertränkt werden. Die Menschheit hat einen verdauenden Magen. Sie vermehrt sich nicht nach dem Maß des Sterbens, sie breitet sich aus um den entlegensten Ort des verödeten Sterns mit Menschtat zu bepflastern.« Eine furiose Wortkaskade voll Menschheitsekel lässt dieser Zivilisationsbastard da los, schwarze Bächen fließen am Ende die weißen Fliesentreppen hinunter. Der schwarze Mann muss gelyncht werden.

Das Leben ist ein Schießstand, und wer am Ende heil davonkommt, der ist zum Weiterleben verurteilt. Der Bunker, den Martin Zehetgruber für Kušejs PRINZ FRIEDRICH VON HOMBURG 1994 am Deutschen Schauspielhaus in Hamburg baute, war eine Kleistgruft, ein Vernichtungsort, ein Disziplinierungsverlies. »Die Schule dieser Tage durchgegangen«, dieser so ambivalente wie schreckliche Satz

PRINZ FRIEDRICH VON HOMBURG:
Bernd Grawert (Prinz Friedrich
Arthur von Homburg),
Deutsches Schauspielhaus
Hamburg, 1994

stand über der strengen, todesnahen Inszenierung, die die Reise des Menschen als ein einziges brutales Driften, als ein Zugerichtet-Werden, als ein Liebesvernichten und Liebesbezwingen beschrieb. Großartiges Zentrum der Aufführung war die Natalie von Judith Engel, die in einer Mischung aus verliebtem Mädchen und Kriegerwitwe, Liebesengel und Todesfee den Prinzen an den Rand des Verstandes brachte – oder besser gesagt: ihm den letzten Stoß gab, über diesen Rand. Was einmal ein Aufklärungsdrama gewesen sein mag oder ein Erziehungswerk, das inszenierte Kušej als einen einzigen Vernichtungsakt. Homburg sei eine gewollte Leerstelle, eine Projektionsfläche für Schuld- und Sehnsuchtsbilder, ein Brennpunkt für »alle gesellschaftlichen, historischen, politischen oder ethnischen Konflikte«, wie Kušej meinte. »Die Verwirrung um die Identität, das Verschwinden gültiger Wertekategorien und der Kampf mit den Umständen des Jetzt lassen kaum mehr Luft zum Atmen, geschweige denn Zeit zum Entwickeln von zukunftsorientierten Auswegsplänen oder Utopien.« Diese Gesellschaft produziert nichts als Tote, und auch die beiden großen Kinder, die am Ende des Spiels ihre Liebe von den Alten vor die Füße geworfen bekommen, geistern bereits als Untote durch den grauen Raum, den manche Leben nennen. »Ach, wie die Nachtviole lieblich duftet«, sagt Prinz Friedrich, den Bernd Grawert als einen entrückten Jungen spielt. Es geht zu seiner Hinrichtung. Judith Engels schräg aufgerissener Mund erzählt die ganze Geschichte dieses Dramas. Sie ist die Wasserleiche, die auf der Oberfläche dieses Sumpfes treibt. »Es geht nicht einmal mehr um den Verlust der konkreten Utopie, sondern um den Verlust des privatesten und intimsten Gefäßes für Utopien«, sagte Kušej, »es geht um den Verlust des Traums.« Das Regieduo Karge/Langhoff hatte aus Kleist 1978 den Albtraum Deutschland herausgelesen – Kušejs Albtraum ist die Welt. Er entfernte praktisch alle historischen oder geographischen Markierungen aus dem Text, verlegte die Bedrohung wie die Kriegshandlung in die Köpfe der Beteiligten, die einen virtuellen Kampf ausfochten, noch bevor es dieses Wort gab. Die Leichen sind vielleicht real, der Krieg ist es nicht. Das Gefühl dafür ist verloren gegangen. »Das ist Teil des Irrationalen im Menschen«, sagte Kušej, »trotz all des pessimistischen Gefühls, trotz der ausweglosen Bedrängnis spürt man, dass die Möglichkeit des Widerstandes nur jetzt und hier vorhanden ist; im Moment und für den Moment, ohne Besinnung auf Zweck und Zukunft, auf Profit oder Veränderung. Ich gehöre zur ersten Generation, die die Welt nicht mehr verbessern will!« Und so ist der Prinz von Homburg selbst zur Zielscheibe geworden; verkehrt herum hängt er an der Metallkonstruktion, mit der die übergroßen Zielscheiben nach vorne geholt werden können. Einschüsse zeigen, dass hier tatsächlich geschossen wird. Eine dann doch durchaus geschichtliche Konstellation, es ist eben ein deutsches Drama, das von der Zurichtung des Einzelnen handelt, aber eben auch die Geschichte eines privaten Scheiterns, des Scheiterns einer Liebe, die fremd- wie ferngesteuert ist

Prinz Friedrich von Homburg:
Judith Engel (Natalie),
Deutsches Schauspielhaus
Hamburg, 1994

und ohne eigenes Leben. Eine Totgeburt. »Tausend Menschen höre ich reden und sehe ich handeln, und es fällt mir nicht ein, nach dem Warum zu fragen«, schrieb Kleist an seine Ulrike. »Sie selbst wissen es nicht, dunkle Neigungen leiten sie, der Augenblick bestimmt ihre Handlungen. Sie bleiben für immer unmündig und ihr Schicksal ist ein Spiel des Zufalls.« Traumexistenzen also, Nachtwandler, die im Unbewussten leben, auch wenn sie glauben, das Licht des Tages zu sehen. Vor allem den Prinzen von Homburg treibt eine Todessehnsucht, die schon fast an Todesverherrlichung grenzt – kalt und mit fast geometrischer Präzision lotet Kušej all diese Mechanismen des Sterbens aus, die Psychologie des letzten Augenblicks, die Tücke und Rache der Gnade, die Logik des Endes.

»Wenn ein Stern vom Himmel fällt«, sagt der Uhrmacher, der seine Wecker aufzieht, »steigt eine Seele zu Gott.« Schiller, Grabbe, Jahnn, Kleist und Goethe bereits im Visier; Kušej, so schien es, brauchte dringend eine kleine Auszeit von diesen allzu deutschen Dichtern – und inszenierte in Stuttgart wieder einmal Horváth, diesen nahen Freund und guten Bekannten. DIE UNBEKANNTE AUS DER SEINE, wie es bei Kušej leicht abgewandelt heißt. Fünfziger-Jahre-Musik erklingt, es ist die Titelmusik der Fernsehserie DER KOMMISSAR, eine expressionistisch ausgeleuchtete Szenerie, eine abstrakte Stadtlandschaft wird sichtbar – das Signal ist: Dieser Horváth wird eine Tragikomödie, jedenfalls zwei Akte lang. Angst ist die Triebkraft dieser Leute, sie klammern sich aneinander, wie Untergeher das eben tun. Sie rutschen auf einem Kothaufen aus, der Matsch, aus dem sie entwachsen sind. »Du bist kein Mensch«, sagt die Frau. »Sondern«, fragt der Mann. »Du hast keine Seele«, sagt die Frau. »Warum weinst du jetzt«, fragt er. Dann lacht er sie aus. »Komm, sei vernünftig, wir passen doch so gut zusammen.« Und trägt ihr den Schuh hinterher, an dem der Kot klebt. Der Uhrmacher erzählt das Märchen vom Mädchen mit den Schwefelhölzchen. »Sie hat sich wärmen wollen«, sagen die Leute. Der Prolog als dramaturgisches Markenzeichen Kušejs, ein Vorspiel, das immer schon ein Endspiel ist.

Die Figuren, die Kušej hier auf die Bühne bringt, wirken wie Schatten, wie Oberflächen, aber solche von Multicolourbuntheit. Er inszeniert die Zwischenräume, die diese Menschen trennen und die doch das einzige Bindeglied sind, das ihnen bleibt. Es herrscht eine Leere, die eine universelle ist – auch diesem »Volksstück« bläst Kušej Kälte ein, er legt den Abgrund bloß, an dem diese Menschen wandeln, bildlich dargestellt in der Bühne von Martin Zehetgruber, in der ganz vorne ein Loch klafft. Kušej sucht und findet das Leise, an dem diese Horváth-Menschen zugrunde gehen, das Heimliche, das Verdruckste. Durch die Stadt ragen eine breite Schräge, verschobene Wände, eine stilisierte Hausfront – kein Haus, keine Heimat, keine Heimeligkeit. In der Auslage des Blumengeschäfts schwimmen ein paar Goldfische, aus dem Laden dringen Urwaldgeräusche. Kušej entdeckt das existenziell Abgründige dort, wo er es noch nie gesucht hat, im heiteren Sumpf der menschlichen Komödie. »Irene«, das hängt in der Luft wie im kosmischen Hallraum verklungen. Natürlich hat er der Szenerie jedes Lokalkolorit ausgetrieben; das Stück mit Gedanken kurzgeschlossen, die er in seinen vorherigen Inszenierungen entwickelt hat: ein kohärentes, sich fortschreibendes und strenges Denkgebäude.

Die Liebe ist diesen Menschen nur eine fahle Erinnerung, ein Wärmereflex, eine verzweifelte Geste – die Liebe ist das, was einen Ausweg vorgaukelt, ist das, was den Untergang besiegelt. Das Verbrechen ist in dieser düsteren Welt der Ausgestoßenen der Normalfall. Und das Soziale ist das, was die Menschen in eine Form zwingt, die ihnen die Luft nimmt. Und das, was dem Vorzivilisatorischen, das Kušej hier vorfindet, die Schärfe nimmt. Choreographierte Einsamkeiten, mit prä-

ziser Hand, aber ohne den drastischen Regiezugriff inszeniert. »Man sagt auf Wiedersehen«, singen die Menschen, die auf der weiten Schräge kauern, eine poetische Versammlung sich im Heiteren verlierender Alltagsversager und Liebesuntoter, verstreut in der Weite des Zehetgruberschen Kältekosmos. Albert sagt: »Wie kalt einem die Welt werden kann«. Diese Nacht wird ewig dauern, aufgehellt wird sie von kleinen Emotionsexplosionen, etwa dann, wenn sich Albert und die Unbekannte zu fast filmischer Musik im verliebten Rausch drehen, bevor ein schneidender Geräuschstoß in diesen kurzen Ausbruchsversuch hineinbricht.
Hedi Kriegeskotte und Andreas Schlager sind dieses verlorene Paar, das sich in kurze Momente der Nähe flüchtet, die aber nie weiter gehen als bis zur Angst davor, (wieder) verletzt zu werden. »Ich glaube, du bist der Tod«, sagt Albert am Ende dieser von Kušej lange auserzählten Liebesgeschichte. Kriegeskotte ist das Gravitationszentrum dieser Inszenierung, eine eigentümlich alterslose Frau, die mal Mädchen, mal Geliebte, mal Wasserleiche ist, eine starke Kraft, die diese Inszenierung durchzieht, ein Strom, der der Mensch ist und auch die Natur, ein breites Band, das die Liebe sein kann oder auch der Tod. Beides erhebt die Kreatur, die der Mensch bei Kušej auch immer ist, beides umschließt das bloße Leben, beides besiegelt den Untergang. »Mein Mund wird anfangen zu reden, ohne dass ich es will«, sagt sie. »Eher gehe ich ins Wasser, ehe auch nur ein Sterbenswörtlein ....« Der Tod ist bei Horváth eine Liebestat. Der Tod ist bei Kušej ein Lebensgefühl.

Die Horváthsche Geschichte von der Totenmaske beschreibt ganz gut die Theatertode Martin Kušejs: sich eine Geschichte ausdenken, wer das seltsame Lächeln auf das Gesicht dieser unbekannten Frau gezaubert hat; dem Tod eine Fabel finden.

Als die Unbekannte am Ende von Albert verlassen wird, sagt Hedi Kriegeskotte: »Es ist schön, einen Menschen zu brauchen. Aber es ist schlimm für den Menschen, den man braucht.« Albert kaut auf seinem Hemd herum. Sie zündet Streichhölzer an wie das Mädchen aus dem Märchen. »Dann gehe ich jetzt fort«, sagt sie mit klarer fester Stimme. Die starke Frau, der schwache Mann. »Wohin«, fragt Albert. »Hinab«, antwortet sie, fast heiter. »Du wohnst doch im zweiten Stock.« Er sagt noch: »Und tu was du willst.« Aber der freie Wille ist in dieser Welt, in diesem Theater nicht zu Hause. Der naive Glaube an den freien Willen ist so etwas wie der Phantomgegner des Kušej-Zehetgruber-Theaters. Und so dienen die Bühnenbilder Zehetgrubers neben aller theatralischen Treffsicherheit vor allem dazu, diesen philosophischen Pessimismus zu untermauern.

Die Komödie, die sie zu Anfang inszenierten, weicht dem Kušej-Schwarz, in dem sich die Gestalten verlieren. Die Zeit ist der Feind, ob sie vergeht oder still steht, das ist egal – und der Besuch Jahre später ist wie der Blick ins Gesicht von lebenden Toten. Emil lacht so leer, wie es nur ein Optimist kann, zu dem er über die

Die Unbekannte aus der Seine: Michael Stiller (Emil) und Klaus Schreiber (Ernst), Staatstheater Stuttgart, 1995

Jahre aus Verzweiflung geworden ist. Erlösung ist eine Wahnvorstellung, und so rast der Kinderwagen mit Klein-Albert zwei Mal fast in den Abgrund. »Immer hat er Angst vor dunklen Hauseingängen«, schreit Irene, als er laut zu weinen anfängt. Dann erstarren sie stumm, verloren vor der Lüge, die das Kind im Bauch von Emils Frau ist, versteinert vor der Zwangsmacht der Biologie. »Gratuliere«, sagt Albert. »Bitte, danke«, das sind die letzten Wort vor dem finalen Black.

Seinen Bühnen-Realismus hat Martin Kušej im Rückgriff auf Goethe einmal so beschrieben: »Die Reproduktion der Welt um mich, durch die innere Welt, die alles packt, verbindet, neu schafft, knetet und in eigener Form, Manier wieder hinstellt.« Eine umgestülpte Gedankenwelt, in Halbschatten versunken, mechanisierte Herzen, deren Batterien am Ende sind wie die des Duracell-Hundes, der

Die Unbekannte aus der Seine:
Marietta Meguid (Lucille),
Renate Jett (Irene), Andreas Schlager
(Albert) und Michael Stiller (Emil),
Staatstheater Stuttgart, 1995

über die Bühne japst. Der Eiserne Vorhang öffnet sich auf eine Szenerie von stiller Schönheit, eine raumfüllende geborstene Zehetgruber-Treppe, auf der verstreut die Gesellschaft lungert, eine Meta-Konstruktion, Deutung und Hinführung in einem, Spielstätte eines in Personenkonstellationen übersetzten Standeskonflikts, eine Treppe, die die weiße Stuckwelt, in die sie hineinplatzt, in zwei Teilen zerschneidet, eine imaginäre Präsenz von bürgerlichen Aufstiegsträumen und karrieristischem Verblendungstrieb, vom Leidenschaftsgefälle und überzeitlichen Abhängigkeiten. Einer hier wirft Dart-Pfeile, ein Mädchen starrt in die Flamme eines Feuerzeugs, einer geht herum. »Bekomm' jetzt bloß nicht deinen leeren Blick.« Eine spielt Jojo. Die einzige Chance für die leblosen, faden Geschöpfe, die die Bühne belagern, noch etwas vom Leben zu verspüren, ist die Schuld, mit der sie sich beladen. Das Gefühl, wie Kušej es nannte: gefrorener Atem. Das Thema dieser Tage, die Zeit und ihre Beschaffenheit, eine Gesellschaft in Erstarrung. Abgestorbene Körper, Fingernägel, die wachsen und wachsen wie die Langeweile.
CLAVIGO 1995 am Staatstheater Stuttgart.
In den Vorarbeiten zu dieser Inszenierung nahm sich Kušej all jene vor, die »aberwitzig« genug waren, den fünften Akt des Dramas ernst zu nehmen und darin eine bequem zu habende Kritik geliefert zu bekommen glaubten an den »schädlichen Aspekten und Entwicklungen der Zivilisation«. Wenn der Pessimismus wohlfeil wird, wird Kušej skeptisch; er sucht das »Zwielicht, in dem die Menschen und ihre Handlungsweisen stehen, sei es aus Angst, Heillosigkeit oder innerer Selbstauflösung«. Seine Inszenierung jedenfalls, so viel war klar, würde wohl eher eine Paraphrase über Goethe werden. Zwei Fragen interessierten Kušej: die nach dem Gefühl und die nach dem Privaten. Die Menschen, befand er, sind leidenschaftslos durch den »ewigen Weichspülgang der Medien- und Werbeindustrie«, der das Verlangen nach großen Gefühlen gleichzeitig bedient und bestärkt – die Suche nach dem Trip, das Leben als Rausch: »Was bleibt, sind die toten Seelen einer verstörten Familie; was sie erlebt haben, war ein Bürgerkrieg der Leidenschaften, war erstickendes Licht, flüchtiger Ruhm, rasendes Glück, gefrorener Atem.« Eigentlich sollte die Inszenierung den Titel tragen: »Schacht. Fühlung. Epilepsie. Clavigo« – ein zeitgeistiges Raumgefühl, das Kušej aus der Lektüre von Botho Strauß' WOHNEN. DÄMMERN. LÜGEN entwickelte. Wie Strauß, so dachte Kušej über den kurz vor dem Gipfel im Nichts festsitzenden Clavigo, könnte auch dieser Schriftsteller anfangen, die kleine klare Welt der Bürger, die ideale Welt der Heimat und der Nation zu beschwören, das biedere Glück des Wir-Gefühls, die sentimentale Langsamkeit und Sicherheit. »Im Grunde tut es mir in der Seele weh, einer ›rechten‹ Argumentation zu folgen, die den Schuldigen an der Krise im ›Liberalismus‹ in den ›linken Intellektuellen‹, in jeder aufklärerischen Tendenz zu finden meint. Aber links und rechts krachen alle Kategorien und Perspektiven, alle Modelle und Utopien zusammen, sodass unsere

Generation eigentlich total in der Luft hängt oder vor einem Trümmerhaufen sitzt.« Es sei die Zeit, so Kušej, »nach der Orgie«, nach dem Kategoriensturz. Ein angstverzehrter Clavigo windet sich auf der Treppe, die Furcht vor dem Tod bringt die Kreatur in ihm zum Vorschein. »Es ist ein Nachtgesicht, das mich erschreckt«, jammert er, während er die Treppe hinunterkriecht. »Ich muss sie sehen.« Die kalte Müdigkeit hat diese Figuren bis auf die Knochen entkleidet. »Ist dein Opfer selbst im Sarg nicht sicher vor dir«, fragt eine fahle Stimme. »Willst du sie erwecken, um sie wieder zu töten?« Marie ist tot, sie wird noch oft sterben. Das fade Einerlei dieser Tage, in denen Wiedergänger die Welten bevölkern. Kušej benutzt Zeitstimmung, ohne sie explizit zum Thema seiner Inszenierung zu machen etwa durch Verweise, Bilder, Zitate, wie andere Regisseure. Er kriecht gewissermaßen mit seiner Interpretation in das Stück hinein, durchdringt es und höhlt es von innen aus. In historisch anmutenden Kostümen gibt er das Gegenwartsspiel der matten Seelen. Kušej beschrieb das so: Diese Atmosphäre der Angst »deckelt die Menschen zu wie explosionsgefährliche Gefäße, und jeder einzelne verarbeitet das zu besonderen und extremen Charaktereigenschaften«. Eine Verschärfung der Situation also. Und eine Inszenierung der Zustände, nicht der Handlung. Der Bürgersalon ist eine greinende Jammerversammlung, in dem die Frauen sich erst putzend am Boden entlang schieben und dann in hysterisches Weinen ausbrechen. Protagonist dieser zeitverwachsenen Unbestimmtheit: der entscheidungsschwache und schwankende Clavigo. Kušej diagnostiziert eine Lähmung, die im 18. Jahrhundert vielleicht noch als Seelenwirrnis zu beschreiben war, jedoch heute, in den späten Neunzigerjahren des letzten Jahrhunderts, eher als eine im Splitter- und Splatterspaß zerschossene Zeitwahrnehmung erscheint, wie sie aus PULP FICTION bekannt ist. Und er versucht einen fast filmischen Parallelschnitt, er schafft Zeitlöcher und Zeitsprünge, verwischt Rückblenden und Vorschau. Die Inszenierung rotiert um die Zweier-Szenen, die in mehreren Schnitten zwischen den immer wieder durch Blacks unterbrochenen Fechtkampf von Clavigo und Beaumarchais gesetzt sind, bis dieser mit dem Tod Clavigos endet – danach ist das Krankhaft-Dämonische der Gesellschaft in der Luft greifbar, wie die Ausformungen der welken Seele Maries. Carlos ist bei Kušej ein dunkler Spielmacher, der die lichte und irrlichternde Sehnsucht Clavigos zu manipulieren weiß; Marie ist von Anfang an die tote Braut, die im Schatten in der Ecke dem Treiben zusieht; bei Beaumarchais suchte Kušej nach Wegen, die extremste Dosierung von Gut zu finden, bis das Gute zum Erbrechen führt. Als Clavigo und Marie tot sind, in einer zeitlichen Verschränkung von Vergangenem und Zukünftigen, wie sie auch in Quentin Tarantinos Film zu sehen war, legen die Überlebenden sie kurz aufeinander: Nur im Sterben können sie die Liebe finden. »Es ist der Zustand der realisierten Utopie«, beschrieb Kušej das Allgemeinbefinden nach der Orgie, »in dem man paradoxerweise weiterleben muss, als ob

CLAVIGO:
Ensemble,
Staatstheater Stuttgart, 1995

Clavigo:
Werner Fritz (Clavigo)
und Andreas Schlager (Carlos),
Staatstheater Stuttgart, 1995

noch nichts realisiert wäre.« Ein gegenwartsmüdes Einerlei von verwirrender Poesie, die Vervielfältigung von Lebensperspektiven, Zeitläufen, Biographien, konsequent angewandt auf das Künstlerdrama, eine Wiederholungsschleife von Werben, Sterben, Lieben. »Er stirbt«, das sind die letzten Worte in dieser wie narkotisiert wirkenden Traumlandschaft, da setzt sich Clavigo wieder auf, schaut stumm hinüber zu Marie, die ihn gerade noch angesehen hat, nun aber wegschaut. Black. Der Tod der Blicke ist im Zeitalter des Optischen der ultimative Akt. Quer durch das Stück ist Kušej auf dieses Ende zugesteuert, das alles Moralisieren vermeiden soll, und hat versucht ein Zeitgefühl zu replizieren, das sich in einer zersplitterten Grundstruktur eher wiederfindet als in der Chronologie der Ereignisse, das sich zusammensetzt aus Fragmenten von Lebens- und Bewusstseinslagen, weshalb Kušej das Stück als ein solches Bruchstück auf die Bühne bringt, das ganz aus der Intensität des Augenblicks lebt. Am Ende, wie Kušej sagt, auf der Suche nach dem einen »Moment schrecklich realen Theaters«, ganz rein, ganz sehnsuchtsvoll, ganz unerfüllt und verzweifelt. Zwei Blicke, ein Moment. »*Answers first*«, wie Tarantino formulierte, »*questions later*«.

Es ist ein schwacher Trost, dass manche Leute behaupten, die Dinge seien so, wie wir sie sehen, seien im Prinzip auch zu verstehen, weil sie ja den Gesetzen der Vernunft oder auch der Physik gehorchten. Erstens erklärt das nicht, warum sich plötzlich alles im Kreis zu drehen scheint und die Welt vor den Augen verschwimmt, wenn einem die Geliebte geraubt wird, wenn Intrigen herrschen oder Hass, wenn die Zeit auf einmal Kanten hat und Ecken und Risse und man sich schon dadurch verletzt, dass man da ist. Und außerdem schließt es die Schönheit, die Wahrheit und den Schmerz der Lüge aus; der Lüge, die so verlockend funkelt wie ein Eiskristall im Gegenlicht. »Habe ich mir das alles nur eingebildet«, fragt eine Stimme aus dem Bühnennichts, bevor die Frau mit dem roten Ballkleid und der langen Schleppe durch den Salon streift, in dem eine erloschene Leuchtboje gestrandet ist. Es gluckst wie im Inneren eines Tanks – aber der verwinkelte Raum mit den Wänden wie aus geronnenem Blut erzählt nicht, was sich dort zugetragen hat. Nichts ist zu sehen von König Arthur, keine Hinweise auf vergangenes Unglück, keine Spuren im Morast der Zeit. Wir sind im Inneren eines Eiskristalls, und da ist vor allem auf die Optik kein Verlass.
Am Staatstheater Stuttgart inszenierte 1996 Kušej Henry Purcells Semi-Oper KÖNIG ARTHUR, eine Musik-Theater-Tanz-Produktion, die nach dem Märchen- und Regieprinzip funktioniert »Was ich sage, das geschieht«. Was in diesem Fall bedeutete, dass Kušej die Grenzen der Welt beschrieb, die wir sehen, und dazu von Purcell eine kalt schillernde und warm funkelnde Musik bekam, die in ähnlicher Weise vom Rhythmus hinter den Dingen erzählt. Die Bühne ist gestaltet wie ein Salon, von dessen Wänden langsam die Farbe blättert. Hier lässt Kušej die

Rittersage mit ungewohnter Ruhe beginnen, als rhetorisches Stehdrama, mit Samuel Weiss als Arthur, der ein bisschen zärtelnd ein verlorenes Bürschchen gibt. Arthur hat seine Liebe an den Feind verloren, in dessen Lager sich nun neckisch drei Mädchen in weißen Brautkleidern räkeln und sich zum Gesang vom todesmutigen Kampf ganz verzückt mit Blut besudeln. Die drei Wannen, die vorne stehen, sind bis an den Rand voll mit dem roten Saft, in dem sie baden will, die kriegstolle Meute.
Ein melancholisch entspanntes Singspiel, das den Ritteralltag als Kindergeburtstag feiert, als das naiv-überraschte Spiel großer Kinder, als einen Liebesreigen, in den mit der Entführung von Arthurs Frau das Dunkel hineinbricht. Kušej, so schien es, probierte etwas Neues, die leichte, beiläufige Inszenierung, bei der er das Spiel ernst nahm und wieder nicht. Er ließ alle Szenen, auch die mit ein paar Brettern bewerkstelligte Sumpfdurchquerung Arthurs, in dem Salon spielen, gab der Szenerie einen verhalten surrealen Zug, etwa indem er die Feldabteilung durch eine gar nicht so verlorene Nacht tappen ließ, er ließ die Bühne kreisen und veranstaltete ein Zauberspiel von leiser Komik, bei dem Renate Jett als Luftgeist Philidel mit langen, spitzen Ohren und einem merkwürdig durchzuckten Körper durch die heiter-groteske Zauberwaldwelt groß gewachsener Kinder führte, in der ein Kuss eine Wand aus Glas überwinden kann. Glas ist das Thema, die sichtbaren und die unsichtbaren Wände, die sichtbaren und die unsichtbaren Welten – ein durchaus poetisch gemeinter Interpretationsansatz, den Kušej in einem grandiosen Bild bündelte, das anknüpfte an ein Motiv, das er schon in seiner Inszenierung von Enzensbergers UNTERGANG DER TITANIC entwickelte und das auch in seinem TODE-Projekt vorkam: fünf wassergefüllte Aquarien, in denen sich die fünf Gestalten im Anzug langsam bewegen, nicht eingefroren also und auch nicht vom gleichen Geburtspathos wie etwa bei ULTRAMARIN – eher ein kindlich-dramatisches Traumbild. Ein Mädchen im knappen Nachthemd presst immer wieder sehnsuchtsvoll seine Hand gegen die Scheiben; ein Imaginationsakt, der die Figuren aus dem Eis ihrer Nachtwelten löst. Über eine Leiter, die in diesen Schlossraum hineinragt, steigt das Mädchen hinunter und wieder hinauf. Dann leuchten rote, blinkende Herzen auf und tauchen die Bühne in das tröstliche Licht der Liebe. Es war, als habe sich eine Luke geöffnet, der Vernunft Freilauf gegeben und gleichzeitig den Einstieg frei gemacht in eine andere Welt.

Ein Telefon klingelt, Richard meldet sich. Im Dunkel zischen die umherschwirrenden Stimmen immer wieder: Richard, Richard, Richard, während er ab und zu leicht wimmernd zu hören ist – das Drama einer Paranoia. »Die sollen nicht erleben Englands Glanz, die aufspielen zu Englands Totentanz.« Richard, dieser dickliche Junge mit seinem hysterischen Flennen, überladen mit alten Telefonapparaten. »Ich hoffe, der Schluss wird wie das Ganze: Schwarz«. Vom Technogestampfe

KÖNIG ARTHUR:
Christine Schönfeld (Emmeline),
Bernhard Baier (Gillamar)
und Ensemble,
Staatstheater Stuttgart, 1996

getrieben hält sich Richard die Ohren zu, bevor er sich in seinen leicht irrsinnigen Machtphantasien verliert, die ihm Shakespeare so schön geschrieben hat: »[...] der Krieg streicht sich die Faltenfratze glatt«. Einer, der sich entschließt, den Dreckskerl zu geben, aus einem Gefühl von Mangel heraus, um eine tiefsitzende Lebensangst zu kompensieren – nicht das haltlos Böse, sondern die Blutsucht als Mittel gegen die eigene Schwindsucht. Wo Kušej sonst das Böse herauskrempeln will, sucht er hier einen anderen Weg. Dieser RICHARD III., 1996 an der Berliner Volksbühne, ist dem Wahn abgetrotzt.

Eine hybride hingeschwemmte Bühne hat Martin Zehetgruber gebaut, die in einem giftigen Grün anämisch schillert, der Boden ist schwarzer Lehm, der die weißen Anzüge der Gesellschaft langsam immer mehr einsaut, es ist eng und ausweglos wie im Innern eines Zylinders. Nach vorne kippt die Bühne weg in den Zuschauerraum, hier werden die Leichen runtergeschubst, die sich nach und nach ansammeln, bevor sie sich wieder erheben und Richards Phantasie und auch die Bühne wieder bevölkern. RICHARD III. erzählt als »Geschichte eines subjektiven Bewusstseins«, getrieben von einer Todessehnsucht und Todesleidenschaft, in einer Hofwelt lebend, die wirkt wie ein Bühnenheim für betreutes Wohnen, wie ein Altersheim für sabbernde Klassikergreise, wie eine Endlagerstätte welker Theaterbiographien. Wie ausgelöstes Fleisch treibt es die Figuren durch diesen Raum, der ein kaputtes Niemandsland ist, ohne in billige Trashromantik zu verfallen. Das nahezu einzige Bühnenmittel ist ein langes Sofa, auf das sich diese Gesellschaft pfercht. Bruno Cathomas ist Richard, der kindliche Macht- und Angstphantasien auslebt, der Nachtgesichter sieht, die ihm entgegenstarren aus dem Dunkel, Schlafgeburten, Todesengel, Geister, die ihn begleiten; der tapsig herumstolpert, zwischen Hysterie und Verblendung über die eigenen Missetaten, der sich aufs Sofa fläzt.

Es war eine schwierige Produktion für den Regisseur Kušej, der notorisch abwehrresistente Corpus der Volksbühne bereitete ihm eine Lektion in Sachen Stadttheater, eine Lektion des Scheiterns. Gemeinsam mit Cathomas rang Kušej, verzweifelte über die »derartig ignoranten und dummen Schauspieler« der Volksbühne, die »keine Ahnung und null Interesse von beziehungsweise an ihrer Rolle, an der Aussage des Stücks und an der Inszenierung« hatten und auch fast alle absprangen, rettete sich in einen wütend-zynischen Pragmatismus, mit dem er ohne »Tränen«, ohne »Herzblut«, ohne Emotionen »das Ding« irgendwie durchziehen wollte: »Es ist das Konstatieren des Nichts – das wollte ich nie im / am Theater«, schrieb er an den Dramaturgen der Produktion. Und in seinem Notizbuch hielt er fest: »Man müsste alles jenseits von Gut und Böse denken können,« denn »die namenlose Angst verstärkt die Vereinzelung innerhalb der Masse, da kaum mitteilbar; indem einer mordet, tritt er aus der Anonymität der Masse hervor«. Der Reiz, sagte Kušej, könne nur darin bestehen, »Richard in den kompletten Wahnsinn zu treiben« – und so steht Richard dann in seinem weinroten Nachthemd, eine Kerze in der Hand und singt: »*And the door is still open to my heart*«.

Cathomas, ein grandioser Kindskopf, ein wahrer Mordbube, der heimgesucht wird von jenen Untoten, als die Kušej seine Hofgesellschaft wiederkehren lässt in ihren weißen Anzügen – und wieder klingeln die Telefone. Der Feind ist wohl kein äußerer, sondern eher ein innerer in dieser hysterisch-paranoid-debilen Bedrohungsszenerie, die sich am Ende zu einem Aufmarsch der Albtraumgeburten verdichtet. Die Lebenden sind in der Unterzahl, die Toten lasten auf unseren Schultern. Sie beobachten uns. Immer. Jetzt. »Ihr Freunde, jetzt ist der Bluthund tot«, sagt der Gehetzte.

Der Hallraum der Tragödie ist unser eigener Kopf. Gehetzte sind wir alle. Martin Kušej suchte in jenen Jahren, in denen er sich gewissermaßen am deutschen Stadttheater etablierte, als er vor allem in Stuttgart in bestechender Kontinuität inszenierte, aber eben auch schwierige Produktionen in Hamburg und Berlin herausbrachte, seine Gehetzten in den Texten der Klassiker.

Ein treibender, pulsierender Rhythmus durchbricht das Anfangsdunkel, an der Decke sind helle Quadrate, weiß und blau, wie Himmelswolken, ein Rest und Erinnerungsfetzen von Natur. Langes Dunkel und eine Geräuschlandschaft, ein Pochen, Poltern, Rauschen, Dröhnen. Minutenlanges Blindsein, Nichtsehen,

RICHARD III.:
Winfried Wagner (Heinrich IV.) und Bruno Cathomas (Richard / Richmond), Volksbühne am Rosa-Luxemburg-Platz Berlin, 1996

Hören, Erinnern vielleicht. Das Stuttgarter Theater ist von außen mit einer riesigen schwarzen Plane verhangen, Martin Zehetgrubers abstrakte Umsetzung des Bildes von einer Stadt in Not. Ödipus sitzt allein im weiten Nichts der leeren Bühne, fixiert von einem kreisförmigen Scheinwerfer, aus dem Schwarz darum herum brüllen die drei Choristen die Pestgeschichte Thebens. Ödipus kriecht über den erleuchteten Boden, er will hinaus aus dem Lichtkegel – kein Held, ein Gefallener, der von den Stimmen immer wieder zurück in den Kreis, in die Mitte, ins Helle geprügelt wird: »Bester der Menschen, richte die Stadt wieder auf!« Dann steht er auf, sagt den Satz vom ruhmreichen Ödipus und glaubt einen Augenblick selbst daran. Diese Tragödie kommt nicht von innen.
Auf dem kargen schwarzen Holzboden macht Kušej rituell anklingendes Theater, das so zeitlos wie zeitgebunden ist – rhetorisch präzises und verknapptes Figurentheater, er inszenierte Intellektualität, will sagen: Gedankentheater. Dann verschieben sich die Schollen, der Boden fährt nach oben, es öffnet sich der Abgrund, in den Ödipus schaut: der Fluch, fast nachgezeichnet, in dieser mit unaufwändigsten Mitteln bewerkstelligten, dicht gefügten Inszenierung. Die Hybris hat sich mittlerweile verselbstständigt, Ödipus ist der Mann, den die anderen immer wollten, Held und Sündenbock in einer Person, Priester und Sünder, Zauderer und Tatmensch, Täter und Opfer. Flach hingestreckt liegt er auf der hohen Ebene. In diesen so einfachen wie packenden Szenen ist das Stück sehr nah an dem, was Kušej über die Welt erzählen will: von der Verstrickung ins Erbe, von der Präsenz des Todes, vom Elend und Ende der Vernunft. »Ich denke«, sagte er, »dass die Suche weitergeht, weil die Bewährung des Menschen nicht abgeschlossen ist, irgendeine spirituelle Reife nicht erreicht ist.« Ihn interessierte die heiß gelaufene Aufklärung, wie sie Sophokles im selbstzerstörerischen Wissensdrang von Ödipus beschreibt, er suchte unter dem abgeblätterten Zivilisationslack, dort, wo der den Blick freigibt auf die primitivsten Formen der nationalen, ethnischen, rassistischen Erzählung – auf der Bühne präsentierte er dann den bloß gelegten Mythos. Zur treibenden Kraft, zum Untergangsmotor, zur Konsenspresse, zum Schuldmechanismus wurde der Chor der drei Intriganten, der Ödipus von Andreas Schlager war ein maskulin-weichlicher Jüngling, der auch physisch all die Widersprüche in sich vereinte, die dieser Rolle, dieser Tragödie, ihre universelle Faszination geben. Kušej zeichnete Figuren, die in der Furcht leben, »dass sie als Lebende schon tot sind und in einer Welt der Toten leben«. Die Inszenierung setzte ganz auf den »parabelhaften, künstlichen Charakter des Theaters«. Die Übersetzung war philologisch genau, aber weit weg von Versmaß oder sprachlicher Geschlossenheit. Kušejs Ziel war es, im »Spielen mit Ödipus« eine Ästhetik, eine Spannung zu erzeugen, die »rein, von uns kommend, unverfälscht« sein sollte. So schuf er jenseits des Mythos eine große Nähe zu den Figuren, die menschliche Konturen haben, ohne psychologisierend ins Leben gezerrt zu werden, die sich bewegen wie

ÖDIPUS
Staatstheater Stuttgart, 1997

Menschen, ohne den Grund der Parabel zu verlassen – verloren in der existenziellen Weite der Spielfläche. »Alle großen Mythen sind schwarz«, sagte Kušej. »All die großartigen Fabeln, die den Menschen berichten von der ersten Trennung der Geschlechter und dem ersten Gemetzel, von Wesenheiten, die in der Schöpfung auftauchen, sind nur vorstellbar in einer Atmosphäre von Schlacht, Gewalt, vergossenem Blut.«

Der Terror der Heimat, auch so ein Mythos, vielleicht. Schüsse zerfetzen das Schwarz, ein Melodienmassaker setzt an, der Beginn einer Lawinendramaturgie, die von der Macht des Berges handelt, von der Gewalt der Natur, von der Zumutung der Heimat und der Ausweglosigkeit der Liebe. Ein paar Männer stochern mit langen Stecken in der Lawine, ein Tubabläser musiziert dazu, dann finden sie das Mädchen. Die aus dem Eis Geborene.
Wilhelmine von Hillerns Roman DIE GEIER-WALLY, den Kušej 1997 am Staatstheater Stuttgart in einer eigenen Theaterfassung inszenierte, deutet die Zumutung der Heimat erst einmal als Zumutung der Natur, einer terroristischen Natur, die sich gnadenlos in die brutale soziale Wirklichkeit übersetzt. Im Nachthemd rennt Walburga in den Schnee. »Ist dein Kopf noch nit gebrochen«, fragt der Strominger in brutalistischer Fasson. Die Schuldzuschiebungen zwischen den

Die Geier-Wally:
August Schmölzer (Joseph Hagenbach) und
Renate Jett (Walburga),
Staatstheater Stuttgart, 1997

Generationen, die Arrangements des Zwangs und der Unterwerfung, die Autorität des Stärkeren und des Gewalttätigen – hier überschneiden sich zwei Welten, die der Natur und die der Menschen. Und die Fassaden einer Gesellschaft, die glaubt, sie könne sich im schönen Heimatglauben bequem einrichten, werden von Trieblawinen weggerissen. Eine Ruine tut sich auf, eine weit aufgerissene Ödnis, ein Gebirge aus Schutt und Beton, eine Zivilisationsberglandschaft. Zehetgruber versetzt das Alpine in eine Betonkatastrophe, in eine komplett denaturierte Szenerie, die von der Erinnerung an die Berge, vom Schmerz des Verlustes lebt. Ganz oben in dieser Gebirgslandschaft, ganz drinnen in der metaphorisch dichten Inszenierung, die von der Verstrickung der Generationen handelt und von der ewig enttäuschten Sehnsucht der Jugend, thront die Geier-Wally; die Schauspielerin Renate Jett hat sie mit der heiter-verzweifelten Kraft der Ausgestoßenen, der Liebeskranken, imprägniert. Freiheit ist ein seltenes Gut in diesen Gegenden, wo die Menschen ineinander verwachsen sind. Kušejs Geier-Wally ist ein bedrängender, bestürzender Heimatabend, der beschreibt, wie die Berge, die Landschaft, die Gesellschaft, das Soziale alles überwölben, was die Menschen ausmacht: die Liebe, die Gefühle, den Individualismus. Alles verschlossen, alles Talseelen, alles Schattenherzen.

Es ist ein Drama des weiblichen Begehrens, die Tragödie einer Frau, die hart wird, weil sie weich nicht sein kann, die hasst, weil sie von der Liebe verstoßen wird, die nicht lieben kann, weil ihre Umwelt ihr Hass eingepflanzt hat – »wegen dir könnt ich einen Mord begehen«, sagt der Bauer, der seine Hände auf sie legen will, da schaut sie plötzlich ganz interessiert. Kušej beschreibt die soziale Dynamik, er zeigt, wie aus dem Freiheitsdrang des Einzelnen der Strudel von Vorurteil und Unglück entsteht.

Mit ihren roten Schuhen und ihrem roten Rock dreht Wally sich verloren im Kreis, als der Bären-Joseph herantritt und sie umgarnt. Aber die Stimmen aus dem Dunkel übertönen alles, was sich an Komplimenten und Verliebtheiten ergeben könnte. Kušej findet für diese Welt kalte Bilder, lässt die Dorfgemeinschaft an Seilen in der Luft schweben, zeigt die Zusammenrottung in den Wirtshauswinkeln, um die stumpfe, selbstzerstörerische Atmosphäre dann wieder zu erhitzen, in der sich Gewalt und Gemeinheit bilden – Joseph fordert Wally zum Tanz auf, sie scheint wie verwandelt, eine »schöne Dirn, es gibt keine schönere weit und breit«. Und er erkämpft sich den Kuss, doch nur um sie zu besiegen – in dieser Demütigung bündelt sich die Gewalt zwischen den Geschlechtern: »Tot will i ihn haben«, sagt die Wally. »Wer mir den tot vor die Füße legt, den heirat i«. Stärke ist etwas, mit dem sich die Menschen hier selbst zur Strecke bringen, weil sie das Herz verkrustet und verschließt und verschleißt. Vincenz, der verhasste Vincenz, bringt ihr den vermeintlich toten Joseph. »Komm, komm«, keucht sie, »für uns zwei gibt es kein Erbarmen«, und schleift ihn zur Schlucht, um sich hinunterzustürzen – dass er nicht tot ist, ändert nichts an der Tatsache: Vereinigung gibt es nur im Tod.

Am Ende hockt die Geier-Wally in einer Glasvitrine, ein naturkundliches Ausstellungsstück. Geschieht ihr recht, sagt der Priester, weil sie sich »der bildnerischen Hand Gottes« nicht gefügt habe, werde »das harte Holz« nun »im Fegefeuer der Reue« brennen. Walburga betet zu dem Gott, der sie zerschlagen und zerbrochen hat. »Die wird noch, die wird«, sagt der Priester, und wie sie da so leer und verloren schaut, scheinen diese Wort wie eine Verdammnis zum Weiterleben. Selbst die Liebe funktioniert nicht mehr. Alles wird Wahn.

Ein heißer Tag in Salzburg. Werner Wölbern sitzt im Café *Bazar* im Schatten, trinkt Kaffee und isst einen Wurstsalat. Er hat rötliche Haare, leicht gelockt, er ist relativ klein, hat ein freundliches Gesicht und eine grüne Einkaufstüte bei sich, aus der er ein Minidisc-Gerät holt, das er sich gerade gekauft hat. »Da fehlt das Kabel, um das Ding hier mit dem CD-Spieler zu verbinden«, sagt er, »das macht mich ganz verrückt.« Werner Wölbern ist in Salzburg, weil er in Andrea Breths Inszenierung von Arthur Schnitzlers DAS WEITE LAND den Doktor Mauer spielt, gegenüber vom Café *Bazar* im Landestheater. Vor zwei Jahren war er schon einmal hier, im Sommer 2000, als er in Martin Kušejs HAMLET auf der Perner-Insel einen Yorick zeigte, der ein Schattenwesen und ein Todeskamerad für Hamlet war, ein Bruder und ein Spiegel. Kušej schätzt den Schauspieler Wölbern sehr, außer in HAMLET haben die beiden bislang in GESCHICHTEN AUS DEM WIENER WALD am Thalia Theater in Hamburg zusammengearbeitet, in WEH DEM, DER LÜGT! und GLAUBE UND HEIMAT am Wiener Burgtheater und zuletzt wieder in Hamburg in EDWARD II. In Kušejs Burgtheater-Inszenierung von Horváths GLAUBE LIEBE HOFFNUNG wird Wölbern den Schupo Alfons Klostermeyer spielen.

GLAUBE UND HEIMAT:
Werner Wölbern (Christoph Rott),
Burgtheater Wien, 2001

Was verbindet Sie mit dem Regisseur Martin Kušej?

Es gibt zwischen uns ein sehr gutes Arbeitsverhältnis, um das mal neutral auszudrücken – da ist eine Art Freundschaft, eine Arbeitsfreundschaft entstanden; wir haben im Lauf der Zeit gemerkt, dass man nicht mehr viel reden muss, dass bestimmte Prozesse ohne viele Worte ablaufen. Martin Kušej ist sehr stark darin, Räume vorzugeben und im visuellen Bereich Freiheiten und Möglichkeiten zu schaffen. Andererseits mag und braucht er Schauspieler, die eigene Ideen entwickeln. Ich habe bei ihm immer große Lust gehabt, Einfälle auszuprobieren. Martin Kušej ist jemand, der ein klares Konzept hat, wenn er auf die Probe kommt, ein sehr klares Konzept – auf der anderen Seite ist er sehr flexibel, wenn es darum geht, die Sachen über den Haufen zu werfen, ohne dabei das zu verlieren, was er eigentlich erreichen möchte. Das ist eine Arbeitsbeziehung, bei der ich frei atmen kann. Deshalb haben wir uns recht schnell gefunden.

Wie geht man damit um, wenn ein Regisseur mit einer derartig klaren, dramaturgisch kalkulierten Deutung auf die erste Probe kommt?

Das war am Anfang sehr merkwürdig. Wir haben in Hamburg GESCHICHTEN AUS DEM WIENER WALD gemacht, und ich war beeindruckt: Kušej kam mit einem zwanzigseitigen Konzept auf die erste Probe, das er verteilte und vorlas und das höchst intelligent war und schlüssig. Auf der anderen Seite war ich etwas verstört, ich dachte, gut, das ist die Theorie, aber nun müssen wir das erstmal zum Leben erwecken. Nach zwei, drei Proben waren diese Bedenken aber verflogen, weil Kušej sich während der Arbeit in keiner Weise an das Konzept klammert, sondern vielmehr da sitzt und die Leute beobachtet. Das ist natürlich ausgesprochen angenehm, mehr braucht man eigentlich nicht fürs Theaterspielen. Trotzdem gibt es dieses Konzept, jeder hat es gelesen, jeder hat es im Hinterkopf.

Beeinflusst so ein Konzept die Rolle?

Wenn man an eine neue Rolle herangeht, dann ist man erst einmal sehr leer. Wer spielt mit einem, was für ein Raum ist da, das sind so die Fragen. Man hat die Rolle, man liest das Stück – aber fast immer und besonders bei der Arbeit mit Martin Kušej entstehen 90 oder 95 Prozent einer Rolle auf den Proben. Obwohl manche das Gegenteil behaupten würden: Kušej ist ein Schauspieler-Regisseur! Er kann auf den Proben allerdings auch sehr stur sein, manchmal aus Überzeugung, manchmal aus Motiven, die ich nicht genau nachvollziehen kann. Man weiß dann schon, dass man da nicht mehr viel machen kann; als Schauspieler muss man in so einem Fall eben einen Weg finden, wie man es so hinkriegt, dass es für einen trotzdem stimmt. Das sind so die Tricks – aber letztlich funktioniert das Kušej-Theater immer über die Menschen, über die Schauspieler.

Kušej ist ein dunkler Regisseur – ist er das in der Arbeit auch?

Letztendlich ist er ein sentimentaler und weichherziger und liebenswürdiger Mensch. Ich vermute, dass sein Theater auch ein Protest dagegen ist, dass er so ein sanftmütiger Mensch ist. Manchmal redet er nicht besonders viel, das tue ich auch nicht, und deshalb ist es ganz angenehm. Sein Theater ist sicher eine Art Aufarbeitung von etwas, das mit seiner Biographie zu tun hat. Er sagt sich, das mache ich jetzt gerade böse, gerade dunkel, da habt ihr es. Das ist aber auch für einen Schauspieler ein fruchtbarer Prozess, der seine eigene Umsetzung finden muss.

Was reizt Kušej an bestimmten Schauspielern? Was sucht er?

Es ist nur allzu verständlich, dass ein Regisseur mit Menschen, die ihn verstehen, immer wieder arbeiten will. Dahinter steckt auch ein gewisser Pragmatismus. An Schauspielern schätzt er Klarheit, Schärfe, wie etwa bei Sylvie Rohrer, die auf der Bühne sehr genau, sehr präzise ist. Er kann wenig mit Schauspielern anfangen, die keine klare Haltung haben, keine Kühle, keine Härte, keine Präzision. Solche Qualitäten haben vielleicht etwas Unpsychologisches – wobei ich ihn gar nicht als unpsychologischen Regisseur bezeichnen würde –, er interessiert sich aber weniger für die Tiefe einer Person als für das, was nach außen strahlt.

Was macht umgekehrt den Reiz aus, mit Kušej zu arbeiten?

Ich kann es nur noch einmal sagen: Kušej schafft dir Räume, schafft dir Gefäße – und du kannst sie füllen. Er lässt dir Freiheit bei der Arbeit, was man oft gar nicht denkt, wenn man die Ergebnisse sieht. Er baut Situationen, sagt, das ist meine Idee, mach mal. Schwierig wird es für Schauspieler, die überhaupt nichts eigenes bringen. In so einem Fall sagt er schon mal, da kann ich dir auch nicht helfen. Er ist fordernd, aber nicht autoritär. Er schafft eine Atmosphäre, in der die Menschen sich öffnen, etwas ausprobieren, und Martin sitzt da und schaut zu und sagt ganz wenig. Ab und zu mal einen Satz. – Das ist eine der Grundvoraussetzungen für Theaterarbeit überhaupt, diese Atmosphäre von Vertrauen, in der Schauspieler Möglichkeiten ausprobieren, die sie sonst nicht wagen würden.

Wie entstehen denn die Figuren: zum Beispiel Oskar in den GESCHICHTEN AUS DEM WIENER WALD*?*

Gerade Oskar ist extrem auf den Proben entstanden. Ich hatte keine genaue Vorstellung von dieser Figur, ich habe auch Helmut Qualtinger nicht in dieser Rolle gesehen, der wohl eine richtig fiese Sau gespielt hat, richtig großartig, mit Lust und Wonne. Ich wusste nur, dass ich Oskar nicht von Anfang an als bösen Menschen zeigen wollte. Das fand ich erst einmal uninteressant. Dass er ein mieses Schwein ist, das merkt man ja. Ich versuche aber bei der Annäherung an eine Rolle immer, erst die andere Seite dieser Figur zu erkennen. Warum ist die so? Das ist meine eigene psychologische Problemkiste, die ich da aufmache, daran habe ich mein Vergnügen. Kušej hat das nicht unterbunden, es war eine außerordentlich gute Arbeit, bei der er vor allem geschaut hat und gefördert und angenommen und angetrieben. Kušej war in dieser Arbeit sehr offen, sehr weich, sehr neugierig.

Wie passen Kušej und Horváth zusammen?

Perfekt, absolut perfekt. Ich kann es mir gar nicht anders vorstellen. Er inszeniert sehr genau, sich sehr genau an Horváth haltend – und Horváth ist ja selbst sehr genau. Die beiden verbindet eine extreme Unsentimentalität auf der Bühne und eine enorme Brutalität, die aber eingepackt ist in eine unendliche Liebenswürdigkeit. Kušej ist ja kein Berserker, kein Zertrümmerer, er stellt zwar um oder schreibt dazu oder nimmt etwas aus anderen Stücken herein – ich halte ihn aber für einen sehr autorentreuen Regisseur, der sich einen Autor genau ansieht und sich fragt, was hinter den Worten stecken könnte.
Phasenweise hatte Kušej allerdings eine enorm nihilistische und hoffnungslose Sicht auf die Menschen und die Welt, die ich bei Horváth so nicht sehen würde. Bei Horváth gibt es immer einen Kampf um die Menschlichkeit: Ich zeige es euch, damit ihr es anders macht. Dennoch ist auch bei Kušej ein ähnlicher Antrieb da: Gerade am Ende einer Arbeit hat er manchmal die Tendenz, ein Stück richtig in den Orkus fahren zu lassen, nicht den Hauch von einem Happy End. Das lege ich jetzt richtig in Schutt und Asche. Und genau damit will Kušej zeigen, dass vielleicht doch nicht alles umsonst ist. Ein gutes Beispiel dafür ist GESPENSTERSONATE. Man kann das auch sentimental finden, aber mir geht da beim Zuschauen ein Raum oder eine Hoffnung auf – das ganze Leben ist entsetzlich, eine Katastrophe, aber vielleicht gibt es doch eine Möglichkeit, wie es sinnvoll weitergeht. Martin würde es möglicherweise niemals zugeben, aber diesen Zug hat er auf jeden Fall.

Bei Grillparzer hat er das Ende extrem verändert.

Das war aber wirklich zauberhaft: Dass der Bischof schließlich sagt, ich habe euch doch eh' alle belogen. Das ist so ein Spaß, den Kušej sich gönnt, mit dem er seine katholische Erziehung heimzahlt. Und es geht auf. Das Ende, wie Grillparzer es geschrieben hat, ist doch ziemlich grauenhaft. Alle liegen sich in den Armen, und alles ist gut. Das ist nicht zu ertragen. Kušej hat, könnte man sagen, Grillparzer vor sich selbst gerettet. Der war ja ein sehr zerrissener, abgründiger Mensch.

Die Rolle des Leon wurde stark verändert: Die Naivität fehlt, er ist eher ein dunkler Spielmeister der Lüge.

Das Anfangsbild mit dem Kochen und dem Krieg und dem Bumbum hat Kušej erfunden. Das ist natürlich eine krasse, knallharte Entscheidung gewesen, auch ich brauchte meine Zeit, um zu verstehen, worauf er hinauswollte. Dass er den Krieg etablieren wollte und den Künstler, den Einzelkämpfer, der von den Ereignissen überrollt wird – ein Kreis, der sich am Ende schließt, wenn Leon seine Frau im Arm hat. Dann geht das Licht aus, und man weiß nicht, was jetzt passiert: Springen sie in den Abgrund oder gehen sie nach Peru oder was tun die jetzt? Diese offenen Enden mag ich.

Wie »funktionieren« die Bühnenräume von Martin Zehetgruber für Sie als Schauspieler?

Die Räume sind fabelhaft, zum Spielen: großartig! Das Schönste war sicher, was ihm in GLAUBE UND HEIMAT gelungen ist. Dieser Matsch, diese Erde, dieser Regen, da hat man es als Schauspieler leicht zu sein – das Bühnenbild schenkt dir extrem viel. Es ist ja alles da, man muss sich nur noch konzentrieren. Aber auch WEH DEM, DER LÜGT!. Der hohe Raum zu Beginn, diese riesigen Wände, die hatten für mich etwas sehr Intimes, Privates. Ich war immer wie in einem kleinen Kosmos. Merkwürdigerweise haben die enormen Dimensionen des Bühnenbilds bei mir genau das Gegenteil bewirkt.

Die Rolle des Yorick, die Sie im HAMLET spielten, ist aber doch wohl nicht auf den Proben entstanden – sie ist ja eindeutig eine dramaturgische Erfindung.

Natürlich war da zuerst die Überlegung, welche Texte dieser Figur zufallen sollten, die den Geist des Vaters mit Horatio, dem Schauspieler und dem Totengräber verbindet. Trotzdem ist gerade sie extrem auf den Proben entstanden. Etwa die Nummer mit den Filmzitaten – das hat sich hochgeputscht zwischen Kušej und mir. So was kann man nicht vorher planen. Angefangen hat alles allerdings schon an einem Abend in Hamburg, an dem Kušej mich auf ein Glas Wein einlud und mir die Rolle anbot. Ich kann mir da überhaupt nichts drunter vorstellen, habe ich ihm geantwortet, aber wenn du willst, dass ich das mache, dann mache ich das –

mein Vertrauen hast du. Entstanden ist dann eine merkwürdige Figur zwischen hier und da, zwischen Leben und Tod, eine Figur, die vielleicht überhaupt nur im Kopf Hamlets existiert. Er spricht ja nur mit Hamlet, mit niemandem sonst, er ist sein Gegenspieler – der tote Yorick, der Schädel. Wenn Hamlet nicht mehr weiter weiß, gerät er ins Zwiegespräch mit Yorick. Auch Yorick spricht den Monolog von Sein oder Nicht-Sein – direkt nach Hamlet, nur rückwärts. Es hat ungefähr drei Wochen Zeit gekostet, das zu lernen. Ich habe Kušej nichts gesagt, habe es einfach auf irgendeiner Probe gemacht – und es hat geklappt. So ist das, so entstehen Sachen. Am Ende sitzt Hamlet im Styroporregen, und Yorick warnt ihn, aber es nützt nichts, und so nimmt er sein Radio und tritt ab. Er verabschiedet sich, dann stirbt Hamlet.

Der Christoph Rott in GLAUBE UND HEIMAT ist eine ganz andere Figur, er ist das Zentrum dieser Inszenierung. Wie ist diese Rolle so geglückt?

Wir haben nicht besonders viel verändert, gekürzt ja, aber nicht viel geändert. Es war eine sehr ruhige Produktion, bei der Kušej genau wusste, was er will, wohin er will – und drei Wochen vor der Premiere wussten wir eigentlich alle, dass uns das gelingen würde, was wir mit der Inszenierung erzählen wollten. Er hat viel Pathos herausgenommen und hat sich den Fragen, die in diesem Stück gestellt werden, ganz direkt genähert. Es geht um Toleranz und Intoleranz. Wie tief sitzt der Glaube, ist Glauben noch modern, muss man über Glauben noch reden? Gerade die Figur des Rott hat Schönherr sehr pathetisch gezeichnet. Der sagt, ich bin Christ, ich glaube an etwas, und er setzt alles aufs Spiel und geht vollkommen baden. Wer würde das heute noch tun? Eine extreme, knallharte, messerscharfe Aussage von Schönherr – und Kušej hat genau das herauspräpariert. Das ist auch die einzige Berechtigung, dieses Stück zu spielen. Wichtig war dabei aber auch die Bühnenidee. Bei Schönherr gibt es ein reges Kommen und Gehen, Tür auf, Tür zu, Auftritt, Abtritt, dann ist wieder ein Akt zu Ende. Kušej hat relativ bald gesagt, dass er sich die Inszenierung sehr filmisch vorstellt. Licht an. Stehen. Los. Spielen, spielen, spielen. Black. Nächste Szene. Das hat die ganze Sache ungeheuer vorangetrieben. Und dadurch musste man sich auch über den Naturalismus in diesem Stück keine Gedanken machen. Die Leute waren einfach da, verhandelten ihre Sache und aus. Das entspricht natürlich sehr dem Theater Kušejs. Dieser Rhythmus: Zack und da und Schluss und nächstes.

Sie waren auch Kušejs Edward II. in Hamburg – was für eine Figur haben Sie da gesucht?

Da stellte sich erst einmal die Frage nach dem Schwerpunkt: Ist das ein schwuler König, der sich nur um sein eigenes Vergnügen kümmert und dem es egal ist, was mit seinem Land passiert – oder ist er jemand, der politische Verantwortung trägt, aber auch noch ein Privatleben hat? Wir haben uns für die zweite Variante entschieden. Ich finde es nicht besonders interessant, einen Lüstling zu zeigen, den alle sofort durchschauen. Wichtiger ist doch die Frage nach der Macht – was bedeutet Macht-Haben, und wie verhält man sich in einer Situation, in der diese Macht immer weiter untergraben wird? Bis er irgendwann anfängt, nur noch um sich zu schlagen und alles in Schutt und Asche legen will. Und das letzte Bild, diese Frage danach, was Gefängnis heute bedeuten kann, diese Eislandschaft, das ist uns doch sehr gut gelungen, oder?

Wie bereiten Sie sich auf den nächsten Horváth vor, GLAUBE LIEBE HOFFNUNG am Wiener Burgtheater?

Das Erste, was einem ins Auge springt, ist die geradezu frappierende Verwandtschaft mit GESCHICHTEN AUS DEM WIENER WALD. Nur ist das Stück kürzer, schmaler, in dieser Komprimierung fast noch bösartiger. Marianne und Elisabeth, Oskar und der Schupo, das sind ähnliche Konstellationen, und gerade weil die Besetzung die gleiche ist wie 1998 in Hamburg, mit Sylvie Rohrer und mir, können wir sehen, ob wir das, was wir damals erreicht haben, weitertreiben können.

Und das Konzept für die Inszenierung hat Kušej Ihnen schon gegeben?

15 Seiten, schon gelesen. Es war wieder sehr kompliziert. Beim zweiten oder dritten Lesen ging es, aber darüber rede ich jetzt nicht, das werden wir bei den Proben zum Leben erwecken. Eine merkwürdige Figur ist das, dieser Schupo. Am Anfang taucht er auf und sagt: Wie geht's und ja tschüss, in der Mitte ist er dann plötzlich ganz die große Liebe. Und am Ende schaut er auf die Leiche von Elisabeth und sagt: Auch schade, na, ich habe eben kein Glück im Leben – und dann ist das Stück vorbei. Wunderbar, wunderbar. Der Horváth ist ein absoluter Hammer. Ein Genie.

Gegenheimat 7

Ein Sommernachmittag auf Schloss *Solitude*. Es regnet. Ein paar Autos stehen in der Auffahrt, eine Frau führt einen Hund spazieren, Pferde grasen. Ruhe. Ruhe ist nicht die Abwesenheit von Lärm. Ruhe ist ein Zustand. In einem der Häuser entlang der von Bäumen gesäumten Straße, die zu dem im Regen zwischen all dem saftigen Grün ziemlich verschwommenen kleinen Barockschloss führt, wohnt Klaus Zehelein, Intendant der Oper Stuttgart. Auf der Treppe im Flur sitzt eine dicke Katze, in Zeheleins Arbeitszimmer steht ein schwarzer Flügel, an den Wänden wachen Bücher, die Fenster sind geöffnet. Hinter dem Haus Grün und Gras und wieder Pferde. Auf dem Tisch liegt ein Buch von Neal Gabler über das Kino und der Katalog der Ausstellung »Iconoclash«, es gibt Kaffee aus einer Thermoskanne. Dann klingelt das Telefon. Klaus Zehelein ist ein Mensch, den man schnoddrig nennen könnte, er schießt seine Worte heraus, man ahnt, wie es hinter seiner Stirn rotiert. »Ja, nun sagen Sie schon«, schnarrt er in den Hörer. Er schaut zum Fenster hinaus. »Na, das ist doch schön.« Zufrieden kommt er an den Tisch zurück. »Wo waren wir stehen geblieben?« Klaus Zehelein ist selbstsicher und neugierig und immer bei der Sache. Klaus Zehelein ist passioniert und intellektuell und ein Theaterdenker. Klaus Zehelein ist der Mann, der Martin Kušej zur Oper gebracht hat.

Klaus Zehelein und die Gedankenwelt des Dramaturgen

Herr Zehelein, worin besteht die besondere Qualität des Opernregisseurs Martin Kušej?

Ich würde gar nicht unterscheiden zwischen dem Opern- und dem Schauspielregisseur. Alle seine Qualitäten waren schon präsent in der ersten Inszenierung, die ich von Kušej gesehen habe, Grabbes HERZOG THEODOR VON GOTHLAND. Ich war damals in der Premiere, und gleich in der Pause bin ich zu Friedrich Schirmer gegangen und habe zu ihm gesagt: »Ich weiß genau, dass ich mit dem Kušej arbeiten werde.« Ich war von dem, was sich da schon in den ersten zwei Stunden ereignet hatte, unglaublich beeindruckt. Es hat mich fasziniert, mit welcher Kraft und Ökonomie da jemand an ein Stück herangeht, das – ich weiß das aus eigener Erfahrung – nur sehr schwer zu inszenieren ist. Und dieser junge Regisseur!

Dazu kam noch seine besondere Arbeitsweise: Es gibt ein Zitat von Ludwig Tieck aus einer Kritik über GOTHLAND, das der Schlüssel zu Kušejs Arbeit sein könnte: Tieck sprach in Bezug auf Grabbe von einer »unpoetischen Materialität« – diesen Begriff würde ich für Kušej abändern und von einer poetischen Materialität sprechen. Diese Dimension kennzeichnet für mich das Kušej-Theater. Es ist ein Theater, das auf der einen Seite gewillt ist zu erzählen und auf der anderen Seite das Erzählen selbst problematisiert. Innerhalb einer Inszenierung entwickelt Kušej

daraus Momente, die extrem aufgeladen sind – aufgeladen mit Bedeutung. Darin erinnert er mich übrigens an die Regisseurin Ruth Berghaus, die auch scheinbar überschaubare Situationen in eine permanente Spiegelung brachte und sie so theatral auflud.
Etwas anderes, das Kušej auszeichnet, ist die scheinbar unabgesicherte Behauptung, hinter der eine unendliche Arbeit steckt. Das heißt, das Theater zeigt nicht den Weg, wie es zu bestimmten Situationen gekommen ist – die Arbeit mündet direkt in eben eine solche Behauptung. Von außen bezeichnet man das leicht als Theaterpranke. Das beschreibt aber Kušejs Arbeit nur unzureichend. Ich habe mit Erstaunen festgestellt, welche unglaubliche Leidenschaft er schon im Vorfeld einer Produktion entwickelt, wie er sich mit einem Stück, einem Stoff auseinandersetzt. Das ist eine Leidenschaftlichkeit der Arbeit, der Auseinandersetzung, die sehr weit geht. Wir waren zur Vorbereitung von AL GRAN SOLE CARICO D'AMORE in Venedig im Nono-Archiv und haben tagelang all die Materialien herausgesucht, die Nono als Vorarbeit für sein Stück wohl ansah. Es kam dabei zu Gesprächen, die ich so nicht mit vielen Regisseuren oder Regisseurinnen geführt habe; wir kamen nicht gleich auf zentrale theatrale Momente zu sprechen, sondern sind tatsächlich abgeschweift. Abschweifen bedeutet in diesem Fall natürlich, dass man irgendwann auf etwas trifft, das das Zentrum des Stückes sein könnte oder eine zentrierende Kraft. Alles zuzulassen im Kopf – das schätze ich unglaublich.

Ihre erste Kooperation war KÖNIG ARTHUR. Wer hat sich denn danach Beethovens FIDELIO als erste Opernarbeit ausgesucht?

Ursprünglich war Martin Kušej dafür gar nicht vorgesehen, sondern Heiner Müller. Sein Tod kam schneller als erwartet. Ich hatte mit Kušej schon über AL GRAN SOLE gesprochen – und uns in der Operndirektion war klar, dass Kušej nun auch der richtige Regisseur für FIDELIO wäre. Wichtig für dieses Stück ist ja der Umgang mit den Dialogen, die eine ganz eigene Qualität haben – das sah Müller so, das sah Kušej so. Wir haben dann so etwas wie Knotenpunkte herausgesucht in diesen Dialogen, um den Text von allzu zeitgenössischem Ballast und von Biederkeiten zu befreien. Ein solcher Knotenpunkt ist etwa der Moment, in dem Fidelio zum ersten Mal erscheint. Durch das Gespräch mit Rocco über die günstigen Einkäufe für das Gefängnis ergibt sich der Einstieg in eine Figur, die die furchtbare Dialektik zwischen Knechtschaft und Befreiung in sich trägt.
Es gibt weniger augenfällige Aspekte in dem Stück, auf die Kušej von Anfang an seine Aufmerksamkeit gerichtet hat. Etwa die Frage der Geschlechtsumwandlung. Was bedeutet es, die Kleider zu wechseln und mit den Kleidern eine andere Identität anzunehmen – und damit die größte Tragödie zuzulassen: dass sich jemand in einen verliebt. Bei Kušej kommen diese Dialoge mit einer unglaublichen Kraft zur

Geltung. Gleichzeitig ist es ihm gelungen, auf dem Theater mit dem Pathos des Theaters selbst umzugehen.

Was ist denn das Außergewöhnliche an den Kušejschen Deutungen?

Bei diesem Regisseur stellt sich stets eine grundsätzliche Frage danach, was Erzählung überhaupt heißt. Ob im Schauspiel oder im Musiktheater. Auch bei FIDELIO ergibt sich das Problem, ob wir die Handlung als eine sinnvolle annehmen. Gibt es eine Entfaltung oder eine Entwicklung? Oder befinden sich darin Detonationskörper und Sprenglöcher? Diese Sprenglöcher gibt es natürlich, ich habe ja schon ein paar genannt. Dazu kommt außerdem die Frage nach der Befreiung. Das Trompetensignal etwa, der Beginn der Befreiung: Beethoven setzt das Signal von außen. Kušej meinte, hier müssen wir die Handlung aufhalten, hier müssen wir weiterdenken: Was passiert, wenn das Signal nicht kommt? Das haben wir gemacht – trotzdem ist das Folgende nicht aufgehoben, aber die Befreiung ist nicht in liberale Heimeligkeit gehüllt. Das ist schon eine gravierende Entscheidung, die auch an die Substanz des Stückes geht. Aber ich denke, dass sie das Innere des Stückes trifft.

Geht eine solche Arbeit ganz ohne Reibungen ab?

Natürlich nicht. Nehmen wir das zweite Stück. AL GRAN SOLE CARICO D'AMORE. Ich hatte es schon 1978 als Dramaturg in Frankfurt gemacht, und von damals bis heute hat sich dieses Stück durch den Gang der Ereignisse, durch den verwandelten Lebenszusammenhang entscheidend verändert. Unser Bewusstsein gegenüber dem Stück war damals ein ganz anderes. Der Blick auf die Materialien zur damaligen Flimm-Inszenierung machte mir noch einmal die eigene Geschichte deutlich, die eigene Perspektive zu dieser Zeit. Das Stück ist weder optimistisch noch pessimistisch, es ist ein Requiem – auf Misslungenes, genauer: auf misslungene Revolutionen. Dieses Thema verknüpft Nono mit einem anderen, das aus der Geschichte ausgeblendet ist und bleibt – mit Frauen als Revolutionärinnen und Frauen als Opfern. Das Besondere des Stückes ist nun, dass es sich bereits dekonstruiert hat durch den heutigen Blick. Es hatte also keinen Sinn, es weiter zu dekonstruieren. Uns war klar, dass wir eine Situation schaffen mussten, in der das Stück die Chance hatte, dennoch Fragen zuzulassen. Wir waren vorsichtig, wir wussten lange nicht, wie es gehen sollte. Schließlich kam Martin Zehetgruber mit dem Vorschlag, als Bühnenmetapher diesen umgestürzten Supermarkt zu wählen – das hat uns entscheidend näher gebracht. Eine Warenwelt, die bereits alles zugeschüttet hat. An diesem Ort muss man lange suchen, um überhaupt noch eine rote Fahne zu finden. Zehetgrubers Bühne beschreibt bereits den Verschleiß der Utopien.

Diese Haltung war mir, das muss ich sagen, erst einmal sehr fremd. Mir war klar, dass man einen anderen Blick braucht – aber diesen?

Kann man bei Kušej von Geschichtspessimismus sprechen? Von Anti-Utopismus? Oder wie würden Sie seine Theaterweltsicht beschreiben?

Nehmen wir noch einmal Tieck. Dieser umgestürzte Supermarkt bezeichnet auf eine vielfältige Weise etwas, das mit den Begriffen Optimismus, Pessimismus, Illusionismus, Utopismus überhaupt nicht zu greifen ist. Es bezeichnet nämlich eine Materialität im Umgang mit den Dingen. Eine Materialität des Historischen – es kann heute ja niemand mehr behaupten, dass die Geschichte eine Folge von logischen Ereignissen sei, die sich aufeinander beziehen. Geschichte ereignet sich vielmehr in einem Feld von unendlichen Möglichkeiten, die eigentlich nicht zusammenpassen. Und dieses Purzeln der Warenwelt, die Eröffnung des zweiten Aktes: Das ist genau der Moment, der die Metapher – eine schreckliche Vorstellung, auf dem Theater von Methaphern umstellt zu sein – radikal aushebelt; daraus gewinnt die Szene ihre Qualität.
Bei allen Theaterarbeiten Kušejs ist es so, dass selbst die Psychologie in ihrer Materialität erscheint und sich nicht etwa hinter falsch verstandenen Freudianischen Symbolgeschichten verschanzt. Bei SALOME war das ganz extrem, eine fabelhafte Aufführung übrigens. Und das lag auch an Zehetgrubers Bühnenbild.

Was zeichnet die Zusammenarbeit zwischen Kušej und Zehetgruber aus?

Die beiden kennen sich sehr gut – das ist ein großer Vorteil und übrigens immer auch eine Gefahr. Zehetgruber ist jemand, der sehr gut zuhören kann, der nicht gleich entwirft, der den Prozess der Annäherung an ein Stück und eben nicht der Aneignung mitträgt. Dazu gehört Geduld, gerade für einen Bühnenbildner, der seine Baupläne ja sehr früh abgeben muss.
Besonders bei der letzten Produktion, den GEZEICHNETEN von Schreker, war das extrem. Wir wollten keine Bilderxplosion und waren lange unsicher, wohin die Inszenierung gehen würde. In den besten Momenten geht es bei Kušej und Zehetgruber darum, dass die Szene nicht expressiv determiniert ist, sondern dass der Ausdruck aus dem Material selbst entsteht. Dass sich aus der Arbeit selbst etwas herauskatapultiert, das der gesamten Umgebung eine neue Bedeutung gibt. Das Unvorhersehbare sozusagen, das nur aus der genauen Vorarbeit entstehen kann. Wieder ist die SALOME ein geeignetes Beispiel: Das Unglaubliche in der Inszenierung war, dass der Boden der Erzählung im wörtlichen Sinne aus Brettern besteht, unter denen Wasser fließt. Die Zisterne, in der Jochanaan sitzt, ist vollgelaufen, es gibt keinen festen Boden mehr, Festes und Flüssiges sind ineinander

verschränkt – ein Bild, das die Ortlosigkeit des Geschehens veranschaulicht, die die Figuren bereits überfallen hat.

Nach FIDELIO wählten Sie einen Komödienstoff, zwei Stücke von Donizetti.

Wir brauchten damals ein Ensemblestück, ein Stück mit vielen Rollen. Die beiden Stücke nun sind Gelegenheitswerke, vor allem das erste, LE CONVENIENZE ED INCONVENIENZE TEATRALI, das oft auch sehr verhunzt gespielt wurde. Gerade deshalb fanden wir es richtig, dass diese Art von Kušej, mit Stücken umzugehen, nicht einfach vor der Leichtigkeit kapitulierte. Für mich war das eine ganz besondere Herausforderung. Kušej hat dabei gezeigt, wie groß die Nähe dieser zwei Komödien zum wirklichen Wahnsinn ist und nicht nur zum vorgespielten, wie im zweiten, I PAZZI PER PROGETTO. Er ist mit einer absoluten Improvisationslust an diese Arbeit herangegangen, mit einer Haltung, das ganz Andere zuzulassen.

Mit dem Chor arbeitet der Opernregisseur Kušej besonders sorgfältig.

Der Anfang des ersten Stücks zeigt das Vertrauen in die Darstellungskraft des Chores. Alle seine Opernarbeiten zeigen, dass er ein Gespür für den Chor hat, das gespeist ist von einem Nichtzynismus – Zynismus habe ich oft genug gesehen im Umgang mit einem Kollektiv. Bei Kušej gibt es eine Offenheit, die jedem einzelnen Mitglied des Kollektivs seine Chance zuspricht – es gibt eigentlich gar kein Kollektiv in der Arbeit, er kennt praktisch jeden Namen. Er spricht nie den Chor als Chor an, er spricht jeden persönlich an. Das schafft ein großes Vertrauen, und nur so sind Ergebnisse möglich wie etwa im dritten Akt der GEZEICHNETEN. Der Chor erreicht hier fast die Quadratur des Kreises: eine erotische Orgie der Biederkeit. Das ist wie ein Tanz auf dem Vulkan, zwischen Ausflippen und kleinbürgerlicher Eigendeckelung. Das steht nicht so bei Schreker, aber es ist in der Musik, die Schreker geschrieben hat.

Lassen sich auf der Folie des Chores, auf dieser Kollektivleinwand, bestimmte Emotionen oder Erlebnisse, von denen Kušej erzählen will, besonders gut darstellen?

In den GEZEICHNETEN gibt es die berühmte Atelierszene, eine Zweierszene, die eine halbe Stunde dauert. Diese Szene halte ich für die brillanteste der gesamten Inszenierung. Sie rutscht nicht in läppischen Psychologismus ab: Kušej benennt die Angst und er benennt die Hoffnung, in einer Figur, ohne dabei eine psychologische Transparenz zu brauchen. Er findet einen sehr genauen Ausdruck für die brutale gegenseitige Ausbeutung dieser beiden Figuren. Alviano wird mit einer

Erfahrung konfrontiert, die ihn überwältigt. Er masturbiert am Schluss der Szene. Und auch Carlotta wird ans Ende der eigenen Emotionalität geführt. Und diese Dynamik zum Ausdruck zu bringen, ist eine hohe Kunst.
Kušej ist kein Regisseur, der bei den Proben schon am Beginn der Szene weiß, wo sie hinläuft. Das würde sich mit Kušejs Denkweise gar nicht vereinbaren lassen. Ich hasse das übrigens auch: Leute, die für eine Szene, für ihre Inszenierung eine klare Zielvorstellung haben und auf diese Zielvorstellung hin arbeiten. Martin Kušej ist stets absolut vorbereitet, aber auch vorbereitet auf das Unmögliche, das im Theater geschehen muss. Das ist das Entscheidende: sich nicht festzulegen. Nicht schon zu wissen, um was es gehen könnte.

Wie wichtig sind dabei die konzeptionellen Vorarbeiten?

Wichtig ist, die entscheidenden Fragen des Stückes anzugehen – dann kann man auch die Sänger für das Unvorhergesehene gewinnen. Der Darstellerin der Carlotta stellte er die Frage: Was heißt es eigentlich, jemanden zu porträtieren? Das heißt doch, jemanden an einen Ort zu bannen. Welche Machtinstrumente hast du, um jemanden zu bannen, der weggehen will, der aber auch weiß, dass er nicht gemalt wird, wenn er geht? Freiheit und Knechtschaft also auch hier. Es geht bei Kušejs Arbeit darum, einen Rahmen zu skizzieren und in diesem Rahmen alles auszuprobieren, was möglich ist. Ein anderes Beispiel aus dieser Inszenierung ist die Anfangsszene: Wie kriegt man einen Tenor vom Rang eines Gabriel Sadé dazu, nackt aufzutreten. Wie kriegt Kušej das hin? Ist er ein genialer Überreder? Das ist er nämlich nicht. Aber von diesem Beginn hängt die Artikulation des Stückes ab, alles, was der Chor machen wird oder nicht. Den Sänger zur radikalen Mitarbeit einzuladen, das war in diesem Fall die besondere Kunst. Das Kollektiv ernst zu nehmen, indem man jeden Einzelnen ernst nimmt – das gehört zur Kunst des Regisseurs Kušej.

AL GRAN SOLE CARICO D'AMORE,
Chor,
Staatsoper Stuttgart, 1998

Gegenheimat 8

Das Kušej-Theater lehrt das Denken in Bildern. Inszenierung nach Inszenierung ergibt sich eine schlüssige Verkettung von Weltsicht, Motiven, Deutungen, die sich jenseits der Stücke zu einem Analysekörper formen, der in seiner Konsequenz im deutschsprachigen Theater eine wahre Ausnahme ist. Die Weltsicht ist dunkel; die Motive sind entliehen einer Elementenlehre des Werdens und Vergehens, einer Temperaturskala der eisigen Liebe und des hitzigen Hasses, einer Farbskala, die von mordrot bis höllenschwarz reicht; und die Deutungen funktionieren meistens auf einem von zwei Wegen: Durchdringen oder Umstülpen. Theateroperationen sind es, und in den ersten Jahren entwickelte Kušej jene Instrumente, mit denen er später auch die resistentesten Theaterkörper sezieren konnte. Er schärfte sein Regieskalpell in Graz, Ljubljana und Klagenfurt, an so existenziellen wie abseitigen Werken, er entwickelte eine Routine des Schnitts, mit der er sich auch bei späteren Eingriffen bestens präpariert zeigte. Sein Vorgehen ist dabei von einer Dialektik, die medizinisch kaum zu rechtfertigen ist, theatral aber auf jeden Fall: Er schneidet den Körper manchmal recht brutal auf, bis er das Herz der Dunkelheit erreicht hat, um es dann aus dem Leib des Dichters herauszureißen. Kušej tötet, um Leben zu schaffen. Ein negatives Pathos, das all seine Arbeiten durchglüht, egal ob er zum verborgenen Kern eines Stücks vordringen will oder das Innerste nach außen kehrt, um einem Text eine neue Wahrheit, eine neue Brutalität, eine neue Schwärze abzutrotzen.

Martin Kušej während der Proben zu AL GRAN SOLE CARICO D'AMORE, Staatsoper Stuttgart, 1998

Zivilisation und Wahn, das waren zwei Hauptstränge der Arbeiten in den frühen Jahren am deutschen Stadttheater, in Stuttgart, Hamburg und Berlin, auch Macht und Krieg und Gnade und Konsum und Wahrheit – jeweils sauber herauspräpariert und mit großer Bilderwut inszeniert. Die Klassiker hatte er gehabt; jetzt suchte sich Kušej die Geschichten, die er erzählen wollte. Und begann seine Opernkarriere, ein Schritt, der auch für seine Theaterarbeit nicht ohne Folgen blieb. Er fing, selbstbewusst genug, ganz oben an: im Kerker der Freiheit.

FIDELIO also. Ein Scheinwerfer leuchet im Dunkeln, Leonore hält sich einen Brustpanzer vor, zieht sich Männerkleider über. Der Raum erhellt sich. Ein Tapetenwald entsteht aus dem Dunkel, an den Wänden sind Waschbecken angebracht,

FIDELIO:
Renate Behle (Leonore),
Staatsoper Stuttgart, 1998

an denen Frauen in roten Kleidern lehnen, die Arme in die Hüften gestemmt, zu ihren Füßen stehen Goldrahmen – wie auf Kommando reißen die Frauen die Bilder aus den Rahmen und stecken sie sich in den Mund. Leonore fällt zu Boden, die Frauen schauen stolz ins Nichts. Frauen der Welt, Männer der Welt – das Universalistische ist in diesem FIDELIO von Anfang an präsent. Die Frauen schauen in einen Handspiegel, den sie hoch halten, sie schminken sich den Mund grell, während vorne Leonore ein Messer in die Höhe hält. Gleich ist der Widerspruch da, die Übererfüllung und das Verleugnen der Frauenrolle, die Freiheits- und die Unterwerfungsgeste – die Abgründe der Seele, die Gespaltenheit zwischen Mann und Frau, die Dynamik zwischen Revolution und Konterrevolution. Schnitt. Nun stehen Männer in dieser denaturierten Naturlandschaft, dieser Erinnerungslichtung. Ein Seelenraum, ein Kopfraum, eine Gefängnishalle ist es, was Martin Zehetgruber da gebaut hat als Umsetzung dessen, was Freiheit und Gefangensein bedeuten können. Die Männer stehen in weißer Unterwäsche da, ihre Kleidung liegt ordentlich gefaltet vor ihnen. Ein Mann geht herum, mit Pistole, die Männer nehmen Rasierklingen und rasieren sich, eine Frau kniet vorne und öffnet Konservendosen: Marzelline, die beklagt, wie langweilig es ein Mädchen auf der Welt hat. »Wie glücklich will ich werden.« Alltagsroutine, Alltags-Choreographie. Die Männer drehen sich zur Wand, Vogelgezwitscher. Marzelline hält sich die Hände vors Gesicht.

FIDELIO:
Robert Gambill (Florestan),
Staatsoper Stuttgart, 1998

Keine Gattenliebe, kein Freiheitspotenzial, keine Utopie – »ein privater Blick« auf Beethovens große Oper sollte es werden, »subjektiv«, wie Kušej sagte, eine radikale Lesart und ein Zuendedenken dessen, was bei Beethoven angelegt ist. Was heißt inneres Gefangensein, wie lebt jemand, der in Isolationshaft gesessen hat, wie zeigt man Utopieverweigerung? Kušej redet von Manipulation, von undurchschaubaren Macht- und Weltstrukturen, von einer Realität, die abhanden gekommen ist, von einer Sprache der Liebe, die »auch eine Sprache des Verrats ist«, von einer »Sprache der Befreiung die auch eine der Unterdrückung« ist. Freiheit und Gefängnis sind in dieser Welt nicht mehr zu unterscheiden: »Der Einklang zwischen dem unsichtbaren System der Unterdrückung und der scheinbaren Harmonie der privaten, familiären Atmosphäre zielt unmittelbar auf den heutigen Menschen.« Die Männer klopfen mit den Rasierklingen auf den Boden, dann schlagen sie mit den Rasierklingen auf ihren Mund, packen ihr Zeug zusammen und gehen ab. »Es geht das Herz mir auf«, singt Marzelline, Kušej lässt es dazu schneien. Gefrorene Liebe, tiefgekühlte Sehnsucht. Die Männer schieben sich, den Schnee zusammenschabend, über die Bühne. Später spielen sie Geduldsspiele, leise klappert das Metall dieser »Befreiungsspiele« – überschüssige Zeit ist eine Fessel. In einer langen Pause drehen sich die Männer einmal um die eigene Achse. Ein Tonbandgerät läuft, Fidelio lehnt an der Wand. Vom Warten handelt diese Inszenierung, von der Apathie der Männer in weißen Hemden und schwarzen Krawatten, von der Stille, der Leere, der Depression. Freiheit heißt die Droge, Freiheit heißt die Lüge. Die Männer stehen in zwei Reihen einander gegenüber, dann laufen sie wie ferngesteuert durch den Raum, fangen langsam an, zu zweit zu tanzen und sich im Kreis zu drehen. Individuell und dabei uniformiert und entpersonalisiert. Ein Bild von stiller Schönheit und auswegloser Traurigkeit. Keine Nähe, keine Intimität, bloßes Funktionieren. Sie drehen sich weiter, während vorne Rocco und Fidelio über Hochzeit und Kerker räsonnieren, sie bilden stumme Formationen und drehen sich wieder, allein und zu zweit. So wird der Chor zum eigentlichen Hauptdarsteller. Die Männer drehen sich ein letztes Mal und verschwinden. Das war ihre Vorstellung vom Glück. Das ist ihre Utopie. Black.

Keinen Kerker zeigt Kušej, keine Ketten. Florestan kauert an seiner Lampe, ein autistischer Automatenmensch, entseelt, sehnsuchtsvoll, leer, zieht er immer wieder an der Schnur der Lampe, die nicht leuchten will, so tappt er durch sein vollkommen vermülltes rosa Zimmer, in dessen Wand ein Riss klafft. Der Schrank steht schief. Immer die gleichen Gänge, die Alltagsroutine, das innere Gefangensein. Der kleine Raum ist in ein weites Bühnendunkel gesetzt. Eine szenische Autonomie, die stark mit dem spielt, was der Zuschauer im Kopf hat. Die Differenz ist Kušejs eigentliches Feld. Das Gegenbild als eigentliches Bild.

Florestan steht barfuß und mit weit aus der Hose hängendem Hemd in diesem unheimlichen Zimmer, er hält sich ein hellblaues Frauennachthemd um, dreht sich kurz nach links, nach rechts, kauert an der Lampe, zieht an der Schnur. Nichts. Zur Freiheit? Wohin will dieser Mensch gehen? Der Mann ist am Ende. Kein Licht. Nichts. Ein Riss geht durch dieses Leben, eine Wunde, die niemals verheilen wird. Tot? Schlimmer als tot. Wie tot. Statt ein Grab zu schaufeln, räumt Leonore den Kleiderschrank wieder ein, vor den sich Florestan Mal um Mal kauert. Dem Irrsinn preisgegeben, hockt er auf seinem Stuhl wie ein Papagei auf der Stange, der darauf wartet, von Pizarro abgestochen zu werden. Die Trompete erklingt. Wie jedes Freiheitssignal, das ist die Botschaft, erklingt sie nur im Kopf. Pizarro schlitzt im Sterben Florestan noch die Kehle auf. Black. Florestan steht wieder und auch Pizarro. Der Begriff des Traums ist Kušej, der ihn früher so oft verwendet hat, inzwischen zu wohlfeil, weil zu unpräzise und zu oft verwendet – trotzdem hat auch diese Logiküberwindung und Sprungdramaturgie etwas der Welt des Traumes Verwandtes. Die Freude über die Befreiung ist jedenfalls mit Blut besudelt.

An den Anfang des zweiten Bildes des zweiten Aktes stellte Kušej eine Aquariumsszene. Die grünlich ausgeleuchtete Bühne wird zum Ruheraum der Utopie, wie unter Wasser bewegen sich die Menschen, in Zeitlupe, allein, erfüllt, vereint, bevor sie sich zur jubelnden Festgesellschaft formieren, die dann immer mehr zurückweicht und Leonore allein an der Rampe lässt, vor sich den silbernen Brustpanzer und die Männerkleider.

Diese Aufführung provozierte, krasser als das die Theaterarbeiten konnten, aggressive Reaktionen, die Kušej wiederum zu der Frage veranlassten: »Warum können die Schwaben nicht einfach die Schnauze halten und denken? Woher das eminente Bedürfnis nach Kommentar und direkter Konfrontation?« Eine »Schande für Beethoven« hatte eine Frau Lieselotte Schneider genannt, was Kušej da mit »Waschbecken-Oper«, »Darstellungswahn« und »erotischen Fetischismen« angefangen habe – »Beethoven hätte Ihnen eine schallende Ohrfeige versetzt«, endet der Brief. Etwas rabiater war da schon ein anonymer Briefschreiber, der Kušej als »brutalen Zerstörer deutscher Kultur« anredete. Ausrufezeichen. »Was bilden Sie sich denn ein, wer Sie sind«, geht der Brief weiter, leider mit einem Kommafehler. »Ein Nichts«, kracht die Antwort. Ausrufezeichen. »Solche Bühnenbilder kann nur jemand erfinden, der aus der Gosse kommt.« Gosse unterstrichen. Ein erhabendes Werk habe Kušej da in den Dreck gezogen, und mit Frauen habe er wohl schlechte Erfahrungen: »Sie würde wohl kaum eine Frau aus dem Kerker befreien – im Gegenteil, Sie gehören hinter Gitter für dieses Verbrechen«, schäumt der Schreiber weiter. »Wir sind Beethovenfreunde und lassen es nicht zu. So haben wir beschlossen, Ihnen das Handwerk bzw. Teufelswerk zu legen.« Kommafehler. »Wir werden Sie umbringen und die Staatsoper in Brand setzen, wenn Sie die Oper nicht so bringen, wie es Beethoven gewollt hat. Sie haben die Wahl. Sie werden wohl zur Hölle fahren. Gute Reise!«

Es waren dies, mit anderen Worten, die Jahre des Erfolgs. Fünf Jahre hatte Kušej bei Schirmer gearbeitet, nun konzentrierte er sich immer stärker auf die Oper, arbeitete in Hamburg und dann auch in Wien am Burgtheater. Konsequente Schritte und die erste Einladung zum Berliner Theatertreffen: Horváths GESCHICHTEN AUS DEM WIENER WALD wurde »Inszenierung des Jahres 1999«. Dunkel ist der Beginn, der die Tragödie vorwegnimmt, ein betörend schöner Prolog. Ein altes Radio wird vom Schnürboden heruntergelassen, Sendersuchlauf, eine Heimatmelodie, dann ein trauriger Walzer, so traurig wie nie einer davor und danach: eine Galerie von Frost und das melodisch wiederholte »*I want you, I want you, I want you*« – und Marianne, wie sie ihr Kind ertränkt. Bevor es anfängt, ist schon alles vorbei, unten am Fluss, wo es die Träume in die Kanalisation spült. »Dann kommen die Gespenster«, sagt Marianne einmal, aber die Gespenster sind die Lebenden – auch diese Figuren sind schon in einem Totenreich. Das Bühnenbild von Hugo Gretler verwandelte die Natur in Farbflächen, das Wiener Milieu in einen ratternden Rollladen aus Metall, die lichte Welt in einen Totenkosmos mit Wänden aus Stein und Stahl, durch den sich ein Kanal zieht. Die Menschen stehen nebeneinander wie lebendig begraben. »Apropos ersticken«, fragt Alfred, »wo steckt denn die liebe Großmutter?«

Die Menschen sind böse zueinander, weil sie es sein wollen – nicht weil die Umstände so sind. Das ist Kušejs Horváth-Sicht: Kein soziales Umfeld ist schuld, wir schauen in einen menschlichen Abgrund. Metzgermeister unter sich. Hier werden Menschen zu Blutwurst verarbeitet. Und im Zweifelsfall drehen sie sich gegenseitig durch den Fleischwolf. Irgendwo ist immer gerade eine Sau abzustechen. Horváth ist ein Menschenmetzger und Seelenfresser, und den nackten Menschen in seinen Stücken zieht er die Haut bevorzugt bei lebendigem Leibe ab. Er ist der Dichter der Sprachlosigkeit, einer Sprachlosigkeit, die die Menschen so hilflos macht, dass ihnen nichts anderes bleibt, als mit ihren Sätzen zu töten. »Jetzt möcht ich in deinen Kopf hineinsehen können, ich möcht dir mal die Hirnschale herunter und nachkontrollieren, was du da drinnen denkst«, sagt Oskar zu seiner Verlobten Marianne. Jeder Satz fällt in dieser besonders kalten Kušej-Nacht wie in einen metertiefen Schacht; jeder Satz hallt hier wieder wie ein böser Fluch; jeder Satz ist hier gesetzt wie eine Wunde. Das Tempo ist zäh, wie tot, erledigt, erschlagen. Wenn Marianne, die großartige Sylvie Rohrer, der man beim Verglühen zusehen kann, das Metalltor hochschiebt und im grünlichen Industrielicht steht, wird die Traurigkeit existenziell. »Au«, sagt sie zu Oskar, »nicht beißen«, als er sie küssen will. »Manchmal glaube ich schon«, antwortet er, »dass du es dir herbeisehnst, dass ich ein böser Mensch sein soll.« Sie stehen nebeneinander, zwischen ihnen liegen das Leben und die Religion und die eigenen Vorstellungen davon, wie man des Glückes Herr wird. Rohrer starrt in die Leere, die ihr Inneres auf ihr Gesicht projiziert hat, Wölbern steht im Leben und doch neben den Dingen.

Geschichten aus dem Wiener Wald:
Sylvie Rohrer (Marianne),
Thalia Theater Hamburg, 1998

Das Picknick, die Verlobungsfeier von Oskar und Marianne wird zu einem Schattengemälde der menschlichen Sehnsüchte und Abgründe, zu einem Lehrstück über Schwäche und Unglück, die in der Natur dessen liegen, was diese Menschen und alle Menschen ausmacht. Ein zwanghaftes und trauriges Begaffen und Begrapschen, wie in einem leergefegten Albtraum, in dem die Sätze ins Nichts fallen: »Die finanzielle Unabhängigkeit der Frau vom Mann ist der letzte Schritt zum Bolschewismus«, sagt Marianne, leises Gelächter im Publikum; die bittere menschliche Komödie. Eine schale Schönheit liegt über der Szenerie, die Marianne und Alfred in ihre unglückliche Verbindung führt: »Eigentlich ist es nämlich gar nicht das, was man eben so Liebe nennt«, sagt Marianne, starr vor sich hinblickend. »Aber was sage ich da. Jetzt kenne ich Sie ja noch gar nicht. Wie Sie das alles aus einem herausziehen.« »Ich will gar nichts aus Ihnen herausziehen«, entgegnet Alfred. »Im Gegenteil.« Dann kommt Oskar und klammert sich fast an die ihn deutlich überragende Marianne. Ein Untergeher, ein Verlorener, der alleine weitertanzt, als die Ausflugsmeute ihr Lied verstummen lässt. »Wie ist das jetzt eigentlich, das mit der Seelenwanderung«, fragt Oskar.
Wie zwei Wasserleichen treten Alfred und Marianne jetzt auf. »Wir armen Kulturmenschen! Was haben wir von unserer Natur«, sagt Marianne. »Was haben wir aus unserer Natur gemacht? Eine Zwangsjacke. Keiner darf, wie er will.« »Und keiner will, wie er darf.« »Und keiner darf, wie er kann.« »Und keiner kann, wie er soll.«
Marianne: »Schau die Sterne – die werden noch droben hängen, wenn wir drunten liegen.« Sie wirft Oskar den Ring hin und ihm damit sein Leben vor die Füße. Kušej hat diesen Liebesverlust, diesen Lebensverdruss mit größter Präzision und Direktheit inszeniert und dabei den Realismus, den er bei Horváth ohnehin nicht sieht, konsequent überwunden. So gelingt ihm eine dichte, dunkle, pessimistische und menschliche Variante dieses großen Totentanzes. Mit den großartigen Schauspielern Werner Wölbern, Sylvie Rohrer, Dietmar König, Hildegard Schmahl und Peter Roggisch baut er frappierende Raumkonstellationen: Da wird das Liebesschmerzduett von Valerie und Alfred zu einem Terzett, weil Oskar, auf einer Metallleiter stehend, sie beobachtet und ihnen zuhört. Die alltäglichen Grausamkeiten sind die einzige Art, wie sich diese Leute noch einander nähern können, besonders brutal geht es dabei innerhalb der Familie zu, wie in der Szene zwischen Alfred, Mutter und Großmutter draußen in der Wachau, die nicht die Wachau ist, wo aber ein einsames Teleskop, auf eine Grünfläche an der Wand gerichtet, an das Touristenparadies erinnert, wo Alfred und die Großmutter sich anbetteln, mit dem Krückstock prügeln und bestehlen, wo der eine Geld will und die andere das Kind, das sie ertränken wird. Und auch Mariannes Vater ist brutal im Verstoßen der Tochter, eine Grausamkeit, die sich aus feigem Selbstmitleid erklärt. »So wirf dich doch vor den Zug«, spuckt er vor ihr aus. »Samt deiner Brut!!«

Aphrodite
OPEN
Aphrodite
Cabaret
Varieté
Bar
KUNST

Die Keimzelle der Gesellschaft – für eine böse Saat und eine schlimme Ernte. Am Ende steht eine Trauergemeinde am Kanal. Der kleine Leopold ist tot. »Gott ist die Liebe, Mariann' – und wen er liebt, den schlägt er«, sagt Oskar. Dann erlischt alles Lebensfeuer. Eine Höllenfahrt der volkstümlichen Art. Jeder Mensch ist eine »geschlagene Armee«.

Ein Feuerball explodiert in aller Stille, hellorange, dann wird ein grünlicher Wartesaal sichtbar oder ein Warenlager oder ein Supermarkt, der auf dem Kopf steht. Kisten, Kartons, Tüten vermüllen den Boden, die Regale in diesem von Martin Zehetgruber konsequent zu Ende gedachten Wohlstandsstillstandsraum sind an die Decke geschraubt, wir sitzen also verkehrt herum im Publikum, mit dem Kopf nach unten, wir merken es bloß nicht. Zwischen dem Verpackungsmüll leuchtet es weiß, ein paar Menschen laufen darin herum. Links öffnet sich die Tür eines Fahrstuhls, der auch auf dem Kopf steht, helles Licht, die Menschen geraten in Bewegung. AL GRAN SOLE CARICO D'AMORE von Luigi Nono an der Stuttgarter Staatsoper, unter der großen Sonne von Liebe beladen. Martin Kušej einmal mehr als Stemmer des Schwierigen oder Sperrigen, als politischer Regisseur, der die Freiheitsvorstellungen des 19. wie des 20. Jahrhunderts zu zerlegen weiß. Eine musikalische fulminante Wiederentdeckung. Intendant Klaus Zehelein nannte Nonos 1975 uraufgeführtes Werk »ein anstößiges Requiem«.
Es treten auf: Louise Michel, die Pariser Kommunardin, Tanja Bunke, das DDR-Mädchen, das mit Che Guevara in Bolivien kämpfte und starb, Gorkis Mutter, eine Turiner Hure, Lagerfrauen in Südvietnam. Eine Revolutions-Collage, die durchaus auf einem utopischen Ton endet – leise erklingt die Aufmunterung zum letzten Gefecht. Ein Geschichtsstück. Ein Ideendrama. Die Masse ist der Hauptakteur, so wie die Massen auch der Hauptakteur in jenem größeren Stück sind, das sie Weltgeschichte nennen – die Abfolge von Unterdrückung, Revolution und neuer Unterdrückung. Eine unheimliche Versammlung, das Fundament der Macht und beständig betrogen. Sie recken die Arme in die Höhe, aber sie halten keine Mao-Bibeln, sie halten Weißbrotpackungen in den Händen. Dann gruppieren sie sich zu einem Gebirge der leeren Gesichter, zu einem Vulkan des Verlangens, zu einem Archipel der Ausgestoßenen. Im tristen Alltagsdress sind sie eine von der Geschichte ausgespuckte Meute, einst fremdgesteuerte Opfer der Willkür, heute Opfer eines fehlgesteuerten Individualismus. Das Freiheitsversprechen des Kapitalismus legt Kušej ins Grab – aber auch die des Antikapitalismus oder der Befreiungsbewegungen haben in seinen Augen keine Gnade verdient oder gar gebracht. Ein bewegendes Tableau der politischen Utopieverwerfung.
Wie geträumt wirkt es, wenn diese verlorene Hoffnungsschar ihre blutroten Fahnen schwenkt, bevor die Szenerie wieder in sich zusammenbricht, grau erlischt, eine einzige Figur zurücklässt, die mit ihrer zusammengerollten Fahne inmitten

AL GRAN SOLE CARICO D'AMORE
Staatsoper Stuttgart,
1998

der Kisten kauert. Ein antirealistisches, antinarratives Stück Musiktheater hat Nono komponiert, Changieren zwischen Aufbruch und Resignation, zwischen Sieger-Vorstellungen und Verlierer-Wirklichkeit: Die Kommune stirbt, die Menschen trinken Kaffee, dann werfen sie mit Brot auf die beiden Herren Thiers und Favre, die im Aufzug lehnen, in dem man später auch einen blutüberströmten Gorki-Wiedergänger sieht. Das linkspolitische Engagement Nonos wird von Kušej deutlich einer pessimistischen Lesart unterzogen. Che prangt nur noch auf dem T-Shirt. Hinten kleben sie Zettel an die Wand, das Licht unterstreicht die dramatische Aktion, grell leuchtend auf der mittlerweile freigeräumten Bühne, auf der nur noch ein Zelt steht. Die Menschen haben sich an den Wänden entlang verteilt. Sie ordnen sich zu Reihen, die Gulag- oder Konzentrationslagerassoziationen wecken, alle stecken ihren Kopf in Plastiktüten. Wie ein übler Wurm frisst sich die Geschichte durch dieses Jahrhundert, frisst sie sich durch diese Inszenierung. Alles in diesem Jahrhundert ist kollektiv, das Leben wie das Sterben, das Morden wie der Selbstmord.

Aber jeder stirbt doch allein. Es war Ende Februar 1999, in der Nacht von Freitag auf Samstag, als sich die junge britische Dramatikerin Sarah Kane in einem Londoner Krankenhaus erhängte. Ihr Selbstmord erzählte auch eine Geschichte, die so alt ist wie das Theater, wie die Schrift, wie alle unsere Versuche, das Leben auf den Begriff zu bringen: Es ist die Geschichte davon, dass Sätze manchmal ein unhandliches Mittel sind, die Welt zu ergründen; dass Worte beinahe unmittelbar ein Eigenleben bekommen, sich unabhängig machen vom Autor; dass Buchstaben, so verletzend oder gefährlich sie auch sein mögen, doch immer harmlos erscheinen im Vergleich zu der Wirklichkeit, mit der sie in einem merkwürdigen Konkurrenzverhältnis leben. Sarah Kane wurde zur Hauptfigur in einem Drama, das ihren Namen trägt, sie nahm den Weg, den sie sich selbst vorgeschrieben hatte. Der Schock über den Tod der Dramatikerin, die mit dem Bürgerkriegsgrauenspiel ZERBOMBT in Deutschland bekannt wurde, hatte auch damit zu tun, dass einem etwas klar wurde: Diese Buchstaben, diese Worte, diese Zeilen taten jedes mal aufs Neue weh, wenn man sie las oder auf der Bühne gesprochen sah. Um wie viel mehr mussten sie die Frau geschmerzt haben, die sie geschrieben hatte. »*No one survives life*«, steht da ganz lapidar, oben auf der Seite, die noch mit einem Eselsohr markiert ist, von damals, im Dezember, als in Hamburg die große Zadek-Premiere von GESÄUBERT anstand. Keiner überlebt das Leben. »Keiner kann wissen, wie es ist in der Nacht.« Es geht um Lügen und Liebe, um Folter und Selbstmord in diesem poetisch kreisenden Text, und was da an lose gesetzten Buchstaben auf der Seite flattert, das muss wie ein Mühlstein gewesen sein um den Hals von Sarah Kane. »Ich bin nicht krank, ich weiß nur, dass es sich nicht lohnt zu leben«, schreibt sie auf der nächsten Seite, und weiter: »Ich habe meinen Glauben an die Ehrlichkeit verloren. – Ich habe meinen Glauben verloren. – Vorwärts, aufwärts, weiter« Und dann nur noch ein Wort. Verloren.

Martin Kušej bereitete sich gerade darauf vor, Kanes neuestes Stück in Stuttgart zu inszenieren. Der Tod ist sein Thema. Aber wenn er nah kommt, stockt jedem der Atem. Die *Süddeutsche Zeitung* druckte damals gemeinsam mit dem Nachruf auf Sarah Kane einen öffentlichen Brief des Regisseurs: »Hamburg, 22. Februar 1999. Draußen schneit es, und damals, als wir uns trafen nach Deiner Premiere, war das Wetter auch beschissen. Hotel Vorbach – spießiger Frühstücksraum mit einer verkaterten und enttäuschten Autorin an irgendeinem verlorenen Ecktisch. Klein, zart, verloren, so bist Du mir vorgekommen und hast einfach nur Tee bestellt, während ich wie blöde Marmelade und Rührei und Filterkaffee in mich reingewürgt habe. ›Ich verstehe die Deutschen nicht: ZERBOMBT sollte realistisch sein – sie stilisieren es; GESÄUBERT ist stilisiert – es wird realistisch gemacht.‹ Ich bin kein Deutscher, aber ich soll Dein Stück hier, in Deutschland, machen – alle werden darauf warten, weil Du tot bist. *Can we find a Reason* – Lenny Kravitz, Nummer dreizehn, wird plötzlich wahr wie *Heart of Gold* vor vielen Jahren einmal bei jemand anderem oder irgendwelche Songs von Prince aus *Sign of the Times* – viele Freitode, viele Freunde, die es nicht mehr gibt. ›Ich kann es nicht mehr machen‹, denke ich mit einem Kloß im Hals oder, genauer, mit diesem Nichts im Körper, diesem schwarzen Loch, das plötzlich so weh tut und gleichzeitig nur kribbelt, nackt ist, Brechreiz. *Cleansed*, gereinigt, sauber wie der Schnitt mit einem scharfen Skalpell. Und so unendlich viel radikaler als alle Grausamkeiten, die man Dir in Deinen Stücken vorgeworfen hat. Als hättest Du wirklich eine zweite Dosis mitgenommen, in einer Hosentasche, vorsichtshalber, falls Dich etwas oder jemand von Deinem Vorhaben abbringen könnte. Ein unwiderruflicher Schnitt. Ende des Kampfes. Ende des Suchens. Ende des Lebens. Schnitte auch in GESÄUBERT: Zunge. Hände. Füße. Genitalien. Hals. Du bist eine Dichterin der Verzweiflung und eine, die an alles glaubte, was Dir die wenigsten geglaubt haben: Liebe. Hoffnung. Veränderung. Jetzt werden sie Recht behalten und Dein Tod wird alles bestätigen. Dein Scheitern, Dein Zeichen wird herhalten für den Ton der Grausamkeit in GESÄUBERT, in ZERBOMBT, in PHÄDRAS LIEBE, in CRAVE. Was immer ich tue mit diesem Stück, es wird mitspielen, es wird sich drüberlegen und ein Argument sein. Schlimmstenfalls werden es jetzt alle erkennen in ihren Nachrufen. Noch schlimmer: Dein Tod wird erst recht als Beweis gelten für Liebe, Hoffnung, Veränderung. ›Ich muss es machen‹, denke ich mir, jetzt eingespannt über diesem Abgrund, den Du Dir geschnitten hast, um darin zu verschwinden. Das Theater muss sich zwingen, mit Dir da hinunterzuschauen. Oder nach drüben. Auf die andere Seite. Selten traut sich einer von uns, wirklich darüber zu erzählen. Das zuzugeben. Du hast es geschrieben. ›*Think about dying only it's*

SALOME:
Stephanie Friedel (Salome),
Opernhaus Zürich, 2000

totally fucking pointless. Here now. Safe on the other side and here. (A long silence) Always be here. Help me.‹ Das sind die letzten Sätze aus GESÄUBERT.«

Der grausame Arzt, der als Schattenmann dieses Stück durchstreift, ist ein Exekutor im wahrsten Sinn des Wortes. Er befördert nicht nur Menschen ins Jenseits, es scheint, als sei dieser Quälgeist vor allem dazu da, die Wünsche, Sehnsüchte und auch die subtilen oder weniger subtilen Grausamkeiten zwischen den Menschen zu verwirklichen. Er bringt das Unbewusste, das Verdrängte, das Vergessene im Leben dieser Leute ans Licht. Ein Eingriff, wie er Martin Kušej nicht unbekannt sein dürfte, es ist ja eine seiner Spezialitäten. Wie eine Szene seiner SALOME zeigt, die er unmittelbar zuvor in Graz inszeniert hatte: der Schleiertanz als Schreckenswiederkehr einer Masse von Säuglingen, mechanisch wackelnder Puppen, die durch den modrigen Bunkerraum krochen, den Martin Zehetgruber in fahlem Grau gebaut hatte, ein dem Schimmel übergebener Palast, der von der Außenwelt durch Rollladen abgeschottet ist, unter einer Kuppel, die die Apoka-

SALOME:
Miguelangelo Cavalcanti
(Jochanaan),
Oper Graz, 1999

lypse schon gesehen hat. Reiseziel dieser Operation: Salomes Kindheit, in der Kušej wühlt wie in einem Körper, der ihm zum Sezieren offen liegt. Mit gefährlichem Lächeln reißt Salome den nackten Puppen Arme und Beine aus und spielt dann lustvoll mit einem übrig gebliebenen Kopf, den sie schließlich in ein Loch zwischen den Holzbrettern stößt, mit denen der Boden dieser Unterwelt ausgelegt ist. Ihr Stiefvater Herodes hat sie, das ist Kušej Deutung, als Kind missbraucht – von dieser Idee aus schließt er das ganze Stück auf, führt die verdrängten Erinnerungen vor in exaltierter Drastik. Da rudern die fünf Juden in einem Schlauchboot heran, da wird auf Trauben onaniert, da fangen die Wände an zu bluten, da öffnet die Vergangenheit ihre Luken, da treiben hinter den drei Fenstern Wasserleichen vorbei. Bohrungen in die Tiefe des Unterbewusstseins. Der Fluss, der die Erinnerungen trägt, fließt nur ein paar Handbreit unter dem Holz, ein schleimiges bedrohliches Wasser, das die Ordnung ins Rutschen bringt und die Zivilisation ins Wanken. Der Ort ist Deutung, ein kalter Keller, ganz anders und dabei nicht unähnlich der kühlen Klinik, die Zehetgruber für Sarah Kanes GESÄUBERT schuf.

»Keiner überlebt das Leben«, sagen die Figuren, die da am Anfang auf dem Glaskäfig stehen, der fast ganz in den Boden eingelassen war in den ersten, dunklen Minuten des Nichts, des Wartens, der Abwesenheit. Trauerminuten. »Alles ist klar«, sagen sie noch. Der Glaskasten ist nach oben gefahren. Und wahrscheinlich hat die Frau, die mit der Plastikfolie in der Hand dasteht, diese Kordel tatsächlich immer schon lose um ihren Hals geschlungen getragen, nicht viel anders als Sarah Kane. Ein dünn geflochtenes Band, von dem man nicht recht weiß, ob es sich dabei um eine makabre Art von Schmuck handelt, etwas kokett getragen und verlockend morbide – oder ob die Frau nicht doch bereit ist, jederzeit die Schlaufe zuzuziehen. »Wenn ich's nicht fühle, ist es sinnlos«, sagt die Person, Stückfigur und todgeweihte Dichterin in einem. »Aufstehen denken ist sinnlos. Essen denken ist sinnlos. Anziehen denken ist sinnlos. Sprechen denken ist sinnlos. Nur Sterben denken ist total scheißsinnlos.« Dann schwebt sie in der Luft – vielleicht kann man sich das wirklich so vorstellen: dass sich die Welt immer mehr entfernt, dass sich der Boden senkt, dass man auf einmal in der Luft baumelt. Dass das Leben von einem abfällt wie eine durchsichtige Plastikfolie.
Sarah Kane war eine Poetin des Paradoxen – und damit Martin Kušej sehr nah. Sie suchte eine Sprache der Liebe und fand dafür Worte von spröder Brutalität. Das ist auch das Prinzip von GESÄUBERT: dass Wahrheit nur im Widersprüchlichen existiert, dass Gewalt manchmal ein anderes Wort ist für Gnade, dass Lüge und Leben nicht nur den gleichen Anfangsbuchstaben haben, dass es Liebe vielleicht nur in der Abwesenheit gibt. Kane konnte ihre Figuren nicht berühren, ohne ihnen dabei die Haut vom Leib zu ziehen. Und auch ihr Leben zerbrach, als sie es in die Hand nehmen wollte. GESÄUBERT ist die Geschichte von Grace, die ihren toten Bruder Graham sucht; von Tinker, der eine Art Folterklinik betreibt, in der er Carl nach und nach verstümmelt und dessen Liebhaber Rod ermordet; von Robin, der sich in dieser Klinik erhängt; und von einer Stripperin, die die Liebe findet. Es ist ein Reigen der Grausamkeit, ein Spiel der Spiegelungen, der Projektionen und Zweifel, vor allem aber, und das machten Kušej und Zehetgruber deutlich, ist es eine Abhandlung über die verschiedenen Formen der Liebe: der narzisstischen Liebe, der geschwisterlichen Liebe, der behütenden Liebe, der Liebe des Fleisches und der Liebe des Blicks. Und weil Kušej den Endmonolog an den Anfang operierte, steht am Ende dieser leidvoll schönen Aufführung der tröstliche Satz: »Ich liebe dich, Grace.« Auch wenn das vielleicht eine Lüge ist.
Kušej und Zehetgruber ergänzten sich in dieser Arbeit einmal mehr perfekt, auch im Zusammenspiel mit Bert Wrede, der eine Musik komponierte, die in ihrer traumwandlerischen Selbstentfremdung die Figuren doch zu sich selbst führt. Zehetgrubers kalt glänzender Glasraum ist von schneidender Brutalität, eine Transparenz, die verschleiert, Räume, die sich um die Menschen schließen. Und

Gesäubert:
Hüseyin Cirpici (Rod), Marcus Calvin (Carl) und Samuel Weiss (Tinker), Staatstheater Stuttgart, 1999

auch Kušejs Bühnenfiguren wirken wie aus Glas geschnitten: spitz und scharf, verletzlich und zerbrechlich, durchscheinend und doch den anderen spiegelnd, präsent und doch nicht zu greifen. Kušej verstand, dass die ganzen Grausamkeiten dieses Textes, so konkret sie beschrieben sind, in Zeiten der allgemeinen Verfügbarkeit der Bilder nur abstrakt gemeint sein konnten. Er gab seinen Theaterbildern Sehnsucht, ohne ihnen den Schmerz zu nehmen. Er fand Menschen, die sich soweit von den Sätzen entfernt haben, dass sie ganz nah an den Dingen sind – die sie nicht verstehen, gerade weil sie ihnen so nah sind. Auch wenn es genau anders wirkt: Diese Menschen merken nicht, dass sie selbst es sind, die sich verstümmeln.

Wir sehen Grace, die sich die Kleider ihres toten Bruders anzieht. Ein trauriger, einsamer Versuch, dem nahe zu kommen, was das Geheimnis dieses Lebens, dieses Sterbens gewesen sein könnte. Ganz langsam zieht sie sich aus, frontal zum Publikum und ohne Hast und ohne Scheu, wie ferngesteuert fast – aber die Oberfläche, die sie berühren will, der Stoff, den sie fühlen will, die Dinge, die sie ihren Bruder näher bringen sollen, all das wird nur zu ihrem Verhängnis werden. Sie beschließt, in der Klinik zu bleiben, sie lässt sich gerne die dubiosen Drogen des Doktors verabreichen, sie hält ihm die Hände hin, damit er sie fesseln kann – es

GESÄUBERT:
Irene Kugler (Grace)
und Samuel Weiss (Tinker),
Staatstheater Stuttgart, 1999

ist das selbst verschuldete Gefangensein, das hier verhandelt wird. Die Inszenierung ist ein Abgesang auf die Autonomie des Individuums: Carl etwa, der zu Opernmusik gequält wird, vielleicht nur deshalb, weil er das Unbedingte wollte: Wahrheit, Liebe, Dauer – und dann doch die Liebe verrät. Oder Rod, der erst teilnahmslos, traurig und verloren zuschaut, wie Carl mit einem Besenstiel malträtiert wird, später seine Liebe zu Carl beweist – und gleich darauf stirbt. Oder Tinker. Der zugleich ein sanfter Folterdoktor und ein diabolischer Retter ist, der mit der Hand in der Unterhose vor der Stripperin steht und nichts herausbringt als: »Können wir Freunde sein?« Oder Robin, der sich in Grace verliebt und sich erhängt, als sie ihm nicht mehr zuhört. Manchmal ist es so dünn wie Luft, was diese Menschen trennt, manchmal so undurchdringlich wie Glas.

Liebe nur in der Abwesenheit. Sarah Kane hat diesen Mangel in Worte von grausamer Schönheit gefasst – und obwohl Martin Kušej auf das Wort Liebe hin inszeniert hat, ist es ein wenig so, als sähe man Sarah Kane beim Sterben zu. Die Quälereien, die sie beschrieben hat, sind durch ihren Tod auf so schamlose Art und Weise beglaubigt worden, und es ist das Berührende und Gelungene dieser Inszenierung, dass sie einen Weg gefunden hat, den schmalen Grat zwischen Verklärung und Ausbeutung zu beschreiben. »Hier bringt sich keiner um«, sagt Robin. Draußen wartet das Leben, sagt die Inszenierung. Draußen wartet der Tod, sagt Sarah Kane. Das Faszinierende an diesem Text ist etwas, das in dieser Stuttgarter Aufführung auf verblüffende Weise klar wird: dass man so kühl auf das Böse schaut, das hier exerziert wird. Dass man so genau versteht, was die Poesie des Hässlichen, die Musik der Gewalt, die Harmonie des Grauens ausmacht. Dass man hört, was hinter den Worten gesagt wird. »Liebe mich oder töte mich, Graham«, sagt Grace zu dem Ebenbild, das sie für ihren Bruder nimmt. »Macht jetzt keinen Unterschied mehr, Grace«, entgegnet ihr das Spiegelbild. Dann ziehen sie sich aus, beschauen und betasten sich und vollführen nackt einen kalten Totentanz.

Kušej findet in dem schwierigen Text ein Täuschungsmanöver der Geschlechter, der Rollenverwirrung, des Lebensüberdrusses. Robin in Frauenkleidern, Grace und ihr identisches Gegenüber in Männerkleidern. »Sie riecht wie eine Blume«, sagt Robin, der in Grace verliebt ist – die Blume, die Tinker ihm in die Hand gedrückt hat, zündet dieser kühle Folterknecht an. Das Leben riecht verschmort. Die Menschen sind versehrt. Aber die Wunden sind abstrakt, sind unsichtbar – Kane hat den Wunden eine Sprache gefunden, Kušej hat ihnen Bilder gegeben. Kane wie Kušej suchen Bereiche, die der normalen Wahrnehmung verborgen bleiben. Dunkle Doktorspiele. Ein Gefängnis ohne Ausgang und ohne Ort, eine Folterkammer, die nur ein Bild für den Alltag ist. »Niemand hat Schuld«, sagt Rod. Dann kommt Tinker mit der Motorsäge und trennt Carl das Körperteil ab, mit dem er Rod zuletzt berührt hat. Die Liebe ist eine tödliche Krankheit. Zuerst nimmt die Lüge die Zunge, dann kostet die Berührung die Hände, dann fallen für den Tanz die Füße, dann verliert für die Liebe Rod sein Leben – ein konsequent zu Ende geführter Liebeslügenverstümmelungsreigen, der mit grausamer Zärtlichkeit endet, mit einem Liebesgeständnis gegen jede Vernunft. Die Plastikfrau und Tinker, ein Mensch auf einmal, mit sanfter Stimme, zwei nackte Leiber auf dem gläsernen Sarg, auf diesem eisigen Gewächshaus. »Ich liebe dich«, sagt sie zu ihm. »Endlos viel Zeit.« Und er streicht der Frau im Plastikmantel übers Haar und sagt: »Ich liebe dich, Grace.« Fehler. »Einer von diesen Tagen«, hallt es am Ende durch den schwarzen Raum. Der Alltag ist immer der Ernstfall.

Ein Lustspiel nannte Franz Grillparzer sein Stück WEH DEM, DER LÜGT! – Kušej strich die Lust, ohne die Komik zu zerstören. Ein Gasherd auf der Bühne und Werner Wölbern, der erst einmal ein Rezept rezitiert, Hirschrücken, begeistert und immer deutlicher von einem dunklen Dröhnen und Heulen begleitet. Menschen, die wild über die Bühne stolpern, »das Herz vom Hirsch schneide der Länge nach in zwei Hälften«, brüllt Leon, der Küchenjunge, der nun auf einmal allein im Dunkel mit den Phantomen kämpft. Dann wird es hell, und in dem gelb tapezierten Raum, den Martin Zehetgruber gebaut hat, ringt Leon darum, zum Bischof Gregor vorgelassen zu werden, der hinten auf und ab geht, mit einem großen Bogen in der Hand. Ein riesenhafter Stubenraum, die Stube als Kopfgeburt, als umfassende Präsenz und Prägung; der Boden wie die Wände die gleiche Idyllengaukelei, dieser Wahn von Sicherheit und Heimat, ein Abgrund ohne Tiefe. »Der Weg der neuen Bildung geht von Humanität durch Nationalität zur Bestialität«, dieses Grillparzer-Zitat aus dem Revolutionsjahr 1848 steht hinten auf dem Programmheft. Leon will seinen geizigen Herrn verlassen. Der grimmige Martin Schwab kommt nach vorne, und ohne die Augen zu heben sagt er: »Dein Wort aber soll sein Ja Ja Nein Nein«. Denn: »Wär erst der Mensch wahr, er wär auch gut.« Und wie Wölbern ihn umschleicht, wird klar: Das ist ein Duell, das ist die Reifeprüfung für ein Gewissen. Keine lendenlahme Gymnasiastendramaturgie in Kušejs erster Inszenierung am Wiener Burgtheater. Kušej will verkanten: Terror und Idylle, Heimat und Gegnerschaft, Krieg und Gerechtigkeit, Wahrheit und Einfalt, Güte und Grausamkeit. Die billige Rechtschaffenheit und das teure Geld. Die eingesponnene Philosophie des Wahren ist die Doppelmoral, die in die Katastrophe führt. Kušej überschneidet die beiden Welten, die Leons und die Gregors, sie sitzen nebeneinander am Boden, zwei Männer auf einmal, die nichts mehr von dem trennt, was die gesellschaftlichen Verhältnisse vormachen. Leon prallt auf die rigide, schlimme Moral Gregors – »wenn nicht ein bisschen Trug uns hilft, was hilft denn dann«, fragt er. »Gott«, ist die Antwort, aber das verkehrte Ende, das Kušej veranstaltet, enttarnt diesen Gott als die Lüge, die dazu dient, Unrecht zu kaschieren.

Weh dem, der lügt!:
Katharina Schubert (Edrita) und
Werner Wölbern (Leon),
Burgtheater Wien, 1999

Leon jedenfalls macht sich auf, Atalus zu befreien. Wüst schieben sich graue Riegel durch diesen Idyllenraum, in dem nun die Abenteuer des Küchenjungen Leon an Kattwalds Hof erzählt werden und die Liebe zu Kattwalds Tochter. All das in dunklen Bildern von menschlicher Triebhaftigkeit und Gewalt. Kušejs Kunst: Ein kalter Strich, und die Moral kippt. Kušej denkt das Drama vom Ende her, so wie er überhaupt die Welt ganz gerne vom Ende her denkt. Das Geschehen rotiert wild um die Figur des Leon, ein schweißtreibendes Unternehmen für Werner Wölbern bei seinem Burgtheaterdebüt: ein Spielmeister von eigenem Witz, der sich in Edrita verliebt, Katharina Schubert als Kattwalds Tochter – eine Romanze, die Kušej überraschend direkt inszeniert, in lautstarker Türen- und Theaterklapperei. Anführer der Kriegsklamotte, die sich immer wieder zu finsteren Bildern verdichtet, etwa wenn eine axtschwingende, maskentragende Schar hektisch die Finsternis durchkämmt. Die Apokalypse kriecht langsam in die Bilder. Leon, Atalus, Edrita stolpern zurück; in den Türen, die Zehetgruber jetzt auf die Bühne bugsiert hat, steht auf einmal eine nackte Horde, blutverschmiert und mit den Händen Fleisch fressend, ein düsteres Déjà-vu, eine furchtbare Vorahnung. »Katastrophe. Mensch katastrophal. Katastrophe jedes Wort. Die Rettung eine Lüge. Jedes Wort Lärm. Zusammenbruch. Abgrund. Wogegen man sich wehrt. Was einen quält. Sehnsucht. Gefühl. Alles Dreck. Ich Dreck. Man stolpert und fällt hin. Das ist der Fall. Die Welt ist der Fall. Das Wort ist der Wahnsinn. Sinnlos alles, was man sagt. Alles eine Falle. Selbstzerstörungsfalle. Man kann sagen, was man will. Jedes Wort ein Wort zu viel. Alles Lüge. Kein Wort ist wahr. Das ist die Wahrheit.« Galomir, der tumbe Bräutigam, den Nicki von Tempelhoff fern des Klischees spielt, bekommt bei Kušej einen grandios-abgründigen Monolog, den er mit blutverschmiertem Mund hervorbrüllt: eine Art Scharnier; um diese dunkle Minute drehen sich die gesamten drei Stunden. Schicht um Schicht legt Kušej die Lügen bloß, in die sich diese Zivilisation, diese Gesellschaft so gerne kleidet. Erst zieht er den Menschen die Kleider aus, dann zieht er ihnen die Haut ab, getrieben von der pathologisch-chirurgischen Neugier, einen Blick ins Innerste zu wagen.

So entdeckt Kušej die Widersprüche im Dichter Grillparzer, der in seinem skeptischen Humanismus eine Art Splatter-Phantasie auslebt. Es sind nicht die Wilden, die schließlich die Hände im Blut baden, sondern die Gläubigen. Und auch Sätze der Liebe geraten plötzlich auf die zivilisatorische Rutschbahn. »Wird das Fremde mir bekannt, so wird dafür mir was bekannt ist ein Fremdes. Bin mir selber fremd geworden.« Schieflage. Die Grausamkeiten der Christianisierung, die Übel der Ethnie, die Verwachsungen der Gewalt. Ein Pfeifen, ein Lichtwechsel, eine bittere Theaterwahrheit. Die Axt-Horde verschwindet, Galomir bricht tot in der Stube zusammen, einen Pfeil im Rücken, von Gregors Bogen abgeschossen, dessen aasige Selbstgerechtigkeit schon in der ersten Szene deutlich war, dessen Bigottheit

Kušej jedoch weniger in der Persönlichkeit verortet, als vielmehr in Gregors Funktion als Bischof. Wieder abrupter Lichtwechsel, Dunkel, die graue Kriegswelt. »Du warst getäuscht im Land der Täuschung, Sohn«, sagt Gregor zu Leon, während hinten Atalus sich mit dem Blut besudelt, das der Nährboden dieser Zivilisation ist. Martin Schwab steht da, die Hände hinter dem Rücken verschränkt. Leon fordert Vergebung, ist verzweifelt, er sieht auf den Grund dieses unmenschlichen Reinheits- und Wahrheitsdünkels. Brutal sind die Sätze, die Gregor sagt: »Die Feinde tilgt mit scharf geschliffener Waffe, gejätet und gesichtet und getilgt. Auf dass die Welt ein wohl bestellter Garten, ein Ährenfeld zur Frucht des höchsten Herrn.« Darauf entgegnet Leon: »Hast du so lang an Gott gedacht, denkst du den Gott zuletzt nur noch in dir. Um des Wortes willen wirst du hassen, verfolgen, töten. Blut umgibt dich.« Dann läuten die Kirchenglocken, und Gregor verschwindet, ohne ein Wort. Doch plötzlich hebt er an zu einer furchtbaren Litanei. »Wahr ist der Wolf, der brüllt, eh er verschlingt, wahr ist der Donnerthron, wenn es blitzt, wahr ist die Flamme, die von fern schon sengt, die Wasserflut, die holde Wirbel schlägt, wahr sind sie, weil sie sind. Weil Dasein Wahrheit.« Es ist ein einfacher und schwieriger Trick, weil er genau bedacht sein muss – wie man solche Sätze um 180 Grad wendet und sie aus dem Ja-Ja und Nein-Nein in ein Ja-Nein oder Nein-Ja überführt, wie man aus der Affirmation die Widersprüche herauspräpariert. Kušej beherrscht diesen Trick. »Der Traum ist aus«, sagt Edrita. »Allein die Nacht noch nicht«, antwortet Leon. Black.

»Ich glaube nach wie vor an die Notwendigkeit, auf dem Theater mit Techniken des Irrealen und Antipsychologischen Forschungsreisen in die Abgründe der menschlichen Seelen zu unternehmen«, sagte Kušej, bevor er sich daran machte, August Strindbergs GESPENSTERSONATE mit James Ellroys SCHWARZE DAHLIE und Bret Easton Ellis' GLAMOURAMA zu kombinieren (eine Koproduktion des Stadttheaters Klagenfurt mit dem Hamburger Thalia Theater). An Strindberg interessierte ihn die Atmosphäre des Geisterhaften, Flüchtigen, die Erscheinung der Untoten – und der Begriff der Fassade, »extrem wichtig und spannend für eine Sicht auf die gesellschaftliche Stimmung einer Zeitenwende«, wie Kušej sagte. Und dabei den Oberflächen vergleichbar, die in GLAMOURAMA so schlüssig beschrieben werden. »*We are sliding off the surface of things*«, heißt es da. Ein Vorspiel im Dunkeln, das mit zersplittertem Glas endet – Schnitt, eine Häuserfront, davor eine Straße, davor Fenster. Wir sitzen drin und schauen auf die dort draußen. Ein weiterer Schritt in der Zusammenarbeit Kušej/Zehetgruber, ein Flanier-Realismus, der sich aus den Theaterräumen der früheren Inszenierungen verabschiedet und ein Spiel mit dem treibt, was man sieht und eben nicht sehen kann und wird und will. Große Teile des zweiten Aktes werden in der Kušej-Fassung bereits hier gespielt. Die Vorhänge, die schweren Türen, aber auch die

Fenster, die durchsichtig zu sein scheinen und doch keinen Blick freigeben, all das bildet ein Netzwerk des Augenscheinlichen und dabei Verborgenen.
»Vieles, was bei Strindberg steht«, hatte Kušej gesagt, »interessiert mich einfach überhaupt nicht.« Besonders der dritte Teil sei heute unmöglich so zu spielen, wie von Strindberg erdacht. Für sich suchte Kušej in dieser Arbeit Risiko, Veränderung, die Chance, Erwartungen nicht zu erfüllen, zu verstören, auszuprobieren. »Die Arbeiten der letzten Monate waren allesamt schön und erfolgreich und rund und einträglich und ausverkauft und so weiter – nichts dagegen zu sagen. Aber gerade jetzt und gerade deshalb reizt mich eine andere Arbeitsmethodik und ein anderer Anspruch, den ich mit diesem Stück versuchen möchte.« Er suchte die »Beschreibung eines kalten, im tiefsten, unheimlichsten Sinn religiösen Grauens, eines Totentanzes von Verbrechen, blutigen und wilden Verstrickungen, von grässlicher Sühne und Weltekel, eine endlose Fülle sprechender, grinsender, verzerrter Gesichter – ausgetrocknete Leichen und das, was noch leben könnte, leben sollte, verdammt zu ewiger Einsamkeit, Ödnis, Unmenschlichkeit.« Die Menschen auf der Straße vor unserem Fenster bewegen sich hin und her, sie erstarren immer mal wieder kurz, ein fast musikalischer Alltagstakt. Dann treten sie an das Fenster und schauen zu uns herein. Sind wir die Gespenster? Kušej jedenfalls hat mal wieder seinen Lieblingstrick angewandt, er hat ganz einfach die Blickrichtung verkehrt und damit vielleicht korrigiert. Eine Frau öffnet die Glastür und sagt, dass das Haus einstürzt. Ein Höllenlärm, eine Höllenfahrt. Die nächsten Minuten spielen im Dunkel, dann, im Inneren des Hauses, in einem Salon von erfrierender Einsamkeit. Die Gesellschaft versammelt sich hier in Abendgarderobe, der Boden ist bedeckt mit Papier, die junge Frau kauert wie ein Papagei auf einem Tisch. Langes Schweigen, hohe Fenster, nichts passiert. Stillstandstheater. Zeit, denken sie, ist ihr Kapital. Zeit, sagt Martin Kušej, ist der Feind dieser Untergangsversammlung. Sie dehnt sich und buckelt und wartet, einer kippt um, keine Reaktion. Ein Krächzen. Der Widergänger, der Nachplapperer, die Handpuppe. »Er hat mich geschlagen, ja«, kommt es aus diesem Mund, Mal um Mal, wie von sehr fern. Die Macht der Vergangenheit. Die Nacht der Gewohnheit.
»Das Thema aber ist der Trieb des Menschen, der böse ist von Jugend auf«, beschrieb Lion Feuchtwanger die GESPENSTERSONATE. »Menschen sitzen zusammen um den Teetisch, Menschen des Alltags, geachtete, betitelte; bleiernes Schweigen ist um sie: Da fangen die Wände des Zimmers zu reden an, die Stirnen der Menschen werden durchsichtig, ihre Gedanken liegen bloß und siehe, es ist ekles Gewürm.« Zu diesem, wie Kušej es nennt, ziemlich gnadenlosen Ansatz setzt der noch ein »anderes Grundgefühl des heutigen Menschen: Resignation macht sich breit und legt sich manchmal bleiern sogar über die fetteste und aufregendste Situation und Sprache; da, wo man einst noch kämpfte und analysierte, wo man sich verletzte und sühnte, ist wieder Oberfläche und Unfreiheit, ist Simulation

GESPENSTERSONATE:
Ensemble,
Thalia Theater Hamburg,
2000

GESPENSTERSONATE:
Andreas Schlager (Der Junge Mann) und Karoline Eichhorn (Die Junge Frau),
Thalia Theater Hamburg,
2000

und Kälte.« Musik bricht in den Salon, »*burning down the house*«, Leben kehrt zurück, die Gesellschaft tanzt, Korken knallen, Lachen, Fressen, Saufen, alle fallen sich um den Hals und in die Arme – eine Inszenierung der scharfen Tempowechsel. Britney Spears singt, nach und nach fallen die Menschen wieder auseinander und in ihre Starre, »*hit me baby one more time*«. Ein Totensalon, in dem die Zeitlinien zusammenlaufen, in dem sich die Lebenslinien kreuzen, in dem die Untergangslinien vorgezeichnet sind. Ein Echoreich, ein schwarz aufragender Hallraum, in dem die alten Taten auferstehen, »heimliche werden leibhaft und treten vor ihren Täter, blass, furchtbar und mit toten Augen«, wie Feuchtwanger das beschrieb. Peter Roggisch, der Patriarch dieser Lügenversammlung, steht mit seiner blutverschmierten Weste auf und zerschlägt eine Glasscheibe – dann bricht er zusammen unter der Last der eigenen Lüge, stürzt in diesen Boden aus Papier und Werbebroschüren, wühlt darin herum wie in seinem eigenen Leben. Kušej bricht Strindbergs Familiendrama mit James Ellroys SCHWARZE DAHLIE, der von der verbrecherischen Inzestgeschichte eines mächtigen Hollywood-Hauses erzählt, in drastischen Details und mit verzweifelter Präzision. Der junge Mann vergewaltigt die junge Frau in gewalttätiger Wut auf die eigene Wahrheitssuche, die Suche nach dem toten Mädchen, die Suche nach dem Glück. Selbsthass, der zu Gewalt wird. »Gierig wartend auf die gänzliche Vernichtung und hoffend auf das Nichts«, sagt Hildegard Schmahl, die Köchin, während sie den toten Alten mit Werbebroschüren bedeckt. »Die unendliche Pause.« Der Vampirismus setzt sich fort, hat schon das junge Paar ergriffen, das sich ohne Widerstand, ohne Erlösungsvorstellung diesem Leben hingibt. »Ein Fluch liegt auf der ganzen Schöpfung. Auf dem ganzen Leben«, spuckt der junge Mann aus. Die junge Frau klammert sich an ihn. »Es gibt Gifte, die die Sinne schwächen, und Gifte, die die Augen öffnen – ich bin gewiss mit solchen geboren, die alles schärfen, denn ich kann das Hässliche nicht schön sehen oder das Böse gut nennen, ich kann es nicht!« Dann schleift er sie hinter sich her. »Ich werde meiner Spur folgen, ich werde deine Lügen ausmerzen, ich werde weitermachen.« Und ist doch schon tot. Draußen raucht es und schneit es, dunkel hallt eine Musik, die beiden gehen hinaus, steigen durch die Ruinen eines Lebens, das ihr eigenes gewesen sein wird. Opernmusik. Ein Lärmen. Black.

So sind sie eben, die Menschen. Zwei Männer, coole Musik, blaues Licht, eine Frau, die über den Köpfen der Männer balanciert, sie holen die Pistolen aus ihren Koffern, der linke Mann zielt und schießt, der rechte fällt um. »Nichts lag mir ferner«, sagt er, »als ihn erschießen zu wollen.« UMS VERRECKEN nannte Kušej seinen Beitrag zu SCHNITZLER'S BRAIN am Schauspielhaus Graz, einem Gemeinschaftswerk zum Abschluss der Intendanz von Marc Günther, an dem neben Kušej Thomas Bischoff, Stephan Kimmig, Johann Kresnik, Christoph Schlingensief und Marc Günther beteiligt waren. Ein kurzes Spiel mit Schnitzler, in dem

Ums Verrecken / Schnitzler's Brain: Lukas Holzhausen (Er 1), Agnes Riegl (Sie) und Norman Hacker (Er 2), Schauspielhaus Graz, 2000

vieles von dem auftaucht, was Kušej in den nächsten Arbeiten beschäftigen wird. Der Kreislauf des Todes, die Dramaturgie des Sterbens, die Kultur des Thanatos. Das Absurde, die Faszination und das Grauen der Gewalt. Der rechte Mann steht mittlerweile wieder, wischt sich die Hände ab. »Tut mir Leid, dass ich gestört habe.« Aber seine Frau hat nun einmal ein Verhältnis mit dem anderen Mann gehabt, also treten sie nochmal zum Duell an, obwohl der rechte schon ein Loch im Kopf hat. Diesmal fällt der linke um. Doch auch steht der lachend wieder auf, mit einer klaffenden Wunde am Kopf – die Duellanten können es nicht lassen, also zum dritten. Hier wird die Komik des Killens durchgespielt, diese Farce der Jahrhundertwendler, der Unsinn des Bluttheaters, ein ironischer Kommentar zu Schnitzler – und zum Theater der Gegenwart, das auch Kušej eigenes ist. Die beiden Männer pflegen sich gegenseitig die Wunden, sie streiten sich, der eine geht, kommt zurück und schüttet dem anderen einen Eimer Blut ins Gesicht. »Na ja«, sagt der, »von all dem verspüre ich allerdings sehr wenig.« Und schüttet dem anderen einen Eimer Blut über den Kopf. Wieder Ballern. In den Dialogen, im Zeitvertreib, in der Tötungsart – in der Lethargie stehen sie sich in nichts nach, diese Jahrhundertwenden. Graue Anzüge, schwarze Krawatten, Trip-Hop, Blut, die Cool Memories in einem Raum von transparenter Geheimnisatmosphäre. »Bist du's«, fragt der Oberst Irene, dann erschießt er sie. Ein Schnitzler-Kondensat, das Werk anhand der Duelle erschlossen. »Dass man überhaupt mit der Möglichkeit oder gar der Unausweichlichkeit von Duellen innerhalb eines gewissen Kreises wenigstens rechnen musste«, sagt der eine Mann, »das allein, glauben Sie mir, gab dem gesellschaftlichen Leben eine gewisse Würde oder wenigstens einen gewissen Stil.« Dann erschießt er sich.

Schönheit und Schauer, zwei Grundkonstanten im Theater des Martin Kušej. Salzburg im Sommer. Draußen vor der Stadt, die wie eine gezuckerte Zumutung in den engen Spalt zwischen Fluss und Berg gepresst daliegt, in den weißen Hallen, die in einer verlassenen Industriegegend hinter dem großen Flachbau einer Supermarktkette stehen, in diesem technizistischen Niemandsland, in dem die Festspiele vor ein paar Jahren auf die gebrochene Theaterwirklichkeit reagiert haben, mit neuen Raumlösungen, inszenierte Martin Kušej 2000 einen HAMLET, der sich dem Gedanken dieses Ortes öffnete – und die Gedanken zum Ort der Handlung machte. Ein geschliffener Theateressay war das, eine Deutung, die sich im Bühnenbild von Martin Zehetgruber anlehnte an Relikte einer Stahl- und Glasarchitektur, die in ihrer modernistischen Verbrauchtheit den verlassenen Industrieruinen in der Gegend gleicht. Irgendwo zwischen Billa-Banalität und Shakespeare-Schönheit suchte Kušej seinen Weg. Eine goldglänzende Ritterreihe steht vor dem blau erleuchteten Gewächshaus, einem Glashaus der Macht, die in der Ferne grummelt. Ein Prolog des Unheils. »Ein Gedankenschauspiel« hatte Kušej sein Konzept zu HAMLET im Untertitel benannt, der sich bereits 1983, noch im Studium, mit dem Stoff befasste. Nun also Salzburger Festspiele, Perner-Insel, Großaufgebot. »Oh stolzer Tod, was für ein Fest in deiner ewigen Zelle.« Dieses Haus ist längst umstellt.

Es wurde eine bildmächtige Inszenierung. Das Glashaus ist vom Wald durchwuchert, Hamlet ist schon zu Beginn versunken in Todesgedanken, in Rachegedanken, »Schwachheit, dein Name ist Weib«, er schleudert das Schwert von sich. »Es ist nicht und es wird auch nicht mehr gut.« Schwarz gekleidete Kämpfer wühlen sich durch den Wald, reißen Strauch für Strauch aus, damit die Hofgesellschaft Platz hat. Tontaubenschießen. Hubschraubergeräusche. Stellungswechsel. Das Leben dreht sich, es dreht sich um Hamlet, der still und mit dem Rücken zum Publikum im Zentrum steht, wie eine Puppe, die man beschaut. Das Auge des Orkans. Die Menge beklatscht Hamlet. Das Klatschen verstummt, ein Grollen, Zeitlupenklatschen, ein fast psychedelischer Effekt. Das sind die Momente, auf die es Kušej abgesehen hat. Hamlets Kopf, Hamlets Schweigen. Und der Rest. Und der Wahnsinn, als den die Gesellschaft ihre eigene Schuld brandmarkt. »Rede, rede«, beschwört er die unsichtbare Erscheinung, die seinem Wahn entsprungen ist, der eben auch der Wahn aller ist. Auftritt Yorick. »Willkommen, Freund«, sagt Hamlet. Black.

Diesen einzigartigen Yorick hat Kušej sich ausgedacht, wohl auch für Werner Wölbern, der als solcher dem Hamlet Vatergeist und Totengräber wird, Racheengel und Schauspieler, Philosoph und Führer. Da stehen sie nebeneinander, der Theaterhamlet und der erfundene Yorick, schwarz Hamlet, weiß Yorick, eine Dopplung, eine Brechung, ein Gefährte. Hinter Hamlet schließt sich das große Glastor. Er ist aus dieser Welt, er war immer aus dieser Welt: »Die Zeit ist aus den Fugen.« Hamlets Begegnung mit Ophelia findet in einem öden, grauen Raum statt, in den sich das Haus nun verwandelt hat; für Hamlet, diesen »Freigelassenen aus der Hölle«, die Brache ihrer kargen Liebe. Sanft ist dieser Hamlet, wie erloschen, des Widerstandes gegen den Vatermord überdrüssig, ein melancholischer Dandy, den Samuel Weiss sehr präzise und sehr entspannt spielt. Einer, der seinen Weltekel pflegt und dabei auch zu Ophelia ein anderes Verhältnis entwickelt als gewöhnlich, eine Distanz, die die Abhängigkeit der Frau nur fördert. Einer, der sich seinem Freund Yorick eher öffnet als sich selbst. Einer also, der lieber über Bande spielt, aber allein ist und nicht weiß, wen er sich als Gegenüber wählen soll. Kušej hat ihm einen gegeben. Im Dunkeln lässt er den Monolog über das Sein oder eben das Nicht-Sein stattfinden, »das ist ...« – weiter kommt Hamlet nicht, da unterbricht ihn ein metallisches Hämmern, das Fundament des Hauses wird ihm unter den Füßen weggebaut. Lärm. Schweigen. Weiter geht der Monolog, in lebenshinterlassener Ruhe, sterben, schlafen, vorbei das Herzweh, schlafen. Vielleicht träumen. Black. Dann tritt Yorick auf, sein Dialogpartner, sein heller Schatten, sein Grabesfreund, der versucht ihn zu Taten zu bewegen, ihn in Fahrt zu reden, ihn zur Rache zu überreden – und sei es mit griechischen Heldensagen. Dieses Duo ist das große Zentrum der Inszenierung, die Liebesgeschichte, die auch bei Shakespeare gar keine richtige ist, findet bei Kušej nur sehr distanziert statt – als schmutziges Schauerstück.

Momente der Wahrheit: Das Schauspiel, das Yorick geben wird, beginnt im Dunkel funzeliger Taschenlampen und wird zu einer Sologlanznummer für Wölbern, ein Hörstück, eine Filmundfernsehmythenmontage, eine Mordpantomime, ein Hörspiel. Licht. Riesige braune Pappkartons stehen in der Lagerhalle, in die sich das Gewächshaus verwandelt hat. Das Verpackungsmaterial auf dem Parkplatz vor dem Supermarkt geht den Weg allen Theaters: Transformation. Ein Palast der industriellen Vernunft. Hier nun wird gestorben (Polonius), geschlafen (die Königin), beigeschlafen (der König), vergewaltigt (Ophelia). Es ist ein Ort der Verwandlung, von Natur in Pappe, von Grün in Braun, von Freiheit in Verhängnis, von Traum in Trauer, von Unschuld in Tod. Die Kartons werden aufgeschlitzt und geben weißes Styropor preis. Hier trifft Hamlet auch Fortinbras, gespielt von Judith Engel. Eine merkwürdige und faszinierend schillernde Verschiebung: zwischen den beiden existiert eine sonderbare Verbundenheit und Verwachsenheit. Hamlet bettet seinen Kopf in ihren Schoß. Fortinbras bleibt ruhig sitzen, legt sich entspannt hin und schaut zu, wie Hamlet Rosencrantz und Guildenstern abknallt. Hamlets ist die Ratio in diesem Albtraum, Ophelias ist der Wahn in dieser kalten

Welt. Yoricks Schädel ist Rettung und Rätsel. In der Kunstschneelandschaft, in die sich die Bühne verwandelt hat, huschen ein paar nackte Männer über die Bühne; Hamlet und Yorick, der die Verführung Hamlets zum Duell stumm beobachtet. »Wenn es jetzt ist, wird es nicht kommen. Wenn es nicht kommen wird, wird es jetzt sein. Wenn es jetzt nicht ist, wird es doch kommen. Bereit sein ist alles.« So spricht Hamlet. Und: »Lass es laufen.« Was ist schon ein Menschenleben. Dann stehen Yorick und Hamlet nebeneinander und wippen mit dem Körper leicht hin und her, eine Theaterlieblingsbewegung von Martin Kušej, ein Einverständnis und doch Befremden, eine gemeinsame Aktion, die dennoch Einsamkeit ausstrahlt. Dieser Yorick ist Hamlets Bruder, wie auch Fortinbras eine Art Bruder ist, der ebenfalls zurückkehrt – im Badeanzug. Hitze und Kälte. Fortinbras schwingt das Schwert. »Oh stolzer Tod, was für ein Fest in deiner ewigen Zelle«, sagt Fortinbras, während Hamlet hinten im Schnee wandert, den Tod vor sich, »dass du mit einem Schlag so viele Fürsten so blutig trafst.« »Der Rest«, stammelt Hamlet, bevor er durchs Glasfenster bricht. »Der Rest ist Schweigen.« Dann verschwindet auch Fortinbras im Schnee, dazu spielt ein heiterer Walzer.

Kalt weht es durch den Zuschauerraum, in dem sich die Samtsessel sonst so oft so heimelig geben. Das Gold, die Schönheit, der Matsch. GLAUBE UND HEIMAT von Karl Schönherr, jenes Stück, das Kušej 2001 am Burgtheater zeigte, wurde seine vielleicht physischste Inszenierung – eine Regiewaffe, die Kušej in den feisten Leib des österreichischen Selbstverständnisses rammte wie einen geköpften Flaschenhals. Drastisch, sinnlich, kalt durchdacht und ausweglos; eine erdenschwere und sehr persönliche Inszenierung.
Ein Jammern. Martin Schwab baumelt im Dunkeln, an den Armen aufgehängt; wie eine Sau, die man Abstechen will. »Mein Bauch ist gespannt wie eine Trommel«, schreit er matt, der Arzt hantiert mit einem schrecklich langen Messer, der Alt-Rott halluziniert schon: »bin meiner Lebtag lang knietief in der Erd drein gesteckt, jetzt steig i halt ein paar Schuh tiefer.« Der Boden ist ein Dauermatsch, es rieselt ein Dauerregen, es herrscht ein Dauerterror. »Katholisch werden oder aus dem Land, so ist der Befehl.« Übermorgen ist der Termin, dann müssen alle Protestanten aus dem Land. Oder in den Tod. »I hab a viereckige Seel«, sagt der Alt-Rott, »und die kann doch nit raus bei dem runden Vaterunserloch.« Das ist so die Logik, mit der diese Leute der Natur beikommen wollen. Und davon handelt diese kühne Arbeit: Vom Terror der Menschen und vom Schrecken der Materie und wie das beides sich auf eine Weise mischt, dass sich die Leute hier bei lebendigem Leib begraben fühlen. Werner Wölbern und Sylvie Rohrer sind das Ehepaar Rott, ihr Sohn ist der Spatz. Acht Tage hat es geregnet: Was ist mit der Gerste, alle müssen aufs Feld, Garben eintragen oder Vögel einfangen. »Ist halt ein Rott«, sagt der Rott, »kannst nix machen.« Und seine Frau erwidert: »Bei euch Rott

Glaube und Heimat:
Johannes Terne (Ein Reiter des Kaisers), Hilke Ruthner (Sandpergerin), Ignaz Kirchner (Sandperger) und Werner Wölbern (Christoph Rott), Burgtheater Wien, 2001

Glaube und Heimat:
Werner Wölbern (Christoph Rott), Johannes Terne (Ein Reiter des Kaisers) und Sylvie Rohrer (Rottin), Burgtheater Wien, 2001

lebt man Tag und Nacht in Sorg, ob nicht das Feuer übers Dach aufbrennt.« Körpersäfte, Blut und Wasser und Schlamm und Dreck und die Stärke und Schwäche des menschlichen Willens, das alles mischt sich zu einem todestrunkenen Kreisel von Schuld, Hass und Lüge. Grausam ist die Natur, grausam ist auch der Mensch. Im Matsch liegt eine abgeschnittene Hand. Es ist eine blutige Erde. »Glauben ist Gottessach«, zischt Rott seine Frau an, so wie es auch sein Bruder Peter sagt, voller Dreck und ohne Bereitschaft abzuschwören, auf der Flucht – und vom Vater verstoßen. Der Mensch und seine Möglichkeiten. »I bin nit hart, des Verbot is hart«, sagt der Vater. Und der Regen fällt und fällt. Grau ragen die Figuren auf, die Menschen wachsen aus dieser Landschaft, wie Bäume, wie krumme Sträucher. Keine Stube, kein Haus, nur die kalte Natur und die kalten Menschen. Eine krasse Bühnenbildzumutung hat Martin Zehetgruber gebaut, eine Ödnis, die eine Seelenbrache ist, ein Sumpf, aus dem die schlierigen Leidenschaften erwachsen. Der Nachbarschaftshass, die Vertreibungen, die Glaubenskriege, all das, was Kušejs Kärntner Kindheit geprägt hat, ist präsent. Ruhig hat er dieses Stück inszeniert, auf jeden Satz hin, nichts geht verloren an diesen Worten, mit denen sich die Leute gegenseitig umbringen, noch bevor sie sich physisch vernichten. Brutal und dabei fast elegisch geht Kušej mit seinem beeindruckenden Schauspielerensemble zu Werk, unterstützt von der verwehten Ziehharmonikamusik, die Bert Wrede zwischen die Szenen setzt. »Vater, es kommt kein Trost«, sagt Rott, »es heißt überall bekennen, bekennen, bekennen.« Und wirft die Bibel in den Dreck. Der Vater aber will nicht bekennen, dass die Familie protestantisch ist – Martin Schwab ist ein großartig widerspruchsvoller Wurzelstock. »Da will i liegen wo die Rott zuhaus sind, Vater und Vatersvater und weiter die Kette bis 300 Jahr.« Wenigstens verrotten will er in diesem Grund, der Leben schenkt und Leben nimmt.

»Blut ist ein guter Dung, Blut gibt Kraft, da wachsen sechs neue nach«, schreit Rott den Reiter an, der die Lutherbibeln sucht. Und brüllt sein Bekenntnis heraus zum unverfälschten Gotteswort, wie Rott es nennt: »Das Wasser kann nit aufwärts.« Dann regnet es Schuhe und Stiefel vom Schnürboden. Um die Rott-Frau herum, die starke, stumm leidende Sylvie Rohrer, bricht die Welt zusammen – »auswendig bist oft stachelig«, sagt Rott zu ihr, die ihn alleine gehen lassen will, »aber inwendig gut«. Der Schreiber stellt die Schuhpässe aus, die Wanderpässe, Vertriebenenpässe, Unrechtsdokumente. Nass sind die Menschen, vollkommen durchnässt. Die Natur legt sich um sie wie ein feuchtes Grabtuch, lässt sie nicht atmen, lässt sie nicht gehen. »Warum, warum, i muss tun, wie's mi treibt.« Dann ziehen in einer surrealen Szene die Worte, die Vorwürfe, der Hass und die Menschen um den Rott herum, der in der Mitte steht; immer enger kreisen die Erinnerungen und Eindrücke und der Kirschbaum um ihn. »Wo du mi ankratzt, da blut i«, sagt der Rott, der nun auch seinen Hof verkaufen muss. Dicht sind diese Szenen, direkt, kalt poetisch und grausam klar. Mit fester Hand verdichtet Kušej all das, was im Widersprüchlichen des Heimatgedankens, aber auch im Autor Schönherr angelegt ist. Es ist eine unheimliche Szenerie, wie sich das Volk jetzt die Schuhe nimmt, die in den Dreck gebohrt da liegen, wie die Menschen im Matsch waten und die Füße fast nicht vom Boden heben können. Aber der Hass auf das »bodenfremde Gesindel«, das sie bespucken und mit Dreck bewerfen, auf ein argloses Rumtreiberpärchen, dem sogar der protestantisch unbeugsame Sandperger in den Magen tritt, vereint sie wieder. »Morgen auf der Landstraße«, wirft ihm der Landstreicher entgegen, »sind wir alle gleich.«

Verbissen in ihr eigenes Schicksal sind diese Menschen, wie der sture Vater, der seinen Vater und seine Söhne verleugnet. Erst als der Alt-Rott sieht, wie protestantische Menschen verscharrt werden, da schwört auch er ab. »Hinüber über die Grenzen«, stöhnt Alt-Rott, »dass ich ehrlich liegen kann im fremden Land.« Ein Vertreibungsdrama, das Kušej ganz ohne billige Anklänge an aktuelle Anlässe inszeniert – die Aktualität ist so allgegenwärtig in dieser Inszenierung, weil sie von den menschlichen Verhältnissen handelt, von der condition humaine, von den nackten Menschen.

»Da hast deine Heimat«, sagt der Englbauer und wühlt mit den Händen im Matsch wie in den Eingeweiden des Alt-Rott, der auf die Erde spuckt und in einer Todes-

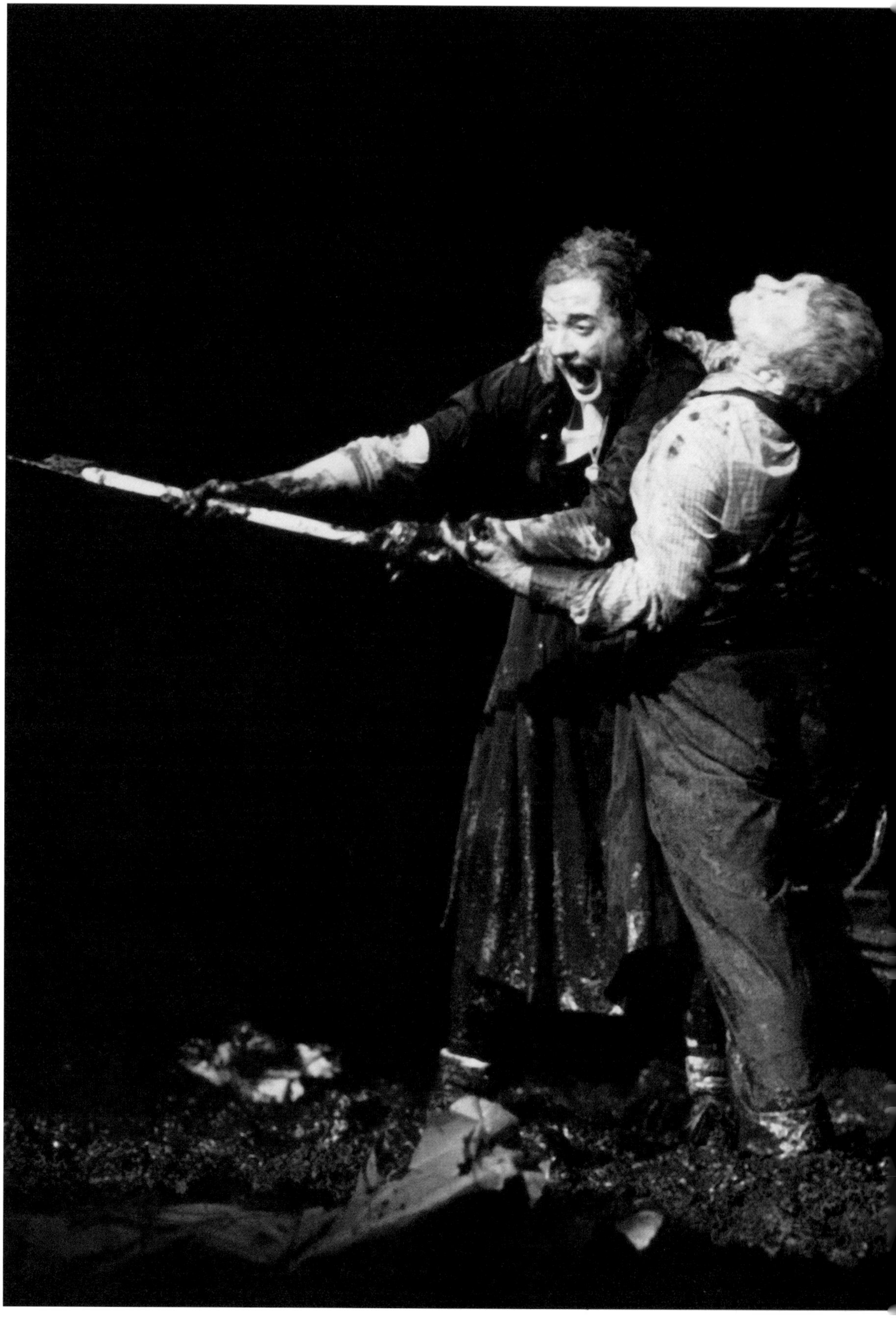

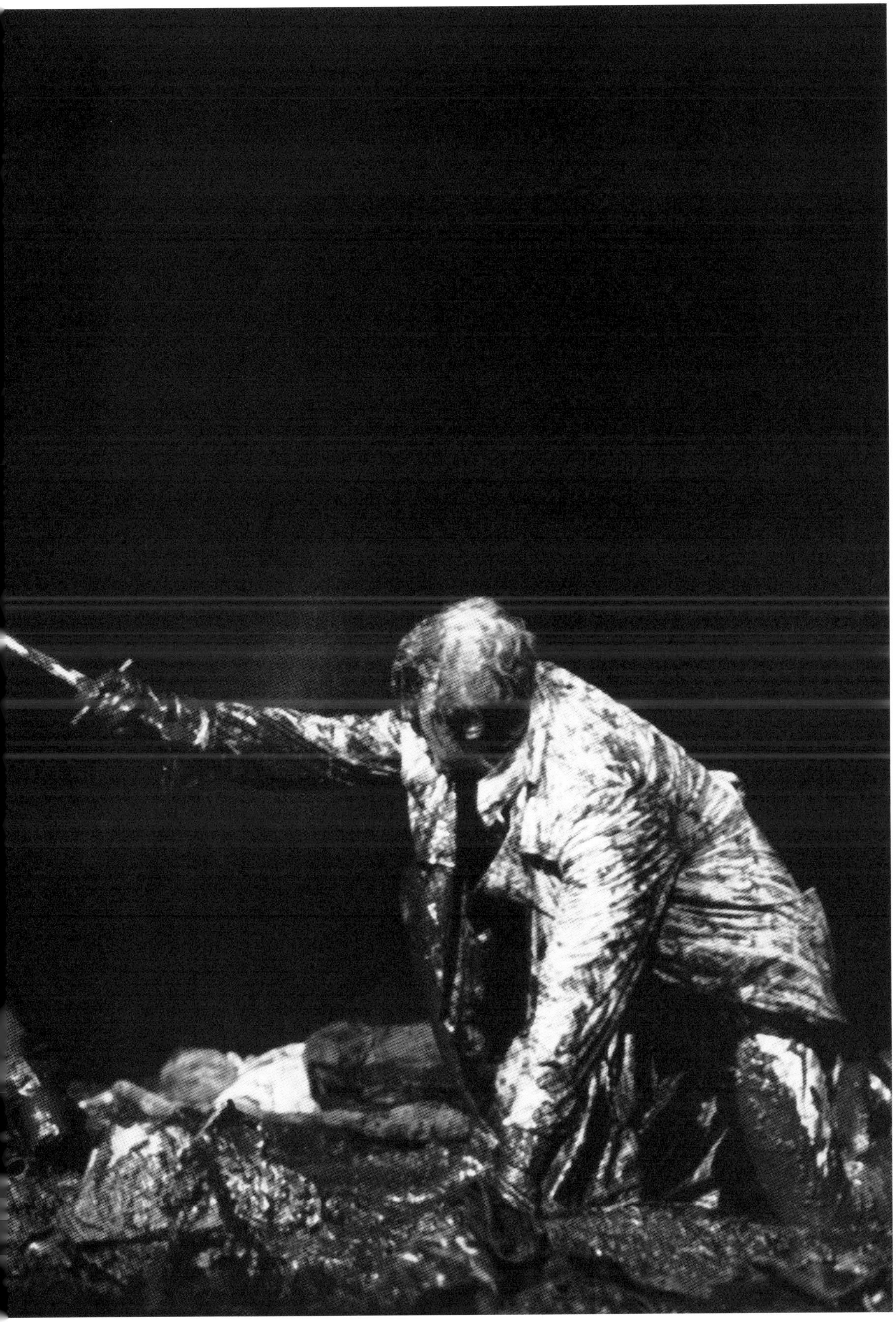

Glaube und Heimat:
Sylvie Rohrer (Rottin),
Werner Wölbern (Christoph Rott)
und Johannes Terne
(Ein Reiter des Kaisers),
Burgtheater Wien, 2001

halluzination im Kreis wankt und immer wieder sagt: »daheim gewesen, daheim gewesen«, bis er tot zusammenbricht. »Jetzt brauchst dich nimmer umschauen, Alt-Rott«, sagt der Arzt, der nun eine Ziehharmonika herumschleppt. Im Kreis rennen jetzt auch all die anderen Vertriebenen, »saufen, saufen, im Tod möchte ich ersaufen«, sagt der Sandperger, während der Unteregger von den Grausamkeiten berichtet, die auf der Straße auf sie warten. Sandperger schwört in letzter Minute ab, »ich hab deinen Leib geschlagen«, sagt der Reiter des Kaisers, »aber deine Seele hab i gerettet«, er leert seine Taschen und küsst ihn auf den Mund. »Ja, jetzt bist mein Bruder.« Ohne Fürsprache, ohne Trost, gottverlassen und inwendig verdammt. »Aber weißt, i bin halt in meinem eigenen Haus, i bin halt bei mir daheim.« Und dann die Moral von der Geschichte: »Es geht ein Geist der Unzufriedenheit, des Ungehorsams durch die Welt«, sagt der Kaiserreiter und bohrt ihm mit dem Finger an die Stirn, als könne er dort hineinlangen, »doch bei dem dreimal heiligen Gott, ich werd ihn bannen. Der Staat ist, was er ist, sonst ist er gar nichts. Weil an dem Tag, an dem ein einziger Stein herausbricht aus dem Bau, bricht das Gebäude selbst. Das weißt du, und weil du es weißt, bin ich dein Feind. Der Feind all dessen, was ihr den rechten Glauben nennt.« Schließlich ist der Rott-Sohn tot, Rott stürzt sich auf den Reiter, vergräbt sein Gesicht im Matsch, »Bluthund, verreck«, ruft die Frau und schwingt die Axt, Rott fällt ihr in den Arm, der Reiter sticht ihn ab. »Solang i mein Inwendig sauber hab«, sagt er, »tut mich kein Leid brechen oder biegen.« Rott stirbt, im Reiter landet doch noch eine Axt, »jetzt fort, mir brennt der Boden«, das ist alles, was der Rott-Frau bleibt, »eine neue Heimat suchen«. Dann öffnet sich der lattenschwere Holzraum, das blaue Alpenpanorama erscheint, ein Heimatlied erklingt. Grausam, schön.

Wie schon mit seinen Geschichten aus dem Wiener Wald wurde Kušej auch mit Glaube und Heimat zum Berliner Theatertreffen eingeladen – wie ein Zwischenspiel vor seiner nächsten Blutnummer wirkte da die im Anfang heitere, später manische Aufführung von Gaetano Donizettis Le convenienze ed inconvenienze teatrali + I pazzi per progetto an der Staatsoper Stuttgart, bei der Kušej zwei Stücke zusammenspannte. Manchmal kann selbst Martin Kušej nichts Dunkles finden, wenn er ein Stück entkleidet, außer den etwas verzopften Gewohnheiten eines Betriebes, der großen Oper, des bösen Muttertiers, anderes Konkurrenzgebaren und die Komik der Kleingeister. Sänger schlendern über die Bühne, die hell erleuchtet ist, die Männer sitzen entspannt herum, einer liest Zeitung, vorne hocken drei auf einem Sofa, ein paar gehen in ihren leicht trashig wirkenden Alltagskostümen herum, sie begrüßen sich: Theater auf dem Theater, während drunten das Orchester seine Instrumente stimmt. Ein Divenstreit, Slapstick, ein Handy klingelt auf der Bühne, lockeres Zwischenweltentheater immerhin gute zehn Minuten lang. Dann kommt der Dirigent im legeren roten Dress, es

Le convenienze ed inconvenienze teatrali + I pazzi per progetto: Wolfgang Probst (Frank), Staatsoper Stuttgart, 2001

beginnt die harmlose Opernfarce. Der Raum, den Martin Zehetgruber gewissermaßen als einen leeren Nichtraum konzipiert hat, wird langsam heller, und man erkennt die graugrünen Wände der Irrenanstalt, in der das zweite Stück des Abends spielt – die Knallchargen von vorher machen sich schnell davon, bevor die Gitterwand sie von der Freiheit trennt.

In dieser schönen, aussichtslosen, aber für Zehetgrubers Verhältnisse durchaus auswegbietenden Halle, in der sich hinten eine Treppe erhebt, das Licht aus grellen Neonröhren kommt und das Einzige, was ein bisschen an Leben erinnert, ein trauriges Pflänzchen ist, in einem Blumentopf, der ziemlich hoch an der Wand angebracht ist, und das ab und zu mühsam gegossen werden muss – ein recht hoffnungsloses Unterfangen, wie der Mann mit der Gießkanne und der zu kurzen Leiter feststellen muss – in diesem Raum nun inszeniert Kušej eine muntere und ganz auf die Spielfreude der Sänger vertrauende Verstellungsfarce, die von Liebe, Lüge, Leidenschaft und gespieltem Wahnsinn handelt: Oper und Nervenanstalt, zwei Verwahrorte, zwei Wahnkonstrukte, zwei Versuche, der Wirklichkeit Herr

EDWARD II:
Judith Rosmair (Königin Isabella) und Werner Wölbern (König Edward II.),
Thalia Theater Hamburg, 2001

zu werden und der Wahrheit nah zu kommen – in der Wechselwirkung, den Überblendungen und Querverweisen liegt der Reiz dieses doppelten Opernabends. Dann zerreißt ein Stromausfall die Szenerie, und als es wieder hell wird, liegen die Opfer ihrer Triebe müde und wie hingestreckt am Boden. Das Gitter geht auf, und hinten an der Treppe erscheint ein grüner Wald. Rettung ist möglich, auch wenn die Figuren, die da aus dem grünen Land herantorkeln, allesamt direkt in den Keller der Vernunft wandern.

An den Rändern der Vernunft hangelte sich Kušej nächste Hauptfigur durchs Theater, in Christopher Marlowes EDWARD II. am Thalia Theater Hamburg. Edward und sein liebster Freund Gaveston tanzen versunken, bevor ein Funkenregen auf sie niedergeht, sie drehen sich wie wild umeinander – es geht um die Zentrifugalkraft der Leidenschaft. Eine fast versuchsartige Theateranordnung, die die Bühne von Olaf Altmann noch unterstreicht: zwei Riesenwände, die sich im Verlauf des Abends bewegen und drehen. Ein sehr physisches Machtspiel, das

EDWARD II:
Ensemble,
Thalia Theater Hamburg, 2001

dem Nihilismus eine schicke Form gibt. »Mein Herz ist wie ein Amboss für das Leiden«, sagt Edward, »das gleich den Hämmern der Zyklopen darauf schlägt und mit dem Krach mein kreiselnd Hirn aufrührt und mich schier rasend macht nach meinem Gaveston.« Kušej baut profane Heiligenbilder, zeigt Männer in ausladenden Frauenroben, macht die Einsamkeit zum Thema, führt die zelebrierte Gewalt vor, nimmt den Hofkontext fort und kleidet seine Figuren stattdessen in existenzielle Gewänder. Kalt ist dieses Spiel der Machtinteressen und gnadenlos. Die eigentlichen Akteure sind weniger die Charaktere als die Leidenschaften und Triebe, die sie ausmachen. Werner Wölbern ist ein weicher, leidender, hoffender Edward, ein Kindmann, der für seinen Gaveston alles tun würde, ein Liebeskrieger. Kein Usurpator. Und Gaveston ist ein langhaariger, bisweilen nackter Jüngling, ein ursprünglicher, naturverwandter Fremdling in dieser zugrunde zivilisierten Hofgemeinschaft.

Es ist das dröhnende Räderwerk der Macht, das Bert Wredes Musik grollend untermalt. Im zweiten Akt vermischen sich die Bilder zu einer einzigen, lang gezogenen Tarantino-Tötungsarie. Die furios kreisenden Bühnenwände geben das Tempo und den Rhythmus vor für das Blutgeballere, das diese in schwarze Anzüge und weiße Hemden gekleideten Killer in beliebigen Wiederholungen feiern – nie sind die Toten wirklich tot. Ein drängender Pistolen-Reigen, der von der absurden Grausamkeit lebt, wie sie Quentin Tarantino in Reservoir Dogs zeigte. Das Blut ist hier nicht Körpersaft, eher Kosmetik, der Tod eine Pose, so wie es auch das Leben war. Ein streng und eng geführtes Schauerspiel des Todes, ein Schattentanz des Sterbens. Das Paradoxon der dramaturgischen Vernunft führte Kušej dabei genüsslich oft vor, das so genannte *mexican stand-off*: jene verfahrene Situation, die der Filmregisseur John Woo zu großer Meisterschaft führte, in der mehrere Personen sich gegenseitig mit Pistolen bedrohen und in Schach halten – und ein Augenzwinkern die Katastrophe einleitet.

Die Inszenierung wirkt, als zeige Kušej nur noch das nackte, zuckende Muskelwerk dieses Stücks, als habe er Marlowes kannibalische Mordphantasie ganz konkret umgesetzt. Auch dieses Stück zerlegt er mit chirurgischer Leidenschaft, das Unbewusste ist auch diesmal das Ziel seiner Inszenierung – nur sind es weniger die Triebe, sondern die Körperfunktionen selbst, um die es sich dreht, die sich der Steuerung entzogen haben. Eimer voll Blut begleiten das lang gezogene Meucheln Gavestons, roher Marlowe, von Kušej in albtraumhaften Schleifen des Sterbens und Tötens inszeniert – ein wahrlich tragischer Ansatz, sind es doch weniger die individuellen Leidenschaften als die allgegenwärtige und überzeitliche Macht der Triebe, die die Verderbensspirale antreibt. Und die Zirkel des Todes kreisen ewig: ein fast psychedelischer Effekt, den die unaufhaltbar rotierenden Wände hervorrufen, wie von kalter Hand gesteuert – eine Eiseshand der Regie, die dann im dritten Akt Gestalt annimmt in einem in blendendem Weiß gleißenden Jenseitsraum, dessen Boden bedeckt ist mit, eben, Eis. Hier gewinnt die Aufführung die Dichte, Prägnanz und bezwingende Kraft, die sie in den ersten beiden Teilen etwas bild- und bluttrunken vergeudet hat – eine betäubend ruhige Richterstunde mit Susanne Wolff als Todesengel Lightborn, vor dem Werner Wölbern im Eis liegt, während sich seine Haut langsam rot zu verfärben scheint. Eine Studie von Haut und Kälte, die auf die physische Deutung dieser Inszenierung verweist. Ein Dreischritt der Bilder und Stile von Stoff zu Blut zu Eis, bei dem das Leben wie das Sterben durchmessen wird und in all dem doch die Stilisierung siegt. Ein theatralischer Klimasturz, der mit einem traurig-verwehten »*out of the blue and into the black*« endet. Heldenmusik. »*It's better to burn out than it is to rot.*«

Es war ein Vernichtungs- und Untergangsspektakel, eine Lustfeier und ein Leidensfest, ein Frauenopfer und ein Männerspiel, ein Zivilisationsdrama, ein Kulturkampf, ein vitalistisches Geprotze. Die schaurige Schönheit und die Faszination des Hässlichen: Die Oper DIE GEZEICHNETEN von Franz Schreker, die Kušej in Stuttgart inszenierte, eine »Collage aus Leidenschaft und Trivialität, aus Oper und Operette, aus Groschenheft und Roman«, wie Kušej meint, »sein« Stück »und deshalb auch ein heutiges, modernes Stück«. Kein Künstlerdrama aus den Zwanzigerjahren wollte Kušej da inszenieren, sondern dem Komponisten folgen in die Bereiche der Sexualpathologie, des Skandalösen, des wüsten Schnitts: »Eine Fahrt durch den Kopf des Alviano, eine Erinnerung an eine Geschichte, die zur Einsamkeit und zum Wahnsinn führte, Splitter und Fetzen von Träumen, Wünschen, Ekstasen, eine Reise in die Abgründe nicht nur der Hauptfigur, sondern in den kollektiven Wahnsinn einer gesamten Gesellschaft.« Die Kreatur entfaltet sich. Eine Wassergeburt. Der glatzköpfige, nackte Alviano, der in einem Graben kauert, windet sich und richtet sich auf, er ist zornig und unfrei, machtvoll und grausam – so erhebt sich der massige Körper des Sängers Gabriel Sadé aus dieser Ursubstanz allen Lebens. Dann ein stummer Schrei. Er schöpft Wasser, blickt hinein und muss die eigene Hässlichkeit erkennen. Er greift einen richtigen Spiegel, schlägt sich die Hände blutig, die Musik baut ihm ein eigentümliches Elysium. Hinten blitzt ein wandgroßer Spiegel, vor den Martin Zehetgruber eine verschachtelte Regallandschaft gebaut hat, hohe und verschiebbare Metallgestelle, die zu Lagerstätten der Lust und der nackten Körper werden. Supermarkt und Gefängnis zugleich. Die wüste Sex- und Folterinsel, die Alviano für seine Freunde gebaut hat, ist Kušej Sinnbild einer hermetischen Geilheitsgesellschaft, mit elitären Gecken auf der einen Seite und populistischem Gegeifere auf der anderen. Aufgerieben dazwischen wird, zumindest in Alvianos Fall, die wahre Liebe, die wahre Empfindung, der wahre Augenblick.

Die Geschichte ist schwülstig: Alviano soll von Herzog Adorno zur Rechenschaft gezogen werden für die Zustände, die auf der Insel herrschen, die er, der Gesellschaft zum Vergnügen, geschaffen hat – mit üblen Konsequenzen für die irdische

Die Gezeichneten:
Claudio Otelli (Tamare)
und Eva-Maria Westbroek
(Carlotta),
Staatsoper Stuttgart, 2002

Macht, verlieren sich die Menschen auf der Insel doch nicht nur in erotischen Eskapaden, sondern verweigern auch den Gehorsam gegenüber dem herzöglichen Willen und stimmen für Alviano als neuen König dieses Lustreiches. Wie im Sommerschlussverkauf oder in den Ferienclubs der Dominikanischen Republik, so drängeln sich die Leute durch die von Nackten verstellten Spiegelgänge, umstreifen sich erst scheu und fallen dann doch übereinander her. In dieser Atmosphäre soll die Sublimationskraft der Kunst getestet werden: Die Malerin Carlotta, die Alviano liebt, will ihn malen. Bei ihrem ersten Treffen trennt die beiden eine Wand von Regalen. Sie wird mal aufgebrochen, mal schließt sie sich wieder: die Gefängnisse, das ist die Botschaft, sind selbst gewählte, selbst gemachte, selbst verschuldete. Und die Liebe ist eine Höllenmacht. Eine expressive Seelenlandschaft tut sich auf, in der die Leidenschaften so hoch aufragen, dass sie den Menschen die Sicht zu nehmen drohen auf das Gegenüber. Und Blitz um Blitz windet sich Alviano in immer neuen kreatürlichen Posen, die festgehalten werden von

Doubles, die schließlich wie lebendige Bilder die Bühne verstellen. Carlotta schneidet Alviano aus der Zivilisationsmontur, die er über seine Nacktheit gezogen hatte. Wie Schreckensfiguren einer gequälten Seele bleiben die Bilder stehen – und Carlotta, das zeigt sich, ist mehr an dem Bild, mehr an der Kunst, mehr an der Vorstellung als an der Wirklichkeit interessiert.

Allein dreht sich Alviano im Kreis, während Carlotta im Hintergrund das Bild mit blauer Farbe vervollständigt, bevor sie überwältigt zusammenbricht. Für Alviano bleibt nur das onanistische Vergnügen – und schon im Erwachen zeigt sich die Entfremdung. Die Stunden auf der für das Volk geöffneten Insel bringen dann endgültig die Ernüchterung. Vor der Kulisse der sich in der Vergnügung verlierenden Masse ragt die Einsamkeit Alvianos auf, Carlotta hat längst alles vergessen, was Liebe gewesen sein sollte, windet sich lustvoll an der Wand entlang und schließlich in die Arme des Hauptwüstlings Tamare, verliert sich in der amorphen Lustmeute, die sich jetzt endgültig einer Houellebecqschen Sexphantasie hingibt. Tamare liegt über der blutverschmierten Carlotta, dann besudelt er Alviano, fasst ihm ans Geschlecht, das Recht des Stärkeren im Reich der Dominanz des Optischen. Die Todessehnsucht treibt Tamare, er hält sich die Pistole in den Mund, drückt sie Alviano in die Hand, kniet sich vor ihn hin, bis der Passive endlich schießt und die Musik verklingt. Das Ende der Lust, das Ende des Sex, das Ende der Liebe – inszeniert in einem einzigen, lang gezogenen Bild als Höllenfahrt eines einsamen, mächtigen Mannes. Und über allem schwebt die Ahnung der Dekadenz und die Anwesenheit des Todes. Schlimmer als Sterben ist nur: Weiterleben. Klick, macht die Pistole, die sich Alviano an den Kopf hält. Klick. Und nichts passiert. Im ewigen Kreislauf des Werdens und Vergehens verschwindet Alviano wieder im Wasser. Erstarrt in gleicher Pose, gleichem Schrecken. Nackt.

Er heißt Fernando und er sagt, dass er uns weiterhelfen kann. Er steht in einem schattigen Durchgang, neben ihm kauern zwei junge Männer, die alte Postkarten und Programme verkaufen, und obwohl es ziemlich warm ist, scheint der Mann mit den zurückgegelten Haaren kaum zu schwitzen in seinem schwarzen Anzug. 60 Euro, sagt er, aber nur Sonne, kein Schatten. Dann gibt er uns seine Visitenkarte. Fernando González Betancur steht da. Fußball. Oper. Stierkampf.

Fernando hat Karten für alles, was Spektakel ist in Sevilla. Vor einer Bar um die Ecke drängeln sich dreißig Leute im hellen Sonnenlicht und versuchen über die Köpfe der anderen hinweg einen Blick auf den Fernseher zu erhaschen. Im Halbdunkel ein buntes Flimmern. Diese Mischung aus Aggression und Apathie beim Stier, der das blutige Spiel manchmal nicht mitmachen will und wegtrottet, sich dann, so scheint es, wieder zusammenreißt und erneut mit den Hufen scharrt, den Kopf tief gehalten, zum letzten Tanz.

Der Kampf ist vorbei, und die Menschen strömen aus der Arena, von der man von hier aus nur die weiß getünchte Außenmauer sieht. Ruhig sind sie und gesammelt, als kämen sie aus einem Gottesdienst. Die Männer in Anzug und Krawatte, Rosa scheint die Farbe der Saison zu sein, einige haben eine Zigarre im Mundwinkel, sie tauchen ein in die engen, schattigen Gassen rings um die Arena, wo ein paar andere Männer gleich den toten Stier in den Kühltransporter laden werden. Sie wechseln entspannt ein paar Worte, man kennt sich, ein sozialer Akt ohne Touristen, ein Spektakel aus eigenem Recht.

Sehr langsam schieben sich die festlich gekleideten Massen Richtung Fluss, am Ufer des Guadalquivir entlang, als stolze Parade über eine der beiden Brücken, hinaus in den modernen Teil der Stadt und auf ein im hereinbrechenden Dunkel weiß leuchtendes Riesentor zu, das wie ein gigantischer Zuckerbäckertraum am Eingang der Festwiese leuchtet. Hier sind die Zelte aufgebaut, hier feiern die Familien, die Firmen, die Freunde. Feria! Sevilla feiert den Tod.

Es ist das permanente Endspiel. Ein Mythos, der seit Jahrhunderten lebt. Stierkampf, nicht nur als Todesritual, sondern auch als soziales Ritual – stiftet der Tod diese Gemeinschaft? Der kollektiv bestaunte, beklatschte, begangene Tod. Ein Opfer. »Jetzt ist es Zeit zu sterben«, sagt der Komtur zu Don Giovanni. Und der antwortet: »Ja.« Die Kunst des Sterbens ist die Kunst des Augenblicks.

Was Sevilla und Wolfgang Amadeus Mozarts Oper DON GIOVANNI miteinander zu tun haben, ist relativ leicht gesagt – die Oper spielt in Sevilla. Was Martin Kušej, der Stierkampf, Sevilla und DON GIOVANNI miteinander zu tun haben, lässt sich etwas schwieriger beschreiben. Es ist Mittag, und Martin Kušej sitzt im Innenhof eines Restaurants mit rot gestrichenen Wänden, um ihn herum stehen zwei Kellner in Livree und schwarzer Fliege, ein Brunnen plätschert, in ein paar Büschen rauscht es leise, ein leichter Wind weht. Kalte Gazpacho, kalter Weißwein, kalter Sherry. Eigentlich sind wir hier, um uns auf die Suche zu machen nach dem Ursprung des Rituals – aber das klingt ein bisschen großspurig. Und es ist auch nicht ganz klar, ob nicht das hier, die Hitze, die träge Zeit, das zähe Vergehen der Stunden, ohne das nichts entsteht, auch nicht im Kopf eines Regisseurs, der Stillstand, der auch Schönheit bedeuten kann oder einfach nur ein entspanntes Mittagessen, ob nicht all das einen viel näher bringt dem Rätsel, das vom Anfang aller Kunst handelt, als der Sand, der Staub und die Sonne in der Arena, in der noch echt gestorben wird. Für heute Nachmittag haben wir jedenfalls zwei Karten für die Corrida, zu 60 Euro, auf Sonnenplätzen.

Strohhüte, der helle Sand und tausende von Händen, die unablässig fächern. Eine scheppernde Hitze, eine Fanfare, Zischen, Ruhe, Konzentration. Zeit zu sterben. Einsam erklingt eine Trompete. Die Inszenierung ist so perfekt, weil sie von allen verstanden wird. Das ewige Spiel. 800 Kilo Fleisch und Muskeln und keine Chance. Ein Raunen geht durch die Zuschauer. Der Tanz mit der Kreatur kann beginnen. Ist das der Beginn von Kultur, die Verwandlung von urwüchsiger Kraft und Energie in eine sozial gefasste, beherrschbare Ordnung? Vor aller Augen, in aller Grausamkeit. Der Matador lässt den Stier eng um sich kreisen, er macht die Fackel, wie sie das nennen, ein »Ohhh« fliegt durch die Arena und ein »Olé«, dreimal, viermal, es geht um Rhythmus und die brutale Kunst der Verführung. Ein Spiel von Ruhe und Wut, von Warten und Explosion. Die Zeit ist vorgegeben, ein Kampf kann zwanzig Minuten dauern, nicht länger, sonst hat der Stier zu viel gelernt, sonst wird er zu gefährlich für den Matador, sonst geraten die Spielregeln durcheinander. Der Stier blutet jetzt aus dem Maul, in dicken Fontänen quillt es aus ihm heraus. Zum Sterben führt ihn der Matador zu uns herüber, zu den schlechteren Plätzen im Rund der Arena, in die Sonne. Ein letztes Wedeln mit dem roten Tuch, das Ende allen Spiels, der letzte Stoß. Applaus. »Das ist schon eine Form der Schönheit«, sagt Martin Kušej. Der Tod ist so etwas wie der Grundton seines Theaters.

Jetzt, sagt Kušej, wo er ein bisschen mehr über die Geschichte Spaniens gelesen habe, von den Benediktinern und der Inquisition, von den Juden und den Mauren, jetzt stelle sich in seinem Kopf allmählich etwas um, etwa wenn er über DON GIOVANNI nachdenke. »Es fällt mir aber immer noch schwer, diese Zweiteilung zu hinterfragen«, sagt er nach dem Kampf, wir stehen an der Bar in einer Bodega bei Rotwein, Salami und Oliven: »Gott ist gut, der Teufel das Böse.« Besteht der

Trick nicht darin, dass Gott und der Teufel eins sind? Der Stierkampf führt unweigerlich zurück zur Ambivalenz des modernen Menschen. Kann man ungebrochen die Gemeinschaft feiern, den Stellvertretertod bejubeln, die Täter und sich selbst zelebrieren?

Der zweite der drei Matadore an diesem Nachmittag hat am schönsten mit dem Stier getanzt, er hat sich direkt vor ihn hingekniet, als er wütend aus seinem Tor in die sandige Arena stürmte, er hat ihn eng an sich herangelassen, ihm Respekt gezeigt – aber töten konnte er ihn nicht. Er war ein Verführer, kein Killer, und wahrscheinlich liebte er das Spiel zu sehr. Der erste Matador tötete am schnellsten und präzisesten; vielleicht war es kein Zufall, dass er dreimal vom Stier auf die Hörner genommen wurde. Er liebte den Tod zu sehr.

»Don Giovanni bleibt ein Grenzgänger mit Blut an den Fingern«, sagt Kušej später am Abend im Restaurant. »Ihn treibt ein Gefühl für die letzte Grenze – die Abwehrreaktion ihm gegenüber ist vielleicht das Erschrecken der aufgeklärten Gesellschaft vor sich selbst, vor den eigenen falsch verwirklichten Utopien.« In dem Moment, in dem der Matador dem Stier den Todesstoß gibt, im Moment der Estocada, dem Augenblick der Wahrheit, wie das beim Stierkampf heißt, tritt das Spektakel in einen anderen Bereich über, in ein anderes Reich. Der Stier taumelt, stürzt und stirbt, der Matador steht über ihm, die Hand in die Hüfte gestützt. Eine morbide Erotik, die Schönheit des Schauers. »Der Schrecken ist aber auch faszinierend«, sagt Kušej beim Sherry, »und die Grenzlinie, auf der er sich ereignet, hat einen kurzen kalten Namen: Tod.«

Ein paar Monate später wird bei den Festspielen in Salzburg ein Mann, der aussieht wie ein ganz normales Mitglied der internationalen Prada-Langweiler-Elite, einen alten Tattergreis abstechen, fast wie im Vorbeigehen und ganz nebensächlich. Der Tod hat seinen Stachel verloren. Don Giovanni hat Donna Annas Vater dorthin geschickt, wo es nicht mehr weh tut: in den Himmel der Unterwäschewerbung. Grellweiß ist dieser Himmel, er sieht aus wie alle Gebäude von Richard Meier aussehen, schließlich ist Meier so etwas wie der Architekt der globalisierten Gleichheit, egal, wie die Stadt heißt, in der er baut, seine Häuser schauen immer so aus, als wäre der Strand von Malibu gleich um die Ecke. Genau darum geht es Martin Zehetgruber mit seinem Bühnenbild und Martin Kušej mit seiner Inszenierung: um die Liebe im Zeitalter ihrer Lust, um den globalisierten Körper und den globalisierten Blick. Don Giovanni, dieser »Zechpreller der Liebe«, wie Kušej ihn nennt, dieser »Tollwütige der sexuellen Befreiung« – nicht mehr als Höllenfahrer in einer bürgerlichen Triebverzichtstragödie, sondern als ein »Repräsentant der vom Markt verwirklichten Utopie«. Aus dem Singspiel, das vom Ancien

Don Giovanni:
Kurt Moll (Komtur)
und Thomas Hampson (Don Giovanni),
Salzburger Festspiele, 2002

Don Giovanni:
Kurt Moll (Komtur)
und Thomas Hampson (Don Giovanni),
Salzburger Festspiele, 2002

Régime handelt, von der Aufklärung und vom aufkommenden Bürgertum des späten 18. und frühen 19. Jahrhunderts, ist ein sinnliches Denkspiel geworden über das komplizierte Tauschverhältnis von Körper und Seele zu Beginn des 21. Jahrhunderts, über globalisiertes Begehren und den glatten Triumph des hellen Scheins. Ein erotischer Eissturm.

Vor dem großen Festspielhaus stehen am Tag der Generalprobe noch einige Leute in bunten Regenjacken, die eine Karte suchen; zwei Tage später bei der Premiere werden dann die Abendroben strahlen. Eine ganze Stadt lebt die Lüge. Sie werden großartige Sänger beklatschen und auch die Inszenierung, die DON GIOVANNI als die letale Phantasie in einer Welt der Biopolitik vorführt, in einem Kosmos, der von der Herstellbarkeit und Verfügbarkeit von Perfektion und Schönheit bestimmt ist, in einem Glaubenskomplex, der durch die Genforschung in seinen Grundfesten erschüttert ist. Das Leben wird neu bestimmt, die Grenzen werden immer weiter hinausgeschoben, der Tod ist aus dem Denken verbannt. Kušej leiht sich bei Peter Sloterdijk den Begriff der »Autoimmunkrankheit«, um das System »Don Giovanni« zu beschreiben: »Seine Gewalttätigkeit ist ein Exzess der allgemeinen Gewalt«, so Kušej: Don Giovannis Grenzüberschreitung ist mithin immer auf den Tod gerichtet – »wie die Spinne im Netz«, so Kušej, »sitzt der Tod im Zentrum des Geschehens«. Wo die Schönheit Gesetz ist, das Leben Luxus und die Mode Diktat, da bauen sich die Menschen große Mauern gegen das Unweigerliche, sie errichten helle, grelle, bunte Bollwerke mit Plakaten, auf denen humanoide Traummodels zu sehen sind. Kušejs DON GIOVANNI-Deutung zielt auf die globalisierte Fleischbeschau, die angetrieben wird von einer kollektiven Angst. Der Angst vor dem ewigen Verschwinden.

Vielleicht, so war der Gedanke, kann man beim Stierkampf den Ursprung des Rituals finden, den Ursprung des Theaters, den Ursprung unserer Faszination mit dem Tod. Vielleicht kann man auch einfach die Überhöhung des Alltags genießen, die hier zelebriert wird. Und vielleicht ist dieser soziale Akt die eigentliche Verbindung zu einem DON GIOVANNI bei den Salzburger Festspielen. »Oper ist wie Stierkampf«, sagt Kušej, »wer außen steht, der versteht nichts.« Vor uns glänzt das schwarze Fell in der Sonne, heute kommen die Stars unter den Matadoren. In der Zeitung haben sie über die Kämpfe von gestern geschrieben, es sei eine *ruina* gewesen, was sogar ich verstehe. Morgen werden sie wieder schwärmen, die Toro-Theaterkritiker; vor allem von Pepín werden sie erzählen, wie er die *suerte a un tiempo* inszeniert hat, die letzte Begegnung von Stier und Matador. »Wir denken doch immer, der Stier sei der Gute«, sagt Kušej, als in einer der Logen das Taschentuch fällt, das den Kampf beendet. »Vielleicht macht man es sich da zu einfach.« Stolz und Verachtung liegen im Blick von Pepín, wie er sich jetzt vom Stier abwendet. Sitzkissen segeln in die Arena, Rosen, Schals, Schachteln voll Zigarren. Einiges wirft er wieder zurück, das soll Glück bringen. In der Hand hält er das Stierohr, seine Belohnung, und dreht die *vuelta*, seine Runde. Es ist ein Akt der Massenverführung, eine Schau öffentlicher Erotisierung. »Don Giovannis erotischer Verführungsreigen wird zur Hass- und Zerstörungsorgie«, erklärt Kušej später seine Mozart-Sicht. »An die Stelle des Orgasmus tritt der Exitus.« Es geht nicht um Moral, geht es nie. »Kunstwerke wie dieses können nicht belehren oder erziehen – eine Oper, eine solche Geschichte, muss erhört werden, erlebt werden.« Was ihn, am Ende des erotischen Zeitalters, wie er es nennt, an dem großen Verführer interessiert? »Uns bleibt nur eine kleine schale Erinnerung an etwas, das einmal da war, aber längst verschüttgegangen ist: die wahre sexuelle Erregung, also die Ahnung vom Sterben im Moment der Hingabe, im Augenblick der Ekstase.«

Während Leporello davon singt, wie viele Frauen dieser Allerwelts-Stenz so hatte, dreht sich die Zehetgruber-Bühne und ein Panorama der Gegenwartslethargie erscheint. Mädchen wie ausgestopft in Pelzjacken; einen Raum weiter ein Mädchen, das sich die Beine rasiert, während hinten drei Putzfrauen schrubben; ein Footballer-Stillleben; ein kleines Mädchen im weißen Unschuldskleid, das Seil hüpft; eine desolate Hochzeitsgesellschaft, erstarrt im Exzess, die langsam wieder zum Leben findet, der Schmutz verschwindet: eine Glücksdrohung, ein Liebesversprechen, ein Treueerschrecken. Es geht um Blindheit und Einsicht im Zeitalter des Optischen, und Don Giovanni wird dabei zu unser aller Auge, eine Kamera, die die Gegenwart scannt und die Reize filtert und weitergibt, die durch den Zeitraum schwirren. Kušej geht hier vor, wie er meistens vorgeht: Er verwendet das Stück als Spiegelfläche, um an den Ecken und Kanten der Figuren oder der Geschichte den Stoff zu brechen, damit er auf die Gegenwart zurückscheint. Im Theater wie in der Oper ist er einer der wenigen Regisseure, die es schaffen, die großen Fragen zu stellen und dabei immer die sinnliche Dimension von Theater im Auge zu behalten – Ideentheater von hohem Brennwert. Kušej ist Analytiker und Ästhet in einem, das Intellektuelle und das Sinnliche verschmelzen zu Inszenierungen von fast greifbarer Energie. Er ist dabei gegenwartsoffen und von strenger dramaturgischer Genauigkeit, ein Klarseher und Sezierer, der seine Deutungen wie Rammböcke in die Stücke treibt, damit es Splitter gibt, an denen man sich verletzen kann. Trotzdem ist er kein Dekonstruktivist, sondern ein Durchleuchter, der einen starken Strahl von Licht aussendet, um zu sehen, wie die Schatten der Vergangenheit vor seinen Augen tanzen – und welche Bilder ihm seine eigene Zeit dazu liefert. Die Hölle, in die Don Giovanni bei Da Ponte hinabfährt, ist bei Kušej die Hölle, die uns bleibt, wenn Don Giovanni abgetreten ist. Keine leichte Entsühnung. »Don Giovanni weigert sich ja nicht zu sterben«, sagt Kušej, »er verweigert die Erlösung.« Und für so etwas wie Erlösung ist ohnehin kein Platz im Universum dieses Extremisten.

Unten in der Arena stolpert der letzte Stier seinem Ende entgegen. Vor uns glänzen die Schultern von zwei Frauen. Die dicklichen Männer auf den Pferden, die ungeliebten Picadore in ihren goldenen Jäckchen, haben mit ihren Lanzen die Nackenmuskeln des Stiers getroffen, die Banderillas haben ihm in ihren eleganten Tanzbewegungen, die Hände hoch über dem Kopf, ihre Bänderhaken in die Schultern gestochen, der Matador hat mit einer einzigen Armbeuge den Stier um sich gewickelt, hat sich mit Trippelschritten in Position gebracht. Jetzt steht er da, schaut ihn an mit Stolz und Verachtung im Blick, lässt sich seinen Degen geben, mit dem er den Stier töten wird. Dem spritzt das Blut schon aus dem Maul, der Matador schaut ihn lange an, er dreht sich seitlich zu ihm, dann eine Bewegung, er läuft auf ihn zu und stößt ihm den halben Meter Stahl zwischen die Schulterblätter. In einem Todeskreisel aus Blut, Fleisch und rosa Tüchern wankt der Stier, bricht zusammen, ein Zucken und alles ist vorbei.

Draußen vor dem Tor der Arena warten schon die Kutschen. Einspänner, Zweispänner, Vierspänner, schwitzende Pferde, die in der untergehenden Sonne glänzen. Die Frauen tragen gepunktete Kleider, ein paar Männer reiten auf Pferden durch den Abendverkehr, hinter ihnen sitzt sicher und stolz die Frau, die Beine baumeln entspannt, der Blick geht in die Ferne. Vor einem der vielen Zelte, die jedes Jahr im April für die Feria aufgebaut werden, macht eine Frau ihrer Tochter ein paar Flamenco-Bewegungen vor. Drinnen wird getrunken, wir stehen draußen. Karten gibt es auf dem Schwarzmarkt. Dazugehören wird man nie.

Weh dem, der lügt!:
Werner Wölbern (Leon),
Burgtheater Wien,
1999

1961
Martin Kušej wird am 14. Mai als ältester Sohn des Volksschullehrers Lorenz Kušej und dessen Frau Apollonia, geb. Hasse, in Kärnten / Österreich geboren.

1979
Nach dem Besuch der Volksschule in Ruden und des Gymnasiums in Völkermarkt beginnt Kušej an der Karl Franzens Universität in Graz das Studium der Deutschen Sprache und Literatur und der Sportwissenschaften. Er ist Spieler in der österreichischen Handball-Bundesliga und reist nach Westafrika (Nigeria).

1982
Kušej beginnt sein Regie-Studium an der Hochschule für Musik und Darstellende Kunst in Graz, das er 1984 mit seiner Diplominszenierung ULTRAMARIN von David Brett beendet. Er reist durch Südamerika: Argentinien, Bolivien, Equador, Peru.

1985
Universitätsabschluss mit einer Arbeit über Robert Wilson. Zivildienst.

Martin Kušej mit Götz Argus bei den Proben zu CLAVIGO, Staatstheater Stuttgart, 1995

1986
Erste Stelle als Regieassistent am Landestheater in Salzburg. Kušej arbeitet auch als Regieassistent am Slowenischen Nationaltheater in Ljubljana.

1987
Die erste Inszenierung an einem Stadttheater: Karl Schönherrs ES am Schauspielhaus Graz.

1989
Nach Inszenierungen in Klagenfurt, Ljubljana und Graz beauftragt der Steirische Herbst Kušej mit der Uraufführung des Stücks KENNEN SIE DEN? des Autors Max Gad, der diese nach nur einer Probenwoche untersagt.

1990
Kušej inszeniert GLAUBE LIEBE HOFFNUNG am Slowenischen Nationaltheater in Ljubljana.

1991
Wegen des jugoslawischen Bürgerkriegs muss Kušej seine Arbeit an Ivan Cankars POHUJŠANJE in Ljubljana unterbrechen. Sie wird im neu entstandenen Staat Slowenien aufgeführt.

1992
Kušej erregt mit der Neudeutung von Grillparzers DER TRAUM EIN LEBEN überregionales Aufsehen. Beim Mittelfest im italienischen Cividale wird das Bühnenbild zur Freilicht-Kafka-Inszenierung FRANZ FALSCH F FALSCH DEIN FALSCH NICHTS MEHR STILLE TIEFER WALD in einem Unwetter weggeschwemmt. Kušej inszeniert im Marstall des Münchner Residenztheaters die Uraufführung von Thomas Strittmatters IRRLICHTER – SCHRITTMACHER.

1993
Die heftig umstrittene Inszenierung von KABALE UND LIEBE am Stadttheater Klagenfurt wird mit dem »Preis für junge Regisseure« der Deutschen Akademie der Darstellenden Künste ausgezeichnet. Kušej wird Hausregisseur am Staatstheater Stuttgart, wo er die Intendanz von Friedrich Schirmer mit Grabbes HERZOG THEODOR VON GOTHLAND eröffnet.

1996
Kušej inszeniert in Hamburg am Deutschen Schauspielhaus und Berlin an der Volksbühne am Rosa-Luxemburg-Platz, vor allem in Stuttgart, wo er die in Zusammenarbeit mit der Oper und dem Ballett entstandene spartenübergreifende Inszenierung von Purcells KÖNIG ARTHUR zeigt.

1998
Kušej wendet sich der Oper zu: erste Inszenierungen in Stuttgart sind Beethovens FIDELIO und Nonos AL GRAN SOLE CARICO D'AMORE.

1999
Kušejs ein Jahr zuvor in Hamburg am Thalia Theater entstandene Inszenierung von Horváths GESCHICHTEN AUS DEM WIENER WALD wird zum Berliner Theatertreffen eingeladen und dort mit dem »3sat-Innovationspreis« für Regie ausgezeichnet. Die Zeitschrift *Theater heute* kürt sie zur »Inszenierung des Jahres«.

Für seine erste Arbeit am Wiener Burgtheater wählt Kušej Grillparzers WEH DEM DER LÜGT!.

2000
Bei der Expo in Hannover wird Kušejs Stuttgarter Inszenierung von Sarah Kanes GESÄUBERT gezeigt. Shakespeares HAMLET ist seine erste Schauspielarbeit bei den Salzburger Festspielen.

2001
Die Inszenierung von Schönherrs GLAUBE UND HEIMAT am Wiener Burgtheater wird zum Berliner Theatertreffen eingeladen.

2002
Kušej inszeniert Mozarts DON GIOVANNI bei den Salzburger Festspielen, die Inszenierung ist der Auftakt zu einem kleinen Mozart-Zyklus. Am Wiener Burgtheater zeigt er Horváths GLAUBE LIEBE HOFFNUNG.

Verzeichnis der Inszenierungen

1984

ULTRAMARIN von David Brett, Übersetzung: Maria Carlsson, Diplominszenierung in der ehemaligen Gaststätte *Wilder Mann*, Graz, Premiere: 29.5.1984, Bühne/Licht: Walter Vogelsweider, Wolfgang Fuchshofer, Tontechnik/Raumklang: Elmar Sammer, Heike Hergesell Kostüm/Maske: Aglaia Foitl, Saxophon: Reinhard Grube, Darsteller: Christian Ruck (Virgil), Veronika Kušej (Serena), Tessa Gasser (Jennifer), Werner Fritz (Martin).

1987

ES von Karl Schönherr, Schauspielhaus Graz, Premiere: 16.3.1987, Ausstattung: Martin Zehetgruber, Musik: Reinhard Grube/ Karl-Heinz Hornung, Darsteller: Paul Weismann (Der Arzt), Julia Schäfers (Die Frau), Erik Göller (Radiosprecher).

JUDITH von Kurt Franz, Klagenfurter Ensemble, Uraufführung am 19.5.1987, Bühnenraum: Martin Zehetgruber, Darsteller: Paul Weismann, Renate Peball, Herbert Brunner.

VERKOMMENES UFER / MEDEAMATERIAL / LANDSCHAFT MIT ARGONAUTEN von Heiner Müller, Eg Glej Ljubljana, Premiere im September 1987, Bühnenbild: Jochen Traar, Kostüme: Tanja Grossman, Darsteller: Olga Kacjan (Frau 1), Barbara Levstik (Frau 2), Igor Samobor (Mann).

SPRACHE / ZEIT / BEGEGNUNG von Martin Kušej, Kongresshaus Villach, 17.10.1987, Idee, Bühne und Realisation: Martin Kušej, Fotos und Mitarbeit: Jochen Traar.

1988

DER UNTERGANG DER TITANIC von Hans Magnus Enzensberger, Schauspielhaus Graz, Premiere: 12.3.1988, Bühne: Martin Zehetgruber, Kostüme: Aglaia Foitl, Musik: Reinhard Grube, Karlheinz Hornung, Darsteller: Marianne Kopatz, Sabine Lerchenmayr, Julia Schäfers, Michaela Stögbauer, Helfried Edlinger, Erik Göller, Norman Hacker, Johannes Pump.

PLAY von Gertrude Stein, K-Werk, Graz, Premiere: 27.10.1988, Regie und Bühne: Martin Kušej, Darsteller: Julia Schäfers (Die Frau).

1989

KLEISTFRAGMENT von Stefan Schütz, Eg Glej Ljubljana, Premiere: 12.10.1989, Regie und Bühne: Martin Kušej, Darsteller: Olga Kacjan (Ludvika), Pavle Ravnohrib (Ferbell).

NIPPES UND STULLE SPIELEN FROSCHKÖNIG von Günter Jankowiak und Ingrid Ollrogge, Studiobühne Villach, Premiere: 30.10.1989, Darsteller: Elisabeth Findeis (Nippes), Arthur Klemt (Stulle).

1990

GLAUBE LIEBE HOFFNUNG von Ödön von Horváth, Übersetzung: Mojca Kranjc, Slowenisches Nationaltheater Ljubljana, Premiere: 14.31990, Bühne: Martin Zehetgruber, Kostüme: Leo Kulas, Dramaturgie: Darja Dominikuš, Darsteller: Maja Sever (Elisabeth), Igor Samobor (Polizist), Barbara Levstik (Oberpräparator), Brane Grubar (Präparator), Primož Ekart (Unterpräparator), Roman Končar (Baron mit dem Trauerflor), Polona Vetrih (Irena Prantl), Marija Benko (Frau Amtsgerichtsrat), Lojze Rozman (Herr Amtsgerichtsrat), Vojko Zidar (Invalide), Zvone Hribar (Buchhalter), Saša Pavček (Maria), Matija Rozman (Oberinspektor), Božo Šprajc (Dritter Polizist), Vojko Zidar (Joachim).

TODE von »My friend Martin«, drei Transportcontainer, Graz, Uraufführung am 13.6.1990, Bühne: Martin Zehetgruber, Kostüme: Aglaia Foitl, Musik: Josef Klammer/Seppo Gründler, Darsteller: Werner Fritz (Der Mann), Maruša Oblakova (Die Frau).

PHILOKTET von Heiner Müller, Jura-Soyfer-Theater Wien, Premiere: 11.9.1990, Bühne: Martin Zehetgruber, Kostüme: Aglaia Lang, Darsteller: Werner Fritz (Philoktet), Paul Weismann (Odysseus), Arthur Klemt (Neoptolemos) und Nora Riedl.

MOBILER HIMMEL von »My friend Martin«, Steirischer Herbst Graz, Alte Remise, Uraufführung am 10.10.1990, Raum: Martin Zehetgruber, Darsteller: Carmen Auer, Renate Jett, Marianne Kopatz, Alf Angerer, Werner Fritz, Alexander Gartl-gruber, Arthur Klemt, Christian Kušej, Paul Weismann.

WIE ES IST, Montage von Arnolt Bronnens STURMPATRULL und Ernst Jandls DIE HUMANISTEN, Klagenfurter Ensemble, Premiere: 7.12.1990, Ausstattung: Martin Zehetgruber, Darsteller: Renate Peball, Sieglinde Jug, Marion Rottenhofer, Gudrun Strigl, Martin Brunner, Herbert Brunner, Zdravko Haderlap, Gerhard Lehner, Arthur Klemt, Thomas Molnar.

1991

TAGE DES KÖNIGS von Peter Rosei, Schauspielhaus Graz, Premiere: 8.3.1991, Bühne: Martin Zehetgruber, Kostüme: Michaela Mayer, Dramaturgie: Albert Tisal, Darsteller: Olaf Weißenberg (König), Norman Hacker (Wesir), Anja Klein (Königin), Sabine Herget (Das Mädchen), Renate Jett (Köchin), Alexander Kurzwernhart (Bauer), Erik Göller (Geschäftsmann), Ute Radkohl (Frau), Götz Argus (Fleischer), André Bruderek (Spaziergänger), David Nitsche (Liedsklave), Johannes Hütter (Double), Wolfgang Strauss, Gregor Adamek (Zwei Sklaven).

POHUJŠANJE NACH CANKAR (eigentlich ÄRGERNIS IM ST. FLORIANITAL von Ivan Cankar), Textfassung: Martin Kušej, Ivo Svetina, Mateja Bizjak, Slovensko Mladinsko Gledališče, Premiere:

26.10.1991, Bühne: Martin Zehetgruber, Kostüm: Karin Kosak, Dramaturgie: Ivo Svetina, Licht: Stefan Pfeistlinger, Musik: Martin Kušej, Darsteller: Janez Skof (Wanderer), Pavle Ravnohrib (Peter), Olga Kacjan (Jacinta), Ivan Rupnik (Mystery Man), Uros Macek (Bürgermeister), Damjana Cerne (Bürgermeisterin), Marinka Stern (Frau 2), Robert Prebil (Voyeur), Zeljko Hrs (Mann, der in die Sterne starrt), Jozef Roposa (Mann, der sich um den Kranz kümmert)

1992
DER TRAUM EIN LEBEN von Franz Grillparzer, Schauspielhaus Graz, Premiere: 25.4.1992, Bühne: Martin Zehetgruber, Kostüm: Michaela Mayer, Licht: Stefan Pfeistlinger, Dramaturgie: Albert Tisal/Antje Zajonz, Musik: Martin Kušej, Stefan Pfeistlinger, Josef Schober, Darsteller: Hans Herbert Schopf (Massud), Dascha Poisel (Mirza, seine Tochter), Norman Hacker (Rustan), Götz Argus (Zanga), Olaf Weißenberg (Der König von Samarkand), Anja Klein (Gülnare, seine Tochter), Dietrich Schlederer (Der alte Kalb), Jens Schäfer (Karkhan), André Bruderek (Der Mann vom Felsen), Marianne Kopatz (Ein altes Weib), Janusz Malik Ebert (Derwisch).

FRANZ FALSCH F FALSCH DEIN FALSCH NICHTS MEHR STILLE TIEFER WALD nach Texten von Franz Kafka, Mittelfest, Cividale, Premiere: 30.7.1992, Bühne: Martin Zehetgruber, Kostüme: Aglaia Lang, Dramaturgie: Sylvia Brandl, Licht: Stefan Pfeistlinger, Musik: Stefan Pfeistlinger, Martin Kušej, Darsteller: Martin Brunner, Janusz Ebert, Otto Edelmann, Elisabeth Findeis, Werner Fritz, Renate Jett, Ruthild Rieser, Andreas Schlager.

IRRLICHTER – SCHRITTMACHER von Thomas Strittmatter, Bayerisches Staatsschauspiel, Theater im Marstall, Uraufführung am 3.11.1992, Bühne: Martin Zehetgruber, Kostüme: Werner Fritz, Dramaturgie: Sebastian Huber, Darsteller: Bernhard Baier (Schleicher), Karlheinz Vietsch (Pelz, Kolonnenführer), Andreas Wimberger (Lehmann, der sich Tutte nennt), Antje Schmidt (Frau Mack), Thomas Kylau (Saure Taube), Adelheid Bräu (Traurige Taube), Heidy Forster (Großmutter Mack), Fred Stillkrauth (Fernfahrendes Irrlicht), Katharina Müller-Elmau (Irrlicht im Negligé), Raidar Müller-Elmau (Terminfreies Irrlicht).

1993
KABALE UND LIEBE von Friedrich Schiller, Textfassung: Martin Kušej, Stadttheater Klagenfurt, Premiere: 11.3.1993, Bühne: Martin Zehetgruber, Kostüme: Anne Marie Legenstein, Dramaturgie: Sylvia Brandl, Licht: Stefan Pfeistlinger, Musik: Stefan Pfeistlinger, Darsteller: Otto Edelmann (Präsident von Walter), Andreas Schlager (Ferdinand), Gerhard Peilstein (Hofmarschall von Kalb), Isabella Gregor (Lady Milford), Werner Fritz (Wurm, Haussekretär des Präsidenten), Paul Weismann (Miller), Anita Mickl (seine Frau), Ruthild Rieser (Luise, seine Tochter), Peter Raab (ein Kammerdiener des Fürsten).

HERZOG THEODOR VON GOTHLAND von Christian Dietrich Grabbe, Staatstheater Stuttgart, Premiere: 24.9.1993, Bühne: Martin Zehetgruber, Kostüme: Aglaia Lang, Dramaturgie: Frank Raddatz, Musik: Seppo Gründler, Josef Klammer, Darsteller: Wolfgang Höper (Olaf, König von Schweden), Bernhard Baier (Der alte Herzog von Gothland), Manfred Meihöfer (Theodor, Herzog von Gothland, Kronfeldherr), Walter Sittler (Friedrich, Herzog von Gothland, Reichskanzler), Anne Tismer (Cäcilia, Gemahlin Theodors von Gothland/Hure), Andreas Schlager (Gustav, ihr Sohn), Hanno Meyer (Graf Arboga, schwedischer Großer), Klaus Weiss (Erik, Burgvogt Theodors von Gothland), Werner Fritz (Rolf, Diener Friedrichs von Gothland), Götz Argus (Berdoa, ein Neger, Oberfeldherr und Oberpriester der Finnen), Michael Stiller (Usbek, Feldherr der finnischen Reiterei), Paul Weismann (Rossan, Feldherr der finnischen Infanterie).

1994
KILL PIG DEVIL PASSION FINISH GOD, Koproduktion des Schauspielhauses und Balletts Graz mit den Wiener Festwochen/ Tanz 94, Texte und Montagen: Martin Kušej/Joachim Klement/ Sebastian Huber unter Verwendung von Passagen aus AMERICAN PSYCHO von Bret Easton Ellis, HERMES IN DER STADT von Lothar Trolle und anderen, Wiener Premiere: 18.2.1994, Bühne: Martin Zehetgruber, Kostüme: Elisabeth Rauner, Dramaturgie: Sebastian Huber, Choreographische Beratung: Gerlinde Dill, Musik: Josef Klammer/Seppo Gründler, Video: Dietmar Pladerer, Darsteller: Marianne Kopatz (Hermes), Norman Hacker, Corinne Billingham, Pascal Chanterie, Gerlinde Dill, Thomas Ebner, Isabella Gregor, Lukas Holzhausen, Paul Kaiser, Dascha Poisel, Oliver Smolcic, Karolin Sorger, Susanne Weckerle, Jakob Winkler (Kind).

STRASSENECKE. EIN ORT. EINE HANDLUNG von Hans Henny Jahnn, Fassung: Martin Kušej, Staatstheater Stuttgart, Premiere: 18.9.1994, Bühne: Martin Zehetgruber, Kostüme: Heidi Hackl, Musik: F.M. Einheit, Dramaturgie: Frank Raddatz, Darsteller: Bernhard Baier (James), Manfred Meihöfer (Kirchhoff), Susana Fernandes Genebra (Alma), Werner Fritz (Matthieu), Paul Weismann (Georg), Renate Jett (Berenice), Hanno Meyer (Lif, ein Angestellter), Hedi Kriegeskotte (Klara, eine weiße Hure), Marietta Meguid (Bess, eine schwarze Hure), Verena Buss (Kamla), Götz Argus (Hugo), Hüseyin Cirpici (Boris), Yvonne Devrient (Fohe), Elisabeth Findeis (Aage), Arthur Klemt (Friedrich), Gabriele Hintermaier (Katharina, Dienstmädchen), Andreas Schlager (James, der Jüngling).

PRINZ FRIEDRICH VON HOMBURG von Heinrich von Kleist, Deutsches Schauspielhaus Hamburg, Premiere: 17.12.1994, Bühne: Martin Zehetgruber, Kostüme: Heidi Hackl, Musik: Josef Klammer, Seppo Gründler, Dramaturgie: Joachim Klement, Darsteller: Matthias Fuchs (Friedrich Wilhelm, Kurfürst von Brandenburg), Marlen Diekhoff (Die Kurfürstin), Judith Engel (Prinzessin Natalie von Oranien, seine Nichte), David C. Bunners (Feldmarschall Dörfling), Bernd Grawert (Prinz Friedrich Arthur von Homburg), Willem Menne (Obrist Kottwitz), Friedrich Wollweber (Hennings, Oberst), Paul Wolff-Plottegg (Graf Truchß, Oberst), Michael Wittenborn (Graf Hohenzollern), Thomas Büchel (Rittmeister von der Golz), Thomas Mehlhorn (Graf Reuß), Martin Horn (Stranz).

1995

DIE UNBEKANNTE AUS DER SEINE von Ödön von Horváth, Staatstheater Stuttgart, Premiere: 4.3.1995, Bühne: Martin Zehetgruber, Kostüme: Heidi Hackl, Dramaturgie: Sonja Anders, Darsteller: Andreas Schlager (Albert), Paul Weismann (Silberling), Samuel Weiss (Nicolo), Renate Jett (Irene), Michael Stiller (Emil, ein Bräutigam), Klaus Schreiber (Ernst), K. F. Seraphim (Theodor, der Leidtragende), Hedi Kriegeskotte (Die Unbekannte), Bernhard Baier (Der Uhrmacher), Anke Hartwig (Hausmeisterin), Gabriele Hintermaier (Klara, Hausmeisterstochter), Dietmar Nieder (Ein Polizist), Christine Schönfeld (Die Gattin des Ingenieurs), Hüseyin Cirpici (Der Student), Christine Schönfeld (Lilly, ein Mädchen), Marietta Meguid (Lucille).

CLAVIGO von Johann Wolfgang von Goethe, Staatstheater Stuttgart, Premiere: 22.7.1995, Bühne: Martin Zehetgruber, Kostüme: Heidi Hackl, Musik: F. M. Einheit, Dramaturgie: Sonja Anders, Darsteller: Werner Fritz (Clavigo), Andreas Schlager (Carlos), Götz Argus (Beaumarchais), Marietta Meguid (Marie Beaumarchais), Christine Schönfeld (Sophie Guilbert), Hanno Meyer (Guilbert), Michael Stiller (Buenco)

1996

KÖNIG ARTHUR von Henry Purcell/John Dryden, Übersetzung: Wolfgang Deichsel, Fassung: Martin Kušej, Helga Utz, Wolfgang Deichsel, Staatstheater Stuttgart, Premiere: 17.7.1996, Musikalische Leitung: Alan Hacker, Choreographie: Marco Santi, Bühne: Martin Zehetgruber, Kostüme: Nina Reichmann, Chor: Michael Alber, Dramaturgie: Helga Utz, Jürgen Popig, Darsteller: Samuel Weiss (Arthur, König der Briten), Marcus Calvin (Oswald, König der Sachsen), Günther Vetter (Conon, britischer Graf), Elmar Roloff (Merlin, ein berühmter Zauberer), Bernhard Baier (Gillamar, ein sächsischer Zauberer und ein Heide), Andreas Lichtenberger (Aurelius, britischer Offizier), Hüseyin Cirpici (Albanact, britischer Offizier), Christine Schönfeld (Emmeline, Tochter Conons), Marietta Meguid (Mathilda, ihre Dienerin), Renate Jett/Claudia Mahnke (Philidel, ein Luftgeist), Reinhold Ohngemach/Peter Kajlinger (Grimbald, ein Erdgeist), Catherine Naglestad (Venus), Roland Bracht, David Cordier, Peter Kajlinger, Catherine Naglestad (Sachsenpriester), Heinz Göhrig (Herold), Roland Bracht, David Cordier, Heinz Göhrig, Louise Walsh (Geister Philidels), Roland Bracht, Claudia Mahnke, Catherine Naglestad (Schäferinnen), David Cordier (Musiksklave), Heinz Göhrig (Der Blinde), Ilana Davidson (Cupido), Phillip Ens (Kältegeist), Catherine Naglestad, Louise Walsh (Töchter des Stroms), David Cordier, Ilana Davidson, Peter Kajlinger (Mann 1, Frau, Mann 2), Roland Bracht (Sturmgeist), Roland Bracht, David Cordier, Ilana Davidson, Heinz Göhrig, Peter Kajlinger (Friedenssänger), Ortrud Beginnen (Stimme), Morgan Belenguer, Tamas Bakó, Marco Barbera, Pilar Murube, Ruth Rubio (Marco Santi Danse Ensemble).

RICHARD III. von William Shakespeare, Übersetzung: Thomas Brasch, Fassung: Martin Kušej, Matthias Pees, Volksbühne am Rosa-Luxemburg-Platz Berlin, Premiere: 11.12.1996, Bühne: Martin Zehetgruber, Kostüme: Heidi Hackl, Dramaturgie: Matthias Pees, Darsteller: Bruno Cathomas (Richard/Richmond), Isabella Gregor (Margaret), Karin Mikityla (Elisabeth), Edith Adam (Anne), Peter René Lüdicke (Buckingham), Bodo Krämer (Hastings), Stephan Richter (Rivers), Roland Bracht (Edward IV.), Paul Wolff-Plottegg (Clarence), Winfried Wagner (Heinrich IV.), Michael Klobe (Rutland).

1997

ÖDIPUS von Sophokles, Übersetzung Jean Bollack, Staatstheater Stuttgart, Premiere: 5.4.1997, Bühne: Martin Zehetgruber, Kostüme: Heidi Hackl, Musik: Andreas Breitscheid, Dramaturgie: Judith Gerstenberg, Darsteller: Andreas Schlager (Ödipus), Hedi Kriegeskotte (Iokaste), Michael Stiller (Kreon), Wolfgang Schwarz (Teiresias), Jürgen Stössinger (Ein Bote aus Korinth), Elmar Roloff (Ein Hirte, Diener des Laios), Bernhard Baier, Hans Josef Eich, Karl-Friedrich Seraphim (Chor der Thebaner).

DIE GEIER-WALLY von Wilhelmine von Hillern, Fassung: Martin Kušej, Staatstheater Stuttgart, Premiere: 24.10.1997, Bühne: Martin Zehetgruber, Kostüme: Heide Kastler, Musik: Andreas Breitscheid, Dramaturgie: Jürgen Popig, Darsteller: Klaus Hemmerle (Nicodemus Klotz, Bauer auf Rofen), Jan Schreiber (Benedict, sein Bruder), Bernd Gnann (Leander, sein Bruder), Marietta Meguid (Marianne, deren Schwester), Günther Vetter (Strominger, genannt der Höchsthofbauer), Renate Jett (Walburga, seine Tochter), Karl-Friedrich Seraphim (Klettenmaier, sein Knecht), Marcus Calvin (Vincenz Gellner), August Schmölzer (Joseph Hagenbach, genannt der Bären-Joseph), Klaus Hemmerle (Der Pfarrer), Boris Burgstaller (Der Lammwirt), Barbara Falter (Die Lammwirtin, seine Frau), Elisabeth Findeis (Afra, Schenkdirne), Vivian Scheurle (Die Oberdirne vom Höchsthof), Gabriele Hintermaier (Bäuerin), Andreas Lichtenberger (Bauer), Dominik Gückel (Musiker).

1998

FIDELIO von Ludwig van Beethoven, Staatsoper Stuttgart, Premiere: 15.3.1998, Musikalische Leitung: Michael Gielen, Bühne: Martin Zehetgruber, Kostüme: Gisela Storch, Licht: Reinhard Traub, Chor: Ulrich Eistert, Dramaturgie: Klaus Zehelein, Helga Utz, Sänger: Michael Ebbecke (Don Fernando), Wolfgang Probst (Don Pizarro), Robert Gambill (Florestan), Renate Behle (Leonore), Roland Bracht (Rocco), Stella Kleindienst (Marzelline), Jonas Kaufmann (Jaquino), Alexander M. Stachowiak (Gefangener), Hans Nieuweling (Gefangener).

Geschichten aus dem Wiener Wald von Ödön von Horváth, Thalia Theater Hamburg, Premiere: 19.9.1998, Bühne: Hugo Gretler, Kostüme: Heide Kastler, Licht: Reinhard Traub, Musik: Henning Bock, Martin Kušej, Alexandra Althoff, Dramaturgie: Regina Guhl, Darsteller: Dietmar König (Alfred), Victoria Trauttmansdorff (Die Mutter), Elisabeth Schwarz (Die Großmutter), Werner Wölbern (Oskar), Björn Grundies (Havlitschek), Jürgen Stössinger (Rittmeister), Hildegard Schmahl (Valerie), Peter Roggisch (Zauberkönig), Victoria Trauttmansdorff (Eine gnädige Frau), Sylvie Rohrer (Marianne), Jan Schütte (Erich), Sabine Haupt (Emma), Benjamin Utzerath (Ein Kretin), Sona Cervena (Helene), Nicki von Tempelhoff (Baronin), Peter Maertens (Der Mister), Benjamin Utzerath (Conférencier), Tobias Johannes Hansen/Leon Kielhorn (Kinder).

Al gran sole carico d'amore von Luigi Nono, Staatsoper Stuttgart, Premiere: 8.11.1998, Musikalische Leitung: Lothar Zagrosek, Bühne: Martin Zehetgruber, Kostüme: Heide Kastler, Licht: Reinhard Traub, Chor: Ulrich Eistert, Klangregie: Andreas Breitscheid, Dramaturgie: Klaus Zehelein, Helga Utz, Sänger: Claudia Barainsky (Solo-Sopran), Claudia Barainsky/Maraile Lichdi/Melinda Liebermann/ Stella Kleindienst (Tania Bunke/Louise Michel/Deola/ Vietnamesische Frauen), Lani Poulson (Die Mutter/Solo-Alt), Roderic Keating (Thiers/ Fabrikdirektor), Markus Marquardt (Pavel/Bismarck), Peter Kajlinger (Solo-Bariton/Arbeiter/Fidel/ Gramsci/Dimitroff), Urs Winter (Soldat), Helmut Holzapfel (Offizier/Verräter), Mark Munkittrick (Solo-Bass/Kommunarde/ Arbeiter/Fidel/ Dimitroff), Carsten Wittmoser (Solo-Bass/Favre/ Arbeiter/Fidel/ Dimitroff), Stella Kleindienst (Haydée Santamaria), Staatsopernchor Stuttgart (Coro piccolo/Coro grande).

1999

Salome von Richard Strauss, Oper Graz, Premiere: 2.5.1999, Musikalische Leitung: Wolfgang Bozic, Bühne: Martin Zehetgruber, Kostüme: Heidi Hackl, Licht: Reinhard Traub, Dramaturgie: Helga Utz, Sänger: Michael Pabst (Herodes), Lani Poulson (Herodias), Sylvie Valayre (Salome), Miguelangelo Cavalcanti (Jochanaan), Walter Pauritsch (Narroboth), Natela Nicoli (Ein Page des Herodias), Manuel von Senden, Michael Becker, Jakob Glashüttner, János Buhalla, Victor Jakovenko (Fünf Juden), Hans Sisa, Gerhard Hochschwendner (Zwei Nazarener), Ludovic Kónya, Konstantin Sfiris (Zwei Soldaten), Vladimir Jurlin (Ein Kappadozier), Natela Nicoli (Ein Sklave).

Gesäubert von Sarah Kane, Übersetzung: Elisabeth Plessen, Nils Tabert, Peter Zadek, Staatstheater Stuttgart, Premiere: 16.7.1999, Bühne: Martin Zehetgruber, Kostüme: Heide Kastler, Musik: Bert Wrede, Dramaturgie: Sonja Anders, Darsteller: Andreas Schlager (Graham), Samuel Weiss (Tinker), Marcus Calvin (Carl), Hüseyin Cirpici (Rod), Irene Kugler (Grace), Christian Brey (Robin), Christine Schönfeld (Frau).

Weh dem, der lügt! von Franz Grillparzer, Burgtheater Wien, Premiere: 30.10.1999, Bühne: Martin Zehetgruber, Kostüme: Heide Kastler, Musik: Bert Wrede, Licht: Reinhard Traub, Dramaturgie: Marion Tiedtke, Darsteller: Martin Schwab (Gregor, Bischof), Stefan Wieland (Atalus, sein Neffe), Werner Wölbern (Leon, Küchenjunge), Florentin Groll (Kattwald, Graf im Rheingau), Katharina Schubert (Edrita, seine Tochter), Nicki von Tempelhoff (Galomir, ihr Bräutigam), Dieter Witting (Gregors Hausverwalter/Fränkischer Anführer), Heinz Frölich (Ein Pilger), Bruno Thost (Der Schaffer Kattwalds), Michele Cuciuffo (Ein Fährmann)

2000

Gespenstersonate von August Strindberg/Martin Kušej, Übersetzung: Willi Reich, Thalia Theater Hamburg (Koproduktion mit dem Stadttheater Klagenfurt), Premiere: 11.3.2000, Bühne: Martin Zehetgruber, Kostüme: Heide Kastler, Musik: Bert Wrede, Licht: Reinhard Traub, Dramaturgie: Sebastian Huber, Darsteller: Peter Roggisch (Der Alte), Andreas Schlager (Der Junge Mann), Karoline Eichhorn (Die Junge Frau), Elisabeth Schwarz (Die Mumie), Jürgen Stössinger (Der Oberst), Hildegard Schmahl (Die Köchin), Peter Maertens (Bengtsson), Benjamin Utzerath (Johansson), Paul Wolff-Plottegg (Der Konsul), Miriam Maertens (Die Dunkle), Martin Rentzsch (Der Vornehme), Brigitte Röttgers (Die Alte Braut), Agnes Riegl (Ein Mädchen), Martin Rentzsch (Der Postbote), Paul Wolff-Plottegg (Der Idiot), Benjamin Utzerath (Der Kettenraucher).

Ums Verrecken/Schnitzler's Brain, Schauspielhaus Graz, Premiere: 6.5.2000, Regie: Martin Kušej/Jochen Dehn, Bühne: Martin Zehetgruber, Kostüme: Britta Leonhardt/Nina Wetzel, Dramaturgie: Heike Frank, Darsteller: Lukas Holzhausen (Er 1), Norman Hacker (Er 2), Agnes Riegl (Sie).

Hamlet von William Shakespeare, Übersetzung: Heiner Müller, Salzburger Festspiele/Staatstheater Stuttgart, Premiere: 26.7.2000/ 29.9.2000, Bühne: Martin Zehetgruber, Kostüme: Bettina Walter, Musik: Bert Wrede, Dramaturgie: Sebastian Huber, Darsteller: Samuel Weiss (Hamlet), Marcus Calvin (König), Renate Jett (Königin), Bernhard Baier (Polonius), Andreas Schlager (Laertes), Johanna Wokalek (Ophelia), Werner Wölbern (Yorick), Judith Engel (Fortinbras), Karl Friedrich Seraphim (Rosencrantz), Hüseyin Cirpici (Guildenstern), Werner Fritz (Osrick), Zvonimir Ankovic (Marcellus), Christian Brey (Bernardo).

2001

Glaube und Heimat von Karl Schönherr, Burgtheater Wien, Premiere: 20.1.2001, Bühne: Martin Zehetgruber, Kostüme: Heide Kastler, Musik: Bert Wrede, Licht: Reinhard Traub, Dramaturgie: Marion Tiedtke, Darsteller: Werner Wölbern (Christoph Rott, ein Bauer), Michael Weber (Peter Rott, sein Bruder), Martin Schwab (Alt-Rott, sein Vater), Sylvie Rohrer (Rottin, sein Weib), Agnes Riegl (Der Spatz, sein Sohn), Bibiana Zeller (Die Mutter der Rottin), Ignaz Kirchner (Sandperger zu Leithen), Hilke Ruthner (Sandpergerin), Edmund Telgenkämper (Unteregger), Nicki von Tempelhoff (Englbauer von der Au), Johannes Terne (Ein Reiter des Kaisers), Bernd Birkhahn (Gerichtsschreiber), Paul Wolff-Plottegg (Bader), Hermann Scheidleder (Schuster), Dirk Warme (Kesselflick-Wolf), Maria Hengge (Straßen-Trapperl).

LE CONVENIENZE ED INCONVENIENZE TEATRALI + I PAZZI PER PROGETTO von Gaetano Donizetti, Staatsoper Stuttgart, Premiere: 19.5.2001, Musikalische Leitung: Enrique Mazzola, Bühne: Martin Zehetgruber, Kostüme: Heide Kastler, Licht: Reinhard Traub, Chor: Michael Alber, Dramaturgie: Sergio Morabito, Sänger (LE CONVENIENZE ED INCONVENIENZE TEATRALI): Eva Lind (Die Primadonna), Motti Kastón (Procolo, ihr Gatte), Wolfgang Schöne (Mamm'Agata), Helga Rós Indridadóttir (Luigia, Seconda Donna), Heinz Göhrig (Der deutsche Tenor), Matthias Rexroth (Der Kastrat), Karl-Friedrich Dürr (Der Komponist), Mark Munkittrick (Der Dichter), Klaus Hirte (Der Impresario), Wolfgang Probst (Der Bühnendirektor), Sänger (I PAZZI PER PROGETTO): Dorin Mara (Darlemont), Catriona Smith (Norina), Michael Ebbecke (Blinvat), Maria Theresa Ullrich (Cristina), Karl-Friedrich Dürr (Venanzio), Peter Kajlinger (Eustachio), Wolfgang Probst (Frank).

EDWARD II. von Christopher Marlowe, Übersetzung: Wolfgang Schlüter, Thalia Theater Hamburg, Premiere: 27.10.2001, Bühne: Olaf Altmann, Kostüme: Heide Kastler, Musik: Bert Wrede, Licht: Reinhard Traub, Dramaturgie: Sonja Anders, Darsteller: Werner Wölbern (König Edward II.), Judith Rosmair (Königin Isabella), Norman Hacker (Mortimer), Peter Jordan (Piers de Gaveston), Jörg Lichtenstein (Earl of Kent), Susanne Wolff (Lightborn), Stephan Johannes Richter (Spencer), Björn Grundies (Baldock), Andreas Pietschmann (Earl of Warwick), Clemens Dönicke (Earl of Pembroke), Jörg Kleemann (Earl of Lancaster), Peter Maertens (Bischof), Silke Steffen (Prinz Edward).

2002

DIE GEZEICHNETEN von Franz Schreker, Staatsoper Stuttgart, Premiere: 26.1.2002, Musikalische Leitung: Lothar Zagrosek, Bühne: Martin Zehetgruber, Kostüme: Heide Kastler, Licht: Reinhard Traub, Chor: Michael Alber, Dramaturgie: Klaus Zehelein, Hans Thomalla, Sänger: Wolfgang Probst (Herzog Antoniotto Adorno), Claudio Otelli (Graf Andrae Vitelozzo Tamare), Wolfgang Schöne (Lodovico Nardi, Podestà der Stadt), Eva-Maria Westbroek (Carlotta Nardi, seine Tochter), Gabriel Sadé (Alviano Salvago, ein genuesischer Edelmann).

DON GIOVANNI von Wolfgang Amadeus Mozart, Salzburger Festspiele, Premiere: 27.7.2002, Musikalische Leitung: Nikolaus Harnoncourt, Bühne: Martin Zehetgruber, Kostüme: Heide Kastler, Licht: Reinhard Traub, Choreinstudierung: Rupert Huber, Sänger: Thomas Hampson (Don Giovanni), Anna Netrebko (Donna Anna), Michael Schade (Don Ottavio), Kurt Moll (Komtur), Melanie Diener (Donna Elvira), Ildebrando d'Arcangelo (Leporello), Luca Pisaroni (Masetto), Magdalena Kozena (Zerlina).

GLAUBE LIEBE HOFFNUNG von Ödön von Horváth, Burgtheater Wien, Premiere: 31.10.2002, Bühne: Martin Zehetgruber, Kostüme: Heidi Hackl, Musik: Bert Wrede, Dramaturgie: Sebastian Huber, Darsteller: Sylvie Rohrer (Elisabeth), Werner Wölbern (Alfons Klostermeyer, ein Schupo), Bernd Birkhahn (Oberpräparator), Ignaz Kirchner (Präparator), Michele Cuciuffo (Vizepräparator), Paul Wolff-Plottegg (Der Baron mit dem Trauerflor), Kirsten Dene (Irene Prantl), Barbara Petritsch (Frau Amtsgerichtsrat), Florentin Groll (Er selbst, der Herr Amtsgerichtsrat), Hermann Scheidleder (Ein Invalider), Martin Schwab (Ein Buchhalter), Sabine Haupt (Maria), Franz Csencsits (Der Oberinspektor), Johannes Terne (Ein dritter Schupo), Michael Masula (Joachim, der tollkühne Lebensretter)

Folgende Inszenierungen
wurden zum Berliner Theatertreffen eingeladen

1999	GESCHICHTEN AUS DEM WIENER WALD
2001	GLAUBE UND HEIMAT

Bildnachweis:
Igor Antič: S. 12, 13, 61; Thomas Aurin: S. 131; Hermann und Clärchen Baus: S. 185 (2); Christian Brachwitz: S. 31, 137, 191, 192, 194/195; Gert Eggenberger: S. 71; Klaus Fröhlich: S. 16, 27, 43, 105, 107, 121, 122, 129, 133, 134, 154, 155; Mira Grötschnig: S. 215; Marlies Henke: S. 19, 159; Wilfried Hösl: S. 87; Matthias Horn: S. 116, 118; Jörg Koopmann: S. 33 bis 40, 161 bis 168; Martin Kušej: S. 58; Peter Manninger: S. 25, 73, 78, 110, 111, 187; Hans Jörg Michel: S. 28, 92, 94, 95, 98/99 (2), 100/101 (2), 114, 115, 125, 126, 151, 153, 170/171, 177, 178, 181, 197, 198, 199, 208, 209, 213, Einband Vorderseite; Toni Muhr: S. 175, Einband Rückseite; A.T. Schaefer: S. 202; Tone Stoiko: 51, 75; Suzanne Schwiertz: 175; Jochen Traar: S. 21, 52; Martin Zehetgruber: S, 44, 45, 48, 49, 55, 62/63 (6), 64/65 (6), 68, 69, 82, 84/85 (4), 90, 91.

Schutzumschlag Rückseite:
GLAUBE UND HEIMAT,
Werner Wölbern (Christoph Rott) und Sylvie Rohrer (Rottin),
Burgtheater Wien, 2001